京大心理臨床シリーズ⑫

いのちを巡る臨床

生と死のあわいに生きる臨床の叡智

皆藤 章 監修
髙橋靖恵
松下姫歌 編

創元社

「京大心理臨床シリーズ」の刊行にあたって

日本における心理臨床学とその実践である心理療法は、京都大学心理臨床学教室の歴史とともにあると言っても過言ではない。それほど、本教室は日本の心理臨床の深まりと発展にまなざしを向けて、歩んできた。心理臨床学の中核を担う学会である「日本心理臨床学会」が、発足したその当初より事例研究を中心とした構成になっているのは、この実践の学においては事例研究こそがもっとも意義深い臨床の知をもたらすことを体験的に自覚していたからであるが、当時の国立大学において、「心理教育相談室」が公的に認可され、相談活動の有料化という心理臨床の重要な体制が実現したのも、京都大学が初めてであった。また、今日、多くの大学が刊行している紀要に見られる事例研究論文のスタイルの嚆矢となったのも、本教室の紀要であった。

われわれはこのような自負を持っているが、日本の他大学が京都大学の足跡を確かめながら歩を進めてきたことは、認められているところであろう。河合隼雄先生をはじめとする当時の諸先生、諸先輩方の功績である。

本シリーズは、そうした日本における心理臨床学の発展期に京都大学を中心に学んだ心理臨床家を編者として、この実践学問領域を探究し続けてきた京都大学の知の集積を、複雑多様化する現代社会を見据えつつ、世に問おうとするものである。

京都大学心理臨床学教室は、ともすればユング心理学の牙城とみられることもあるが、本シリーズをお読みいただけば、ユング心理学を中心としながらもつねに心理療法における知の集積を目指してきたことがお分かりいただけるであろう。これは、日本で最初のユング派分析家の資格を取得された河合隼雄先生の、京都大学在職時における指導の基本であった。河合隼雄先生は、京都大学在職時代、「ユング心理学」と題する講義をされたことは一度もなかった。多くの個性的な心理臨床家が巣立っていく土壌がそこにあったと言えるであろう。本シリーズは、そうした心理臨床家の知を中心に、「京大心理臨床シリーズ」として展開しようとしている。

現代という時代は、まさに転換期にあり、人間の生き方に深く強い問いを投げかけている。同様に、心理臨床学もまた、人間の知を探究する実践の学として転換期を迎えているという実感を編者一同はもっている。心理療法における科学主義や、操作主義の傾向は世界的に広まっていて、それは日本にも及びつつある。このような時代に、本シリーズが心理臨床学とその実践である心理療法における新たな歩みの一助となることを編者一同、心より願っている。

編者ひとりひとりは、「臨床心理士」資格にかかわる論議が引き続くなか、そうしたことの重要性を充分に認識しつつ、そうしたときであるからこそ心理臨床家としての力量をさらに充実させる必要性をリアルに体験し、かつ、謙虚に足下を見つめ心理療法の実践に地道に取り組みクライエントの声に聴き入ってきた。ことばにすればシンプルだが、それはほんとうに大変な作業であった。そして、ひとりひとりが今後もそのような道を歩んでいく強い覚悟を抱いている。それぞれがそれぞれの心理療法に一家言をもつゆえんである。本シリーズの執筆陣も同様の覚悟を抱いていることと思われる。それが京都大学心理臨床学教室に薫陶を受けた心理臨床家の使命であろう。われわれの語りは読者にいかに届くであろうか。読者諸氏の多くの創造的な御叱咤をお願いする所存である。

二〇〇五年立春

「京大心理臨床シリーズ」編者一同

新たな船出にあたって

「京大心理臨床シリーズ」が刊行されて今年で一二年目となる。暦で言えばひと回りしたことになる。改めて、刊行当時に執筆した冒頭文を読み返してみると、この一〇年あまりのときが、京都大学の心理臨床にとって、そして日本の心理臨床にとって大きな転換期であったことを述懐する。二〇〇七年五月に三好暁光名誉教授、七月に河合隼雄名誉教授が逝った。日本の心理臨床を牽引してきた両者。その意志を継いでいくことが京都大学心理臨床学教室に求められたことになる。

三好暁光。フランス精神医学に精通し難解なラカンの精神分析を日本に紹介しつつ、退官後は一精神科医として市井に生き、京都大学心理教育相談室における臨床の実践を支え続けた。死に際し、遺言により三好基金を後進に託され、いまなお本教室を支えている。その一端として、本教室出身の若手臨床家に三好暁光賞が毎年度、授与されている。

河合隼雄。巨星であった。ユング心理学の真髄を深く理解したうえで、この世に河合心理学を産み出したその生きざまは、臨床家のみならず、日本の幾多の芸術家・知識人にも大きな影響を与えてきた。いまなおそうである。文化庁長官として日本文化の発展に邁進した一方、一心理臨床家として生き抜いた。「現代において聴く力をもった稀な人物である」との哲学者鶴見俊輔のことばが蘇る。今年は、両巨星の没後一〇年にあたる。日本における臨床心理学の真の意味での礎を築いたふたりは、そのまなざしを何処に向けていたのであろう。もはや知る由もないが、少なくとも臨床の実践・研究にあったことは誰しも首肯するであろう。この伝統を引き継いで、いまの本教室がある。

また、この間、教室の教官（教員）も、その顔ぶれを変えてきた。この間に退官（退職）したひとたちは皆、先のふたりの遺志を引き継ぎ、教室を支えてきた。斎藤久美子。山中康裕。東山紘久。岡田康伸。藤原勝紀。伊藤良子。角野善宏。松木邦裕。大山泰宏。言い切りの尊敬で記しておきたい。

本教室はユング心理学をその臨床の中心に置いているが、京大はユング心理学を学ぶところではない。人間のこころを学ぶところである。これも河合隼雄の遺志である。この意味で、日本の精神分析学を牽引する松木邦裕名誉教授を本教室に迎えることができたことは、本教室の大きな発展につながった。一〇年あまり（正確には七年弱なのですが、カイロスのときでしょうか、わたしはいつも一〇年と思ってしまいます）の間、大学院生に対してはつねに温かな、そしてときに厳しい姿勢で心理臨床家の本質を伝え、教室に対しても臨床教育実践研究センターの充実・発展に大きく寄与した。とくに、世界各国から外国人客員教授として精神分析家を招聘し、セミナー開催、英語での集中講義の機会が設けられたことは、本教室はもちろん、広く社会に対して、現代人にとって必要なこころの在りようを提示することとなった。

このように、本教室が充実した転換期を生きていた一方、臨床心理士の国家資格化を巡る動きは加速度的に進み、臨床心理士の国家資格化ではなく、公認心理師という名称の国家資格が成立し、本年九月に施行された。これから、暦がさらにもうひと回りする間に、本教室も含め、日本の心理臨床の在りようは大きく変化するときを迎えることになるだろう。ただ、本教室の在りようは一貫している。「臨床」。このことばの意味するところから外れることはない。ひとは誰しも制限された世界に生きている。無慈悲で不合理な世界のなかで、生きるために懸命に努力している。京都大学心理臨床学教室は、そうしたひとの人生とともに歩み、その過程に「意味」がもたらされるよう、こころを尽くしていくことであろう。

二〇一七年　秋

「京大心理臨床シリーズ」監修者

病とともに生きること、医療と科学技術とともに生きることをめぐる、普遍性の個性化への問い
――はじめに　に代えて

「何で生きるの？　何で生きて苦しまねばならないの？　どうせ死んでしまうのに」

「どうして自分だけが苦しまねばならないのか。死んだほうがまし。死にたい」

「こうやって、いっぱい悩んで考えてることって、死んだら、どこにいくんだろう」

心理療法の面接の場において、こうした問いが聴かれることは少なくない。例えば、身体疾患を抱える人からも、精神疾患を抱える人からも、問題や背景がさまざまに異なるクライエントから同様の問いが聴かれうる。それどころか、ごく一般的にも、このような心の問いを抱いたことのある人は、決して少なくはないのではなかろうか。程度の違いはあっても、一度は抱いたことのあるような、普遍的な問いではなかろうか。

いずれも、自分の意思を超えて与えられた生命と境遇、生きることと死ぬこと、一回性の生、といったものを、誰のものでもない、自らのものとしていかに引き受けていくかにまつわる苦しみと問いであり、それを生きる主体性のありかについての問いである。つまり、一方では、言葉にすれば同じ共通の表現をとるような、普遍的な問いでありつつ、一方では、その普遍性をいかにして「自分」のものとして生きるか、とい

う意味では、一人一人異なる個別の問いである。

人間は古代よりこうした問いとともに生きてきたことが、現存する文書にも記されている。現代にいたるまで、人間がさまざまに発展させてきた、宗教も芸術も科学技術も、結局のところ、この普遍的かつ個別的な問題へのアプローチに他ならない。

しかし、近年の科学技術と医療技術の急速な発展によって、かつての不治の病は必ずしも不治というわけではなくなってきた。以前は、近い将来の死や自律的生活の困難とほぼ等しいと考えられてきたような病においても、生存率の劇的な向上や病の進行の大幅な抑制が可能になってきた。しかし、そのことは、「病とともに生きる」ことを意味し、それは必然的に「医療とともに生きる」「科学技術とともに生きる」側面を伴う。こうした現代の状況においては、個体の生命の生きる権利と死ぬ権利を誰が発動しうるのか、生命において自己とは何か、いったいどこまでが自己なのか、自己の座というものが果たしてあるのか、といった根本的な問いが、さまざまな局面でさまざまな形で呈示され続けてきている。もはや、延命措置を講ずるかどうかの判断など、近親者の生死の決定者の役割を担うことは、ごく一般的なことにすらなってきている。その倫理的問題が呈示されつつも、実質的には、一個の生命の処遇を人為的に決定しうる範囲はますます広がりつつある。

しかし、その一方で、実際に「かつては不治の病であった病」に罹患し、「病とともに生きる」人が存在し、実際に「病とともに生きている」という実存的次元に目を向けてみる。そこには、一人の生きる個人の上に、未曾有の事態が展開することになる。想定外の事態と問題が、ありとあらゆる次元で展開される。それは、まぎれもない、個別的事態として生じる。抽象的観念としてではなく、そのことがいかなることかをつぶさに経験しつつ生きていく。一個の生命が、一人の人間として生き、「病とともに生きる」「医療とともに生きる」中で、身体的・心理的・社会的なさまざまな次元で、冒頭に掲げたような、本質的な普遍的問いを発することがあるだろう。その問いにアプローチするには、その問いが発せられる、その人の心の目、心身を通じての生命感覚と実存的感覚に、近づいていく必要がある。

つまり、いのちの本質、生きることの本質、生と死の本質、存在の本質、人間の本質、自己の本質といった、人間が古代から掲げてきた問題に、われわれ一人一人も、社会も、医学及び医療も、そして心理臨床学も、新たな捉え直しとアプローチを迫られているのである。それは、一方では、医療における救命第一主義によって、ある面では切り離されてきた、人間が本来向き合うべき問題に還ってきたともいえるかもしれない。

こうした「病とともに生きる」「医療や科学技術とともに生きる」問題を直接生きている人と関わろうとする時、そこにどのような苦難があるかをしっていくことは必要である。しかし、一方で、病とともに生きる人を理解しようとする際に、一般的価値観や自らの価値観においての「苦難」イメージを投影して、理解した気になってしまうということは、案外陥りがちなのではなかろうか。「病とともに生きる」「医療や科学技術とともに生きる」人は、未曾有の事態に、身体的にも心理的にも社会的にも、常に向き合っている人であり、そうした、その人だけの未曾有の体験を理解するには、まずは、先入観をもたずに虚心坦懐に向き合うことが必要なのではないだろうか。少なくとも、その未知の地平に分け入っている「先人」として尊重し、その人の心がどんな世界を体験し生きているのか、どんなことをどう感じたり捉えたりするのかを、「病とともに生きる」人だからこそ、そして「その人」だからこその世界観や自己・他者観を教わることが必要なのではないだろうか。おそらくは、そこに、普遍的な問いへの一つのアプローチの何たるかが、自ずから展開されるのではないだろうか。

心理臨床家の仕事は、外部から、その人の生きる道を敷くことではない。その人の心が、自らに「与えられた」ものである生命や境遇を生きる中で、人知れず、自覚の有無にかかわらず、普遍性の個性化へと刻々とアプローチし続けているところに、心を寄せて見守ることであろう。それによって、未知なる道を探り出そうとする、その人の心のはたらきと力を見出し、学び続けることであろう。そこに、その人が心的に「存在」しうることとその尊厳の重みを再発見し、普遍性を新たなパースペクティヴの下で受けとめ直すような営みが、双方に生じうるのではないだろうか。

本書は、皆藤章教授のご退職にあたり、教授ご自身が掲げられた「いのちを巡る臨床」というテーマのもと、心理臨床の本質について、過去および現在を踏まえ、未来を見据えつつ、一つの到達点を示すとともに、新たな問題提起をなそうとするものである。まったく、皆藤先生らしい。背筋の伸びる思いがする。

病とともに生きることにまつわる問題。自らの意思を超えて、しかしまぎれもなく自らに与えられたものにまつわる問題。生と死と、自と他と、身体と心と、過去と未来と、そのような、あたかも一見二律背反に見えるようなものを生きる、いのちが、問うていることに、心の次元でアプローチすること。こうした問題に、それぞれの臨床現場において、それぞれのクライエント、それぞれの臨床家が、心に学ぶことを通じて、それぞれの心が捉えた、その現代的・未来的意義と普遍的意義についての論を展開している。

この書が、奇しくも、京大心理臨床シリーズの一二巻を数えることとなった。一二という数は、単位系としての「時間」の基数として知られる。つまり、循環し更新される時間の単位としての数である。新たな門出にふさわしい。既存の理論は、心理臨床の現場において、クライエントと心理療法家の双方の心からの学びに由来するものである。しかし、既存の理論やその時代の価値観に呑まれるのではなく、心が問うていること、心が生きて見ていること見ようとしていることに、常に心を寄せ、新たに見出していく必要がある。専門家や心理臨床の道を志す人だけでなく、あらゆる人にとっての心の対話の一歩となることを願い、忌憚のないご意見を賜れれば幸いである。

本書の出版にあたり、心に学び、心理臨床の知に貢献してきた、あらゆる立場のすべての人の心に感謝するとともに、編集に多大なご尽力をいただいた創元社の渡辺明美氏・紫藤崇代氏に心より感謝したい。

二〇一七年一二月　京都にて

松下姫歌

いのちを巡る臨床――生と死のあわいに生きる臨床の叡智　目次

伝 牧谿筆「竹雀図」について

西 見奈子

本書カバーに用いられた「竹雀図《ちくじゃくず》」は、牧谿《もっけい》によって描かれたと伝えられているもので、現在、根津美術館に所蔵されている。雨の中、枯れ枝に並んで止まる二羽の雀が描かれており、画面左下には竹葉が描かれ、吹き墨の技法を用いて雨滴が表現されている。二羽の雀のうち、一羽は冷たい雨に耐えるかのように目を瞑り、首をすくめている。そしてもう一羽は毛を繕っているようでもあるし、並んだ雀を気遣っているようにも見える。その見事な表現は、降り注ぐ雨の中の冷たく湿った空気までもが匂ってくるようであり、そしてそれゆえに寄り添う雀の柔らかで温かな質感がより一層際立っている。ああいった小さく可憐な生き物を初めて両手でとらえた時のこと。あれはいつのことだっただろうか。じんわりとした熱さ、手の平の中で小刻みに響く確かな鼓動、ああ、生きている、心の震えるあの感覚が呼び起こされる。

通称「ぬれ雀」として知られるこの絵は、元々は足利将軍家の所蔵品であった。牧谿は、南宋時代末期から元時代初期にかけての禅僧画家であり、室町時代に禅を学ぶために中国に留学した日本の僧侶たちによって日本に牧谿の絵がもたらされたと考えられている。室町時代以来、日本では高い人気を誇る牧谿だが、中国ではあまり知られておらず、中国に現存する作品は一点もないと言われている。

About "Sparrows in the rain" by Muqi

Minako Nishi

"Sparrows in the rain", used as the cover art for this book, was reportedly drawn by Muqi. The picture is now owned by the Nezu Art Museum in Tokyo. Two sparrows are painted side by side on a dead branch in the rain, and bamboo leaves are painted in the lower left side of the picture. Raindrops are represented using a technique called "Fukisumi（吹き墨）". Of the two sparrows, one is closing his eyes and is nestling into his neck as if to withstand the cold rain. The other one seems to be grooming the feathers, or caring for the other sparrow. The wonderful expression seems to evoke even the smell of the cold and damp air in the falling rain, and hence the soft, warm texture of the two sparrows is even more striking. The first time I caught a small, pretty creature with both hands, I was wondering what it was: faint but steady heat, trembling but certain beat that echoed in my palms. Ah, it's alive! The sense of a beating heart is called back.

This painting known as "wet sparrow" was originally owned by the Ashikaga Shogun family（足利将軍家). Muqi was a Zen priest（禅僧）from the end of the Southern Sung era（南宋時代）to the beginning of the Yuan era（元時代）in China, and his drawings are considerd to have been brought to Japan by Japanese monks who went to China to study Zen in the Muromachi period. He has been very popular in Japan since that time, but not well known in China. It is said that none of his work currently exists in China.

よほど日本の気質に合っていたのだろう。牧谿は茶の湯の中ではよく知られた存在となり、茶人たちの間で大変人気が高いものとなった。さらには、織田信長や徳川吉宗、明治天皇に至るまで、牧谿の絵を愛でたというエピソードはさまざまに残されている。また、日本では多くの画家が牧谿に影響を受けてきた。例えば長谷川等伯の代表作である「松林図屛風」や俵屋宗達の「蓮池水禽図」などは、牧谿に影響を受けたものとしてよく知られている。

足利家には多くの牧谿の作品の所蔵があり、足利家の作品目録である「御物御画目録」には二九〇点の唐絵が収録されているが、そのうち牧谿の作品がその四割の一〇九点にも及ぶという。しかし、その後、足利幕府の衰退とともに所蔵されていた美術工芸品は散逸を余儀なくされ、戦国大名や茶人たちの手に渡ることとなった。この「ぬれ雀」もおそらくそうした中で、足利家から手放されたのであろう。その後、万治二年(一六五九)に阿部備中守定高の遺物として徳川幕府第四代将軍家綱に献上されたという記録が残されている。

この絵に描かれているのは、冷たい雨に濡れながらも寄り添い生きる姿である。それは時代を超えて、また国を超えて、生きる苦しみを知る人たちの心にほのかなあかりを灯し続けてきたことだろう。

〔文　献〕（1）　茬開津通彦「ぬれ雀　水墨花鳥画の情趣」美術フォーラム二一、一六号、二〇一七
（2）　谷端昭夫「茶人が生んだ〝牧谿ブランド〟」芸術新潮、一月号、一九九七

He seems to have fitted the Japanese esthetic. His name became well-known among the practitioners of the tea ceremony and especially loved by masters of it. Furthermore, his paintings have been beloved by eminent personages, ranging from Nobunaga Oda, Yoshimune Tokugawa, to even the Meiji Emperor. Also, many Japanese painters have been influenced by him. For example, "Shorin-zu byobu," which is a representative work of Tohaku Hasegawa（長谷川等伯), and " Renchi Suikin-zu（蓮池水禽図)" by Sotatsu Tawaraya（俵屋宗達), are well known as being affected by him.

The Ashikaga family had many examples of his work. The number of his paintings reached 109 which occupied 40 percent of 290 pieces of Kara-e (paintings imported from China) according to the catalog of Ashikaga's collection, " Gomotsu On-e Mokuroku "（御物御画目録). However, the whole collection of art works was forced to be scattered with the decline of the Ashikaga shogunate, and passed to the hands of the Sengoku Daimyo (dominant figures in the Samurai class) and of the masters of the tea ceremony. This "wet sparrow" probably was released from the Ashikaga family for that reason. There is a record that it was presented to the fourth Tokugawa shogunate as a relic of Abe Bityunokami Sadataka（阿部備中守定高）in 1659.

What is painted in this painting is the state of sparrows huddling close to each other while getting wet from cold rain. It has been lighting a small flame in the hearts of those who know the suffering of living beyond time and across countries.

いのちを巡る臨床——生と死のあわいに生きる臨床の叡智

凡　例

一、人名は、原則として本書各章内で初出の箇所はフルネーム（姓名）を記し、以降は、同一段落内はファミリーネーム（姓）に略し、新たな段落ではフルネーム（姓名）を記した。なお、執筆者の意向を尊重した箇所がある。外国人の場合は、初出の箇所はファミリーネームをカタカナ表記し、それに続けて（　　）内に原綴を記し、それ以降はカタカナ表記のみとした。外国人名のカタカナ表記は、既訳の書物を参照して慣行に従うことを第一とした。

二、本文中の文献表記については、引用・紹介箇所に番号を付し、各論文末に一括して掲げることとした。注についても同様とした。

三、固有名詞の外国語カタカナ表記は各種文献を比較考証した上で、慣行に従うことを第一とした。専門用語の原語の表記は、執筆者の意向を尊重しその判断に委ねた。

四、日本語の平仮名表記あるいは漢字表記については各執筆者の意向を尊重した。

五、その他、必要に応じ本シリーズまたは本書独自の編集方針に従って、表記を統一した。

特別寄稿……………

人生に訪れる変容

アーサー・クラインマン［皆藤　章 訳］

1　はじめに

この論考は、皆藤章教授に捧げるものです。われわれふたりが長年にわたって探究し続けてきたテーマは、患うことやケアをすることの研究をとおして、人間の経験について、人生そのものについて何を学ぶことができるのか、というものでした。皆藤教授は臨床心理学と心理療法から、わたしは医療人類学と医学の臨床実践から、このテーマに取り組んできました。これらの学問・実践領域は、人生を理解するさまざまな方法のほんの一部に過ぎません。しかし、人間が生きることをより深く理解しようとするものです。

一九七〇年代のはじめに、この実存的テーマに関する最初の論考を著して以来、わたしは、深く患うこと、そしてケアは、人生の意味を巡る本質であるという手応えを、こころのもっとも奥深くに抱いてきました。今日になって、病い、トラウマ、そしてストレスの経験をとおしてみたとき、ごく一般のひとに問われているテーマはけっして実際的な援助だけではない、そのことを指摘したいと思います。もちろん実際的な援助は重要です。しかし、ここで問われているテーマは、道徳的・人間的、宗教的、審美的な叡智なのです。それは、生きる営みのアート（テクネー）に注がれる努力にいのちを吹き込むのです。稀有なことかも知れませんが、それは、病いやトラウマ、ストレスといった経験やその他もろもろの苦難に耐え抜き、最終的にはそれを乗り越える、そのために必要なのです。

人生のほとんどは幸福を脅かす変化の影とともに歩む営みです。そのなかで、生きるために必要なことに熱心に力を注いでいくのです。その営みの至るところで、不安、悲哀、怒り、欲求不満、疎外感を味わうことになります。そうした辛い状態から抜け出すために、それを完全になくすために、出口を探すのです。もちろん、人生の歩みのなかで味わう経験には、喜び、愛情、爽快感、生命力があるという事実を否定するつもりはありません。また、何の変哲もない日々のくらしは取るに足りないできごとに溢れ、倦怠感や嫌悪感

Transforming Life

Arthur Kleinman

Introduction

This essay is meant to honor Professor Akira Kaito. It explores a subject we have both been concerned with for many years: what the study of suffering and caregiving can tell us about human experience and about life itself. Professor Kaito comes to this concern via psychology and psychotherapy; I come to it via medical anthropology and the clinical practice of medicine. These are only a few of the plural ways of comprehending life, but they both seek to improve it.

Ever since my first essays on this existential subject in the early 1970s, I have harbored the innermost feeling that serious suffering (and care) was quintessentially about meanings. As I would put it today, what is at stake for ordinary people in experiences of illness, trauma and distress is not just practical assistance, as crucial as that is, but also the wisdom—moral, religious, aesthetic—needed to inform their efforts in the art of living to pass through these and other troubles in order to endure, and ultimately, even if it is unlikely, to transcend.

Much of life is lived in the shadow of changes that threaten our well-being and involve our strenuous efforts to do what it takes to get on with our lives. A good deal of living turns on experiences of anxiety, sadness, anger, frustration, alienation and the quest to ameliorate or end entirely these negatives states. That is not to deny the fact that we also experience joy, love, exhilaration, and vitality; and that routine boredom and one (small) darn thing after another of a habitual sort make

を抱かせることも否定しようがありません。ただ、言えることは、ある問題が生じて、そこで不快感や苦痛という強烈な変化が経験されたとき、それにどう対処するかによって、生じている問題そのものが有益にもいっそう複雑にも変化することがあるということです。医療人類学が提示してきたのは、より良い方向での変容がわれわれのくらしに生じ得るという印象的なエヴィデンスなのです。

こうした主観的・社会的体験の変化やリメイクは、情動、思想、自己感、人間関係、儀礼を含むさまざまな領域で生じていますし、身体にも刻み込まれています。叡智の伝統のすべては、思慮深さをもって、変化というものを、この世に生を受けそして死に逝く人間の営みにとって不可避の現実であるとみなしています。われわれがいのちを授かった世界は、齢を重ねるにつれ消え去りゆき、そして新たな世界が立ち現れてくるのです。

ここでは、いくつかの実存的な変化について検討したいと思います。深刻な病いや暴力によるトラウマが生み出す変化、そして、それらの事態が創り出す変容です。後者には、これらの辛く困難な事態にあって、他者から受けるケアと自身に行うケア、このふたつのケアによってもたらされる重要な変化が含まれています。しかしとりあえずは、このような変化やまた別の意味深い変化の経験に認められる人生のコンテクストについて、わたしが展開している理論を要約しておくことにします。ここでのテーマをもう一度イメージするための基礎を提供してくれるからです。

われわれはひとり残らず、家族、環境、集団、社会と、入れ子構造になったローカルな世界に生を受けます。その世界は、歴史、政治的・経済的影響力、倫理的・宗教的な文化様態、さらには環境状況によって、順々に形作られていったものです。そして、これらの要因によって、貧困、食糧危機、水不足、伝染病、戦争、移住などといった残酷な現実が産み出され、そのたびに、ローカルな世界は対応を強いられてきました。また、これら諸要因が含みもつ社会的・生得的な力は、くらしていくために、生き残るために、ごく当然に

up much of our days. The major changes that discomfort and distress us require responses which themselves create changes that are either useful or that intensify our problems. Medical anthropology offers impressive evidence that transformations of a more positive type can also occur in our lives.

These unmakings and remakings of our subjective and social experience occur on several registers including our emotions, thoughts, self-identity, relationships, and rituals, and are inscribed in our bodies as well. Every serious wisdom tradition considers change as the inescapable reality between birth and death: the worlds we are born into are, when we are old, gone forever, and new worlds claim our alert attention.

In this chapter, I examine a few of these existential changes, such as serious illness experiences and trauma following violence and the transformations they create. The last includes key changes that result from the caregiving that others provide to us and that we give to ourselves in such trying conditions. But first let me recapitulate a theory I have developed of the life contexts in which we come to experience these and other meaning-infused change. That will provide us a basis to reimagine our subject.

Each of us is born into nested local worlds: families, networks, communities, societies. And these in turn are shaped by history, political economic forces, ethical and religious cultural orientations, and environmental circumstances. These forces create the brute realities local worlds must react to, such as poverty, inadequate food, water shortage, epidemics, wars, migration, and so on. And the social and natural power of these forces also shape the wherewithal our local worlds possess to be adequate and successful in our common struggle to sustain

われわれが力を注ぐなかで、ローカルな世界を適切かつ有用に保続していく手段をも形作ってきました（関連しなくもないのですが、わたしはいま、ヴェスヴィオ火山の破壊的な大噴火によって作られた古代ローマ遺跡であるポンペイ近くの丘陵地帯でこの論考を書き始めています。ここは、今日、シリアやリビアそして他の社会の政治的混乱から逃れてきた難民が、潮流に流されて死体となって、あるいは瀕死の状態で発見されるイタリアの海岸からそう遠くないところにあります）。

そう、ローカルな世界はそれぞれが根本的に異なっているのです。実際に、違うのです（まさに京都とボストンは、難民が逃れ出たシリアやリビアの街とは違っています）。ここで言えるのは、幸福を脅かす危険な変化に抵抗するために、ローカルな世界が行使する対抗的な影響力もまた、そこで生を営むひとの内に見出される人間的現実である、ということです。われわれはいったい何者であって、生き続けるために何をなさねばならないのか。この特殊なローカルな世界は、そうしたことに影響を与える具体的で実践的な、実現可能性と不可能性の両面が示されるような、そうした詳細なコンテクストを備えているのです。

ローカルな世界には、日常の体験が媒体として浸透し流れています。他者と関係を紡ぎながら、自己の形成・解体の可能性を産み出しながら、われわれは日々を生きているのです。そのようなくらしの至るところに、道徳的・人間的なトーンが流れています。それは、くらしのなかで遭遇する危機を、ときにはそれが真の危機となることを察知し表明する人びとの活動によって活性化される、生きる価値と言うことができます。この社会的な媒体のなかを、言わば泳いでいくことによって、ひとり一人が、それぞれに特有の社会的経験という流れのなかで、まず社会化されていきます。それから、社会化された活動をとおして、親密な人間関係のなかで、あるいはほとんど関わり合わない人びとに混じって、成長し、大人として社会に適応する価値を創り上げていくのです。われわれはこのような道徳的・人間的な在りようを体現しています。その一部は、他者との関係を築いたり築き直したりする方途となっています。

and survive. (Not without relevance, I am beginning the writing of these words in the foothills near Pompei—the ancient Roman ruins that were created by an immense and terribly destructive eruption of Mount Vesuvius volcano. And I am also not so far from the Italian beaches where today refugees from the political chaos in Syria, Libya and other societies wash up with the tide, either dead or barely alive.)

The local worlds we inhabit can and do differ fundamentally. (Just as Kyoto and Boston differ from the Syrian and Libyan cities that refugees are fleeing.) So that the counter forces that local worlds can exert to resist dangerous changes that threaten our well-being are also the human reality we find ourselves within: a particular local world with all its concrete, practical contextual details (both enabling and disabling) affecting who we are and what we have to do to get on with the job of living.

The medium that pervades these worlds, connecting us to others and creating the possibilities for making and unmaking the self, is the flow of everyday experience. What is special to that flow of human life everywhere is its moral tone: the lived values that are animated by peoples' actions which express the things that are at stake (often most at stake) for them. Swimming, as it were, in this social medium, each of us is at first socialized into a particular flow of social experience, and later still we contribute through our actions to these orienting values as we grow up and live as adults among intimate and more distant relationships. We embody these moral orientations. They become part of how we make and remake ourselves and our relations to others.

けれども、たとえば個人的な喪失にひどく苦しむとき、新しい世界が木っ端微塵になる現実に直面するとき、価値観の異なるひとに嫌悪感を抱き誠実さをなくして協調を拒んでしまうとき、そのような辛いとき、かならずしも明確な他の倫理的選択肢がなくとも、これまで主流であった社会的経験の流れに抵抗し、既存のローカルな道徳的・人間的状況から離脱することが起こります。そして、この世界に存在し生き続けるかぎりは、これまでとは異なる道徳的・人間的生活環境を探し求めなければならなくなります。わかって欲しいのですが、われわれが生きる世界は道徳的・人間的なのです。そこでは誰もが道徳的・人間的な生活を送っており、その実際の営みによって道徳的・人間的生活環境が現前するのです。そのように生を営んでいるのです。

さて、ではこれらのことを踏まえて、ローカルな世界との関係が根本的に変化する在りようを検討したいと思います。愛するひとの喪失、恐るべき病い、さらには人生後半の予期せぬそしておそらくは気の重いケア、これらの経験をとおして、親密なひとたちとの関係や自分はいったい何者なのかという自身との関係に変化が生まれてくることがあります。そうした変化は、情動や価値観の変容を描き出すのです。人生がそうであるように、変容は、ひとり一人の経験にとってもっとも貴重であり、人生そのものの中核を成すものとなるのです。このように、ローカルな人生を理解することは、そこに何が潜んでいるのかを知ることになるのです。

2 変容の訪れ

わたしの物語から始めましょう。五〇代の後半まで、人生は「光り輝くもの」だとわたしは思っていました。この上なく素晴らしい結婚をし、ふたりの優れた子どもに恵まれ、かけがえのない仕事をしていました。

But at times—say, bad times when we suffer a personal loss or perhaps when we face a new world-shattering reality like having to rebel against collaboration with the values of others that we find repugnant and which cannot command our loyalty—we resist the dominant flow of social experience and therewith turn away from established local moral conditions and search for, if not exactly an explicit ethical alternative, then at least a different moral orientation for our being-in-the-world and practices. The reader can see what I am getting at: our worlds are moral worlds and individuals have moral lives within these worlds, lives whose moral orientations are revealed by our actual practices.

Now with this as background, we can press on to examine how events, like the loss of a loved one or a terrible illness experience or unexpected (and perhaps unwelcomed) caregiving in later life, can change in a fundamental way our relationships to our local worlds and through our ties to close others and our connection with our own selves to who we are. Those changes represent transformations in our emotions and values that are of the utmost importance to our personal experience of living and thereby are central to life itself, as we live it and as it is. That is to say, comprehending life lived locally tells us what lie itself is about.

Life Transformed

I begin with my own story. Until my late 50s, I regarded my life as "golden". I had a most wonderful marriage, two fine children, work that mattered,

人生は、望んだとおりに幸福で充実したものでした。そんなとき、最愛の妻が早期発症型アルツハイマー病に罹り、一〇年後にはその人生に幕を下ろしたのです。痴呆が進行するにつれ、妻との生き方や思い描く未来は根底から変わっていきました。病状の進行は、ふたりの日々の現実感覚を奪っていきました。その一方で、この時期は、喪失に次ぐ喪失でした。まず妻の視覚が失われ、次いで持ち前の彼女の能力が失われていきました。あれほど不断に精力的に行ってきた家事や学問的な仕事を持続する能力が失われたのです。そして徐々に、もっとも基本的な日常生活を営む機能が失われていきました。妻はすべてをわたしに依存するようになり、わたしは家庭内のことすべてに責任を負うようになっていったのです。そうなってみて驚いたことに、これまではとてもむずかしかったそれらの経験がわたしを解放的にしたのです。これまでは、家族のケアに何が必要なのかをわたしはほとんど知りませんでした。妻がすべてをやっていたからです。そしてわたしは料理を覚え、掃除をし、家事をするようになりました。ときには妻のジョアンの食事の世話や入浴の介助をしたり、気持ちを落ち着かせたり支えたりするようになりました。こうしてケアをする立場になってわたしは、その恩恵に与っていることに気づいたのです。人格、日常の行動、そして人生観が変わったのです。以前のわたしは、典型的な働き過ぎの男性でした。遅くまで仕事をし学問研究と教育に精力を注いでいたわたしは、誰かのケアを期待していました。しかしいまは、わたしがケアをする立場になっていました。ケアをするには、時間とエネルギーが必要でした。いらいらしたり腹を立てたりしたときもありました。ただ、総じてみれば、ひとりの人間としてわたしは成熟しましたし、まさに特別な目的意識をもって人生を歩む道を見出したのです。

さて、ここにはふたつの変容が描かれています。何と言ってもまず、妻とわたしのローカルな世界は覆され、人生の悲劇に直面させられたことが挙げられます。けれども、第二の変容もまた重要でした。それはわたしが、夫として父親として、そしてひととして創り直されたということです。まったく違うことが起きた

and my life was as happy and fulfilled as I could have wished it to be. Then my wife—the love of my life—developed early-onset Alzheimer's Disease, which would, a decade later, take her life. The progressive development of my wife's dementia completely altered our understanding of how we lived and what the future would bring. It shocked us out of the everyday sense of reality. On the one hand, this period was about loss after loss: my wife first lost her vision, then her ability to be on her own, including being able to continue the domestic and academic work that she had performed so seamlessly and impressively; and eventually she lost the most basic of everyday functions. She became fully dependent on me. I, on the other hand, now took on all the responsibilities around the home, and in a surprising way, as difficult as it was, it was also for me a liberating experience. I had before all this happened little idea of what family care required—my wife had done it all—and as I learned to cook, clean, handle household problems, and, in time, even feed, bathe and calm and support Joan, I realized I was benefiting from being a caregiver. My personality, everyday behavior, and view of life changed. Up until then, I was the typical male overachiever: working long hours, focused on my scholarship and teaching, expecting others to take care of me. Now I was doing the care work, and while it was demanding of time and energy, and at times made me feel frustrated and angry, on the whole I matured as a person and found a way of living that gave me a very specific sense of purpose.

There were, then, two transformations. First, our local world was overturned and we were faced with a human tragedy. But the second transformation was also important and remade me as a husband, father, and human being. It could, of course, have been very different.

可能性だって、もちろんあったでしょう。責任逃れの言動をしたり、重圧に押し潰されて何をしていいのかわからず抑うつに陥った可能性もあったでしょう。しかし、たとえよりよい変容がいかに困難であったとしても、このローカルな世界の構造と良好な夫婦関係の在りようが、よりよい変容をもたらしたのです。患うこととケアの領域を研究するインドの指導的な人類学者ヴィーナ・ダスは、トラウマや途方もない苦悩に深く傷を負った人間関係の在りようは、治療と回復の過程で起こることの基準になると指摘しています。そのように傷ついた人間関係の在りようが、ひととして創り直され快復していく経験を傷つけるのです。よりよい変容を導くのではなく、その経験の限界点を動かぬものにしたり、より悪しきものにしたりするのです。

臨床実践と臨床的な志向性をもったわたし自身の研究からは、アメリカと中国で深く関わり合った人びとにそれが見出されました。衰弱が進行していく疾患を目の当たりにして、完璧に打ちひしがれた患者と家族がいたのです。ただその一方で、病いとケアの経験のなかで、よりよい変容を遂げたと思われたひとたちも少数ながらいました。半世紀におよぶ実践と研究のなかで出会ったひとびとのほとんどは、この両極のどこかに位置づけられました。何とかして乗り越えたひともいますし、耐えているひともいました。しばしば、「耐えがたきこと」と当人やわたしは表現するのですが、耐えがたきことに耐え続けているひともいたのです。

患者やケアをする家族、そしてヘルスケアの専門家などには心理療法が有効に働くことがあります。それは、真に苦難なときを生き抜き、まさにわたしがそうであったように、その経験を変容させる一助となることがあるからです。シングルマザーとして、二分脊椎症による麻痺を患う息子を育てたある友人は、自分は耐え続けられるかどうかわからないと語っていたのですが、実際にはやり抜きました。そのことによって、友人は、道徳的・人間的そして情緒的により強くなったのです。これは注目すべきことですが、終末期を生きる患者たちの何人かは、精神的、人格的、美的な成長と発達を経験したと語ってくれました。しかも、その患者たちをケアするひとたちも同じことを語っていたのです。中国で、文化大革命という未曾有の破壊的

I could have run away from responsibilities or succumbed to the pressures and become seriously demoralized and depressed. The structure of our local world and the quality of our relationships made this more positive if still difficult transformation possible. Veena Das, a leading anthropologist of India and of suffering and care, has made the point that relations that have been poisoned by trauma or were poisoned before a major affliction are the basis for what happens in the process of treatment and recovery. Those poisoned relations go on to poison the experiences of remaking and recovery. Leading not to positive transformation but rather the perpetuation of limiting and even negative ones.

Looking back on my clinical practice and my clinically-oriented research, I can illustrate these points with people I have come to know quite well in America and China. There are patients and family members who completely broke down in the face of progressively debilitating disease; while a small number of others seemed to undergo much more availing transformations in the illness and caregiving experience. Most of the people I have encountered over a half century of practice and research fall somewhere in between. They muddle through; they endure. Often enduring what they (and I) call "the unendurable".

At times psychotherapy seemed to help people (patients, family caregivers, even health care professionals) get through truly difficult times and even transform their experience (much as I felt I did). A friend who had as a single mother raised a paralyzed son with spina bifida told me that she was not sure from time to time if she could withstand, but that she had indeed done so and it made her feel morally and emotionally stronger. Remarkably, several patients at end-of-life told me that they had undergone spiritual, personal and aesthetic growth and development.

できごとの犠牲となった人びとの研究を行ったことがあります。誰も、その絶望的な混乱をふたたび経験したいとは思っていませんでした。莫大なものが失われ、家族や個々人への影響には計り知れないものがありました。しかし、にもかかわらず、多くの人びとが悪夢から目覚めたときに人格的な強靱さを備えていたのを見て取ることができたのです。文化大革命という嵐は、このローカルな世界を生き抜くより成熟した効果的な方法として、情動的かつ道徳的・人間的立場から考えるという方向にひとり一人を変容させたことがわかったのです。もちろん、バランススケールの対極では、降りかかった不正に対して、数え切れないほどの人びとが厭世的になったり、尽きることのない怒りを抱いたり、この世と人生に失望し疎外感を味わったりしていました。しかし、これらの悲惨で危険な変化ですら、悲劇的なことではありますが、人間の変容のひとつとして理解されなければなりません。

さて、病いやトラウマという災厄から、わたしは何を引き出そうとしているのでしょうか。ロマンチックな感傷などではありません。もっとも悲劇的で苦難の真っ只中にあっても生きていればよいことが起きるなどといった話ではないのです。そうではないのです。そんなつまらない話は、ハリウッド映画さながらの偽物です。そうではなくて、わたしがまなざしているのは、理解困難な、より深遠なことなのです。生きるというアート（テクネー）にとっての、ある叡智なのです。

次の問いから始めましょう。苦難の最中《さなか》にあるとき、生き残るために役立つのは何でしょうか。それは、何かを為すことです。毎時間、毎日、毎週、ひたすら働くこと、あるいは病いやトラウマという逆境と奮闘し続けること、それがわれわれに耐えることを教えるのです。わたしは、余命いくばくもない妻のケアをするという最悪のときにこのことを経験しました。ケアという営み。それは、支えること、手を貸すこと、かばうこと、穏やかにさせること、食事、清拭、着衣、歩行の援助をすることです。これらすべてに含まれるのは、ケアをするいまこの瞬間に思考と感情を専心させることです。油断なく注意することによって、同じ

And I have heard the same from their caregivers. In China, I studied victims of China's greatly destructive Cultural Revolution—many of them. While none would choose to go through the desperate turmoil of that experience again, and while the losses mounted and the effects on families and individuals were enormous, still I could discern that a number of these individuals came out of the nightmare with personal strengths that they attributed to the way the Cultural Revolution transformed them toward what they themselves considered to be emotionally and morally more mature and effective ways of engaging their local worlds. Of course, on the other side of the balance scale, many many more people became cynical, chronically angry at the injustices they felt had been done to them, disappointed with their lives and worlds and alienated from them. But even these sad and dangerous changes must be understood as human transformations, albeit of a tragic kind.

So what is the point I am trying to pull out from the wreckage of illness and trauma? It is not the romantic sentimentality, that even when things are at their bleakest there are still good things that can happen to the afflicted. No; that trivial point is pure Hollywood falseness. I am aiming at something more difficult to understand and deeper. A kind of wisdom for the art of living.

What is it, to begin with, that helps people to survive the most challenging of troubles? It is the doing, the active labor of working away at or struggling with the adversity of illness and trauma on an hour by hour, day by day, week by week basis that helps us endure. I experienced this in caring for my late wife at the worst moments. The doing of the caring—the supporting, the assisting, the protecting, calming, the actions of helping her eat, wash, dress, walk—all involved the

ことの繰り返しであった日常は、ウィリアム・ジェイムズが習慣［訳注1］と呼ぶ在りようとして創出されます。それは、逆境を普通のこととして生き抜かせるのです。打ちのめされたときには、極端な仕方で生き続け抵抗する能力を試すのです。習慣はそのようにわれわれを援助するのです。圧倒的な脅威に直面するなかで、みずからの到らない点や失敗に直面するなかで、セルフケアと他者へのケアを身体と魂に染み込ませそれを習慣にすること、そのことが、生を支え生き残るひとつの道なのです。

　ケアをすることには、また別の側面があります。それは、たゆまずケアし隘路を安全に生き抜く能力として重要となる儀礼という形態です。習慣と同じように、儀礼は、ケアという在りようやその行為を生き抜く助けになります。儀礼は、弱者とケアをするひととを逆転させることがあります。ほんのいっときのことなのですが、儀礼の理に適った状況のなかで、弱さと傷つきによってケアをするひとが産み出されるのです。すなわち、病いそのものが癒し手になるということです。儀礼は、苦難と格闘する主人公を、隘路を安全に生き抜いたひとに変容させるのです。溺れる者が救助者へと変容するのです。どのようにして、そのようなことが起こるのでしょうか。儀礼には、ひとをそれぞれ新たな自己へと変容させる力があるからです。意味の次元で言えば、渾沌や崩壊へと意味づけられるお決まりの脅威が、それとは異なる新たな意味へと移りゆくプロセスと言えるのです。このように、儀礼の理は、受動的な嘆願者を能動的な主体へと変化させるのです。また、儀礼には、象徴的なプロセスを活性化させる効果があります。それによって象徴的なプロセスが保ち続けられ、その結果が儀礼として体現されるのです。それは、ひとつの習慣的行為として、頬にキスをする、重篤な障害を抱えたひとの手を取るといった素朴な形態をとるかも知れません。しかし、たとえそうなったとしても、儀礼の形態は愛が生まれるところに生気を吹き込むのです。それは、さまざまなパートが劇の下稽古をして、それらが複雑に入り組んで、全体としてひとつの劇が上演されるようなものなのです。

　中国の思想研究者であり人類学者でもあるマイケル・プットは、その著『道』のなかで、古代中国の葬

absorption of our thoughts and feelings in the here and now of caregiving. The alert attention made habitual by daily routines creates what William James called habits. Those habits get us through ordinary adversity and assist us in handling extraordinary tests of our capability to persist and get back up from the floor and resist, when we are knocked down. Making over self-care and care of others into habits of the body and the soul that we practice in the face of overwhelming threat, our shortcomings, and our failures, is one way of sustaining and surviving.

Other aspects of caregiving are also crucial in our ability to persevere and come through to a zone of safety. Like habits, rituals help getting through the work of caring and caregiving. Such rituals may reverse who is the vulnerable person and who is the giver of care. That is, for a brief time in a legitimated setting, the vulnerable and the injured become the care-givers; the sick become the healers. Rituals can transform the struggling protagonist into the one who has crossed over into safety, the drowned are transformed into the saved. How does this happen? The ritual forces individuals to be transformed into new selves. On the level of meanings, this is a process of moving from chaotic or broken meanings back into resolved threats to meanings or new meanings. The ritual legitimates our movement from passive supplicant to active agent. The effect of the ritual is to activate symbolic processes that have embodied consequences capable of providing sustained action. The form of the ritual may be as simple as kissing the cheek or hand of a seriously disabled person as a habitual, yet animated sign of love or as complex as putting on a real play and rehearsing different parts.

送儀礼のひとつを紹介しています。そこでは、新しい王は、亡くなった父親を嘆き悲しむ息子の役を演じなければならないというものです。この儀礼は、一種の再訓練としての役割転換と言えます。それによって、新しく王となる息子に、悲嘆と正当な統治をともに可能にする覚悟をもたらすのです。

ヴィクトール・ターナーは、あらゆる癒しの儀礼は三段階を経ることを、経験的見地から主張しました。すなわち、日常の営みが特定の問題で患う経験へとまさに変容する段階、そして社会的かつ象徴的な癒しの行為を経験する段階、最後は、異なる者へとまったき変容を遂げる段階です。癒しの儀礼は、少なくとも文化的意味の次元では、新たなひとになることや健康が快復した状態を意味しています。それぞれの段階の変容によって、以前とは異なるアイデンティティが正当化されるのです。

さらに、プレゼンス（現前性）もまた、ケアをしたり受けたりすることによって創造される変容に不可欠な在りようです。プレゼンスが示すのは、生命力すなわち満ち足りた存在として在ることです。それが産み出されるのは、真にかけがえのない局面においてです。他者の存在そのものが危機に瀕しているときにプレゼンスは生成され、それによって変容の一歩が踏み出されるのです。危機に瀕したところに、われわれ自身に、プレゼンスはもたらされるのです。このことは、ただの型通りの形式や、官僚的な無関心や、相手をひととして扱わないこととは、明らかに対照的です。プレゼンスが習慣になることによって、たんなる機械的な在りようや、アブセンス（不在）は回避できるようになります。プレゼンスは、われわれの世界に生気を吹き込むのです。そしてそれが連帯を産んでいくのです。プレゼンスで在ろうとすること、それを回復させようともがくこと、こうした在りようは、疎外されたり萎縮したりアブセンスになることに抵抗する姿と言えるのです。これこそが、病むひとにプレゼンスをもたらし、生命力を賦活させるというかけがえのないケアのための、唯一無二の、もっとも重要な要素なのです。プレゼンスで在ろうとするひと、すなわちケアしケアを受ける両者に、ともに生命力を快復させるのです。

In his book The Path, the China scholar and anthropologist, Michael Puett gives the example from ancient China of a death ritual in which the new king grieving for his dead father has to play the part of the son to his own son. This is a kind of role reversal as retraining. It prepares the new king both to grieve and to govern justly. Victor Turner argued from empirical findings like these that all healing rituals go through the same three phases: transformation from normal everyday experience into legitimation as a sufferer with a particular problem; undergoing the social and symbolic acts of healing; and eventually legitimation as having been transformed into something else: a new or restored state of health (at least on the level of cultural meanings). At each stage, a different identity is legitimated and transformed.

Presence is also crucial in the transformation that caregiving and care-receiving creates. Presence indicates our being vitally alive, being there in the fullness of our being. We become present in settings that truly matter to us. Where the other person's very being is at stake, we step forward and are present to them (and to ourselves). This contrasts markedly with merely going through the motions, engaging in bureaucratic indifference, or failing to treat the other as a person. Creating presence as a habit makes it more likely we will avoid being merely mechanical or absent. Presence animates our world. It creates solidarity. Struggling to remain or regain presence is a form of resistance against being alienated, demoralized, and absent. This may be the single most important element in successful care: bringing presence to the sick and animating their own vitality.

プレゼンスは、個人だけに留まらず関係をも変容させます。プレゼンスによって、ケアに関わるひとたちが生き生きとなります。それこそがケアの関係と言えるのです。プレゼンスで在ろうとすることは変容することと同じなのです。それは、再活性化のひとつの在りようです。喪の作業の実際に、それを見て取ることができます。[訳注2] 旅立った後の、故人の想い出の整理や再構成は近親者や友人を慰めるのです。また、変容させる可能性もあります。こうした作業は、積極的な想い出のケアと考えることができます。そのプロセスは、われわれが何者でいったい何であるのかをふたたび定位させることにつながるのです。そうして、残されたわれわれは前に進むことができるのです。

想い出は個人だけに留まるものではありません。さまざまな人間関係のなかで個々の想い出が共有されること、記念行事や儀礼に参加し想い出をそれぞれが体現すること、これらによってローカルな世界やより大きな社会もまた、故人を想い出すことになるのです。そのように集合的に想い出されることによって、世界はふたたび活性化し想像化されていきます。このように、変容のなかで、想い出は、その深みにおいてほとんど意識されることのない役割を演じるのです。寡婦の息子や夫が父親になるとはどういうことなのかを考えてみてください。あるいは、その家族のなかで母親とは何であるのかというところまで、ある程度考えてみてください。このことを、世代の継承としてイメージしてみましょう。そうして人生は変容を生み出すのです。社会は想い出を抱き続けるのです。唯一ではありませんが、それはもっとも人間的な営みに息づく方法なのです。

It rejuvenates both the person working at being present, the caregiver, and the care-recipient.

Presence transforms not just the person but the relationship. And it is the relationships of care that can come alive as much as the participants. Working at presence is the same as working at transformation. It is a form of revitalization. We see this in mourning practices. For the period after a death it is consoling and potentially transformative for the close relations and friends to organize and reorganize the memories of the deceased. We can think of this act as an active caring for memories. That process is one that is part of the reshaping of who we are and what we are about. It is done so that we who remain can go on.

It is not just individuals, however, who remember. Through our individual memories shared in relationships and via memorials, rituals and our own embodiment of them, local worlds and the greater society also remember. That collective remembering revitalizes and reimagines our worlds. And in this way memories play their deep, barely conscious role in our transformations. Think of the widowed son or husband going on to be the father and in a way perhaps even something of the mother in his family. Now imagine this as the passing of generations. So does life become transformed. Societies remember and go on. It is not the only way, but it is amongst the most human ways.

3　人類の叡智

　これまで述べてきたことは、そのほとんどが無数の研究や臨床実践、そして個人的な体験からもたらされたものです。先述したように、それは、生きるとはどういうことかを明らかにするためだけではなく、実際に生きる営みに何らかの形で貢献することを意図していました。ある意味でそれは、限定的で楽観的な叡智だとも言えるでしょう。というのも、最終的には不可避の危険や災厄にいかに向き合い苦難を経験するのかということが、まさにわれわれを強靱にさせ進歩させるからです。ウィリアム・ジェイムズが主張したように、生きることを恐れるべきではありません。痛みや患うこととともに生きる、より成熟した有用な方法があるのです。それに、人間の変容に関する理解を利用することができるのです。たとえ変容が正確に導かれなかったとしても、世界に良きことを為すような在り方で、他者や自分自身に応じることになるのです。われわれが生を営む世界には制約があります。恐ろしく制約されています。それでも世界のなかで、世界のために、つねに何かを為すことができます。非難を受けながらも思いやりをもって振る舞えるモデルとなることができます。そのような在り方で、苦痛を和らげ良い結果を得るために、他者のケアをすることができるのです。まずひとりひとりが、そしてネットワークからコミュニティへと、そうした努力を一般化することができるのです。イギリスの社会科学者イアン・ウィルキンソンとわたしは、ひとつのアプローチとして社会的ケアを提案してきました。それは、社会の営みのなかにプログラムや政策を導入することによって人間が活性化するケアというものです。

　ケアというアプローチがとくに求められている領域に、ヘルスシステムや社会的サービスがあります。なぜなら、新自由主義的な資本主義は効率性やコストを重視するのですが、その否定的な結果として、官僚的無関心が生まれ、それがケアや社会サービスの質に悪影響を及ぼしているからです。けれども、より広い視

The Purpose of Human Wisdom

What I have written above has been greatly distilled from numerous research studies, clinical work and personal experience. It is intended, as I said earlier, not only to illumine living from within, but to contribute in some way to people's experiences of living. It is an optimistic wisdom, in its own limited way. While dangers and disasters are ultimately unavoidable; how we meet them and how we go through them are processes that we can strengthen and improve. We shouldn't be afraid of living as William James put it. There is a more mature and useful way of living with pain and suffering. This can harness our understanding of human transformations. And if not to guide them exactly, then to respond in such a way as to do good in the world for others and ourselves. Our control may be and usually is terribly limited, but we can always do something in and for our worlds. We can become models of grace under fire. We can care for others in such a way as to ease distress and improve outcomes. We can generalize our efforts from single individuals and their networks to communities. Elsewhere, Iain Wilkinson, a British social scientist, and I have proposed social care as an approach that can be brought to programs and policies in any domain of social life that is vital to human beings.

A care approach is much needed in health systems and social services, because bureaucratic indifference to the negative consequences of neoliberal capitalist emphasis on efficiency and cost has had a dismal impact on the quality of care and social services.

野で見たときに感じるのは、テクノロジーに巻き込まれた世界のなかで、匿名性が強まり孤立へと向かう危険な時代にわれわれが生きているということです。この世界で進行しているのは、人間の介入が制限されるなかで、さまざまな作用やプログラムとの相互のやりとりが電気的に媒介されていることなのです。この壮大な電気時代の変容の管理は未だ未発達の領域です。しかし、将来にとってもっとも有用になるひとつの集合的活動と言えるでしょう。

もっとも新しくかつ破壊的なグローバルな変容を管理するための中心にあるのは、ケアのあらゆる側面の強化です。社会生活のあらゆる面に浸透している官僚的なカテゴリーや手続き、そして無関心さが容赦なくケアのあらゆる側面を強襲し、ケアが枯渇しつつあるからです。環境や仲間、そしてローカルな世界のケアをいかに強化し一般化するかは、教育学と政策の課題です。西洋が原理や法律を強調するのはたいせつなことですが、わたしはそれで十分だとは考えていません。原理や法律は、人間の涵養を伝統的に強調する叡智と結びつくべきです。それは、ケアやケアの実際、そしてケアをすることの価値に尊厳をおいた叡智です。中国、日本、韓国、ベトナムといった儒教志向の社会が強調するのは、自己の涵養を道徳的鍛錬と倫理的実践の中核の課題とすることです。この視点は、政策やプログラムの開発を補完するために必要であり、グローバルに実施する価値のあるものです。自己涵養という儒教思想は、ケアとくにセルフケアという表現によってわたしが意味するものときわめて近いと考えています。われわれは、道徳的・人間的鍛錬の価値を再認識し、自己涵養が鍛錬のために不可欠であることを理解しなければなりません。

But more broadly, we are living through a dangerous time in which people feel increasingly anonymous and isolated in a technologically driven world where increasingly our interactions with agencies and programs are electronically mediated with limited human intervention. Managing this grand electronic age transformation may be one of the undeveloped collective actions most availing for the future.

Central to such management of our latest and most disruptive global transformation is doing what we can to strengthen all aspects of care, because they are withering under relentless assault from bureaucratic categories, procedures and indifference which has infiltrated all aspects of social life. How to strengthen and generalize caring for the environment, for our fellow humans and for our local worlds is an issue for pedagogy and policy. While Western emphasis on principles and laws are important, they are not in my view adequate. They should be combined with the wisdom traditions' emphasis on cultivation of persons with respect to values of care, caring, and caregiving. The Confucian-oriented societies—China, Japan, Korea and Vietnam—emphasize self-cultivation as the core issue in moral training and ethical practice. This perspective deserves global implementation as a necessary complement to the development of policies and programs. I take the Confucian idea of self-cultivation to come close to what I mean by care, and self-care in particular. We must return to valuing moral training, and see self-cultivation as crucial to it.

4 結論

経験による叡智は、この世界で良きことを為す、それが人生の要件でありローカルな世界でいかに生きるのかを実践するうえで必要であると教えています。本論考でわたしは、ケアは他者やわれわれ自身が良きことを為すために有用な在り方だと論じてきました。ケアには特徴的ないくつかの段階があります。ローカルな世界について思い悩むという脈絡でケアをするのは最初の段階です。そこで必要となるのは、そのケアが他者やわれわれ自身のケアにつながるということです。これまで、ケアをするというアプローチは、健康および社会的サービスに限定されてきました。それはたしかに重要なことです。その領域ではケアが明らかに弱体化しているからです。しかし、ケアをすることが社会生活の他の諸領域にまで拡大していけば、どんな結果がもたらされるでしょうか。政策、プログラム、個人の在りよう、これらにもたらされる深遠な変容は、教育、労働、社会的サービス、さらには統治についての考え方を変えるかも知れません。フェミニストの倫理学者たちは、とりわけそうした変容を長い間唱道してきました。起こるべきは、これをより広範に行き渡らせ、学術的色合いを薄くすることです。それは、政治におけるひとつの文化的変容を意味するでしょう。

このような変容は、われわれが直面している諸課題の広大な規模と負担を考えると、現時点では不適切かも知れません。しかしそれは、ケアとケアをすることについての世界的規模でのうねりを起こそうとするときの、ほぼ理想的な場になり得るのです。これこそが、現代における医療人類学と人文学にわたしが思い描くヴィジョンなのです。叡智を人生に注ぎ返すことは、ケアをするというこのアプローチに直に含まれている営みなのです。わたしは感じているのですが、われわれはこのヴィジョンを取り上げ始めるグローバルなうねりの証人になっています。そのような運動の後援、支援、発展、維持のためにできるかぎりの努力をし、ケアを強化する声に応えることこそ、まさに為すべき唯一の道なのです。

Conclusion

The wisdom of human experience is that doing good in the world is a requirement of life and needs to be implemented in how we live in our local worlds. In this essay, I argue that care is an availing way of doing good for others and ourselves. Care involves several distinctive foci. Caring for something in the sense of worrying about our local worlds is a beginning step that needs to be followed by giving care to others and to ourselves. Heretofore, a caregiving approach has been limited to health and social services. And this is important, given the evidence that care is weakening in these domains in our era. But what would be the result of the orientation of caregiving were extended to other aspects of social life? Perhaps such a profound human transformation in the orientations of policies, programs and individuals would change the way we think of education, labor, social services, and even governing. Feminist ethicists among others have long advocated for such a transformation. What needs to happen is to make the case much broader and less academic. This would mean a cultural transformation in doing politics.

Such a transformation may at this time seem inadequate, given the huge scope and burden of the issues we face. But it could be an almost ideal place to start to create a worldwide movement for care and caregiving. This is the vision I hold up for medical anthropology and humanistic studies in our time. Applying the wisdom of living back to life itself is the immediate implication of this approach. I feel that we are witnessing the beginnings of a global movement that is taking up this vision. We should do all we can to sponsor, support, develop and sustain such a movement, and joining the call for strengthening care is one way of doing just this.

［訳　注］

1　ウィリアム・ジェイムズは、Principles of Psychology の縮刷版である Psychology, Briefer Course のなかで「習慣」について心理学的見地からさまざまに論じている。その論旨をきわめて簡潔に述べると次のようになる。すなわち、習慣は、可塑性をもった人間の行動が「自動動作」になることであり、そのためには注意や努力や「強固かつ断固とした積極性」が不可欠である。習慣が必要であるのは、「高等な心の力をそれ自身に適した仕事のために自由にしておく」ためである。そして、「当初から失敗に終わるに違いないような困難な仕事を意志に課さないように注意しなければならないが、もしこれに耐え得るならば、……明らかな苦しみの時期を経て自由な時期に入ることを目指すのが一番である」としている（括弧内は今田寛の訳による（文献欄参照）。なお、クラインマンが文献に記載しているウィリアム・ジェイムズの『心理学原理』の初版は一八九〇年である）。

2　本書第9章「想い出のケアをすること」参照。

［文　献］

Carrasco, David, et. al., Anthropology 1400: Quests for Wisdom: Religious, Moral, and Aesthetic Searches for the Art of Living（course syllabus）.

Connerton, P.（1989）*How Societies Remember*（Themes in the social sciences）. Cambridge［England］; New York: Cambridge University Press.

Das, Veena.（2015）*Affliction: Health, Disease, Poverty*. Oxford University Press.

James, William.（2012）. "Habits," in *Principles of Psychology*, Vol. 2, The Dover Publications.（縮刷版は今田寛訳『心理学（上）』岩波文庫、一八八～二一〇頁、一九九二）

Kleinman, A.（2012）Caregiving as Moral Experience. *Lancet*, 380（9853）, pp.1550-1551.（皆藤章編・監訳『ケアをすることの意味』誠信書房、一四八～一五三頁、二〇一五）

Kleinman, A.Yunxiang Yan, Jing Jun, Sing Lee, Everett Zhang, Pan Tianshu, Wu Fei, and Guo Jinhua.（2011）*Deep China: The Moral Life of the Person*. University of California Press.

Kleinman, A.（2017）Presence. *Lancet*, 389（10088）, pp.2466-2467.（皆藤章訳「現前性《プレゼンス》」皆藤章著・訳『心理臨床家のあなたに――ケアをするということ』福村出版所収（印刷中））

Kleinman, A. *The Soul to Care*, in preparation.

Kleinman, A.（2006）*What Really Matters: Living a Moral Life amidst Uncertainty and Danger*. Oxford; New York: Oxford University Press.（皆藤章監訳、高橋洋訳『八つの人生の物語――不確かで危険に満ちた時代を道徳的に生きるということ』誠信書房、

二〇一一)
Puett, M. (2016) *The Path: What Chinese Philosophers Can Teach Us about the Good Life.* (First Simon & Schuster hardcover ed.). New York: Simon & Schuster.
Richardson, R. (2007) William James. In *the Maelstrom of American Modernism.* Boston: Houghton Mifflin Harcourt.
Rose, N. (2006). *Politics of Life Itself: Biomedicine, Power and Subjectivity in the Twenty-First Century* (In-formation series). Princeton, N.J; Woodstock: Princeton University Press.
Turner, V. (1977) *The Ritual Process: Structure and Anti-Structure* (Symbol, myth, and ritual series). Ithaca, N.Y.: Cornell University Press. (冨倉光雄訳『儀礼の過程』思索社、一九七六)
Wilkinson, I., & Kleinman, A. (2016) *A Passion for Society: How We Think about Human Suffering* (California series in public anthropology; 35). Oakland, California: University of California Press.

第1章

何もしないことに全力を注ぐ
——アーサー・クラインマンの「プレゼンス」に寄せて

皆藤　章

1 はじめに

この論考は、二〇一七年六月に『ランセット』誌に掲載された“Presence”と題するアーサー・クラインマン教授の論考及び特別寄稿論文を受けて、心理臨床家（以下、「臨床家」）としてのわたしの立場から、自身の臨床観を語ろうとするものである。

京都大学には、一九七七年に入学、一九九九年に教官（二〇〇七年からは「教員」）として着任し、合わせて三〇年余、学びのときを刻んできた。そのなかで、わたしの根幹は、つねに自身の体験から考え学ぶことであった。探究する対象は世界として眼前にあるのではなく、日常を生きるわたしの体験から運ばれてきた。わたしというひとりの人間の意志を超えた何かの働きによって出会いがもたらされ、その出会いの体験をとおして、わたしの人生の物語が紡がれてきた。ある中学生の家庭教師をしたことがきっかけで工学部から教育学部に転じることになり、そこで河合隼雄という師に出会い、そうして臨床心理学、心理療法に出会った。わたしの意志ではない。そこに運ばれただけである。以来一貫して心理療法の実践をとおして、人間が生きるということについて探究してきた。それもすべて臨床の場に訪れたひととの臨床実践から運ばれてきたテーマであった。そのひとの語りを受けて、その語りを自身のなかで反芻しながらときを過ごす。そのなかでさまざまな書物、絵画、風景、内なる声に出会ってきた。世界に出会ってきたのである。クラインマンに言わせれば「ローカルな世界」と言うことになろう。またときには、情報媒体をとおして世界の悲惨、貧困と出会うこともあった。ローカルからグローバルへの方向性である。ときには、沖縄やアウシュヴィッツなどに自身が運ばれていくこともあった。念のために付言しておきたいが、わたしの意志、ましてや興味や関心などではなかったのである。この意味で、わたしはまったき受動性の在りようを生きていたと言うことができる。このようなわたしの在りようを、教育分析のなかで河合隼雄は「弱さ」という表現で指摘したことがあった。その語りのすぐ後で、「弱いと言えば、日本人はみんなそうやからな」と呟いたのを忘れることができない。この示唆深い語りから、わたしは西洋思想における自我の在りようと、東洋思想における自然《じねん》の在りように想いを巡らすことになった。人間の「弱さ」や「強さ」は何によって規定され、それらはどのような様態なのだろうか、と。そのようにしながら、四〇年余を生きてきた。そのなかで出会った、わたしにとっては実に不思議な河合隼雄のことば、「心理臨床家は何もしないことに全力を注ぐ」は、不断にわたしのなかに渦巻き、ときにわたしを困惑させ、ときに勇気づけてきた。いったいこのことばはわたしに何をもたらしたのであろうか。

2 アーサー・クラインマンという臨床医からの学び

「はじめに」で述べたことから、心理療法におけるわたしの位置が明確になったと思われる。臨床の場を訪れたひと（クライエント）を研究対象とするのではなく、その関係からもたらされたわたしの体験をとおして、こころについて、そのひとについて、そして人間が生きるということについて探究する、そこがわたしの座である。そうなると、そのひととの関係は面接室のみに留まるのではなく、それはイメージとなってつねにわたしの内に生き続け、わたしの日常に呼吸し飛翔する。ローカルな世界の不条理を味わわせ、さらにはグローバルな世界の自身の内での位置を考えさせる。どうやら、この辺りにクラインマンとの接点が生まれたように思われる。

クラインマンもわたしと同質の座から人間の在りようを思索している。医師として患者とその家族を研究の対象としない。二七歳、内科研修医のときのあるできごとをクラインマンは語っている。要約すると次のようになる。当時クラインマンは世界的に有名な教授の下で研修を積んでいた。あるとき、医学的には未解明の肝臓疾患で死亡した患者がいた。その患者の死体解剖の許可を家族から得るように教授に命令される。クラインマンは、悲嘆に暮れ辛い状況にある家族が少なくとも落ち着くまで待つべきだとそれを拒む。すると教授はそのことばを一笑に付しながら家族のもとに歩み寄り、科学の発展のために急いで死体解剖をすべきだと告げるのである。激しい怒りに駆られた家族はその要求を拒否し、教授の態度を厳しく非難する。すると教授はクラインマンのところに戻ってきて、その白衣を掴み壁に押しつけ、威圧的な態度で生検針を取るようにと命じる。クラインマンは家族の気を引いているうちに家族の許可を得ずに病室に入り鍵をかけ、肝臓のサンプルを取れというのだ。教授が家族の気を引いているうちに……クラインマンは異議を唱える自分の感情をこころから締め出し、その命令を実行する。そして、激しい罪悪感に苛まれることになったのである。このできごとについてクラインマンは次のように述懐している(1)。

三六年間のわたしの専門家としての経歴のなかで、このエピソードはおそらく延べ時間にして一時間にも満たないものですが、地中深く流れる熱い溶岩のように、今でもわたしのこころをかき乱しています。当時のわたしにも反倫理的であることは分かっていたのに、その行為を行ってしまったこと、自分の行為がそれを普通と見なす文化的習慣のなかで無理強いされたものであったこと、嫌悪感や批判を表明できずに中国で言うところの「苦渋をなめる」しかなかったこと、それらが今でもわたしを非常に悩ませているのです。……その後、自分の倫理的な欠陥を認め、そうすることでいかに自分の人生や周囲の危機に、より用心深く素早く対応できるようになるかについて気づく機会が数多くありました。

このクラインマンの姿勢は、わたしを深く揺すぶる。制限のあるローカルな世界の「文化的習慣」のなかで、不条理を強いられて生きること、その経験からもたらされる叡智をクラインマンは探究し提示し続けている。

クラインマンに初めて出会ったのは二〇〇九年のことであった。その後、ボストンと日本で毎年のように出会いのときを重ねている。実はその時期は、クラインマンがジョアン夫人のケアをしているときでもあった。おそらくその感性は研ぎ澄まされていたのではないだろうか。こうした出会いの体験については他書に譲ることにして、[2]ここではひとつのエピソードを記しておくことにしたい。それは、二〇一五年、ボストンにクラインマンを訪ねたときのことである。ケンブリッジのレストランで楽しい夕餉をともにした後、彼はわたしを自宅に招いてくれた。外国人の自宅に個人的に招かれたのは二度目である。一度目は一九九三年のこと、ロサンゼルスで教育分析を受けていたとき、分析家のマービン・シュピーゲルマン博士の自宅に招かれた。分析も終了して明日は帰国という、ふたりにとってはメモリアルなときであり、夫人とともに楽しいひとときを過ごした。[3]今回、クラインマンの自宅には灯りはなかった。そう、ジョアン夫人は早期発症型アルツハイマー病ですでにこの世を去っていたのである。車を降り、玄関を開けて灯りをつけながら家に入るクラインマンの後に続いた。電灯のスイッチを入れて部屋を明るくしながらわたしを案内するクラインマン。おそらく中国のものだろうか、東洋風の装飾が施されたリビング。そこは、『ランセット誌』にクラインマンがジョアン夫人とのケアの在りようを具体的に綴ったところだと、すぐにわかった。その光景が鮮やかに、生き生きとわたしの目の前に映し出された。[4]テーブルにはいくつもの写真立て。美しい夫人の姿。夫人の死からおよそ三年後のことだった。クラインマンの悲しみが溢れるほどわたしに伝わってきた。彼の悲しみは尽きることがないのだ。そう想った。「しばらくここで暮らさないかい?」。彼は笑って言った。

この出会いの後、クラインマンはケアをテーマとした論考を三篇『ランセット』誌に載せている。[5]その最新の論考では、ケアをする者の姿勢として、臨床医の在り方として、「プレゼンス」の重要性を指摘し、次のように述べている。

わたしにとってこのことば（プレゼンス）は、他者のために他者とともに在り、そこにおいて生きと呼吸する、他者とかかわり合う意思を意味しています。ですから、プレゼンスは他者に呼びかけ他者に向かうアクティヴな在りようと言うことができるのです。プレゼンスは他者の瞳にその想いをくみ取ろうとします。他者の腕に自身の手を置き、強くたしかに握りしめ、直に、真の感情でもって話しかけるのです。プレゼンスは、揺るぎなくたしかに語りを聴き、そのひとと、聴くことによってもたらされた物語が指し示す在りようを、そのひとに理解されるように注意深く語ること、これによって構築されるのです。それは、身体の検査にいのちを吹き込む営みなのです。それによって、何気ない間合いや、触診、聴診といった行為が、機械的ではなく生き生きと営まれるようになります。ケアをすることを定義づけるのは、他者とのかかわり合い方、検査の方法、そして治療、これらすべてが一体となった在りようと言うことができるのです。

臨床医としての、そしてケアをする者としてのクラインマンの在りようが見事に映し出されている。この、プレゼンスという姿勢は、臨床家の在りようにも共通している。臨床の場を訪れたひとの語りを聴く臨床家の姿勢を、たしかに表現している。そう気づかされる。臨床の場で、向き合いときをともにする。そのとき、臨床家に必要な姿勢とは何であろうか。このテーマに、クラインマンの語りは、深い情動をともなったひとつの手応えを与えてくれる。

3 臨床観

この世界は不条理に満ちている。思いどおりにならないことは無限にある。それどころか、望んでもいないのにこの世に生を受け、通常は自分の意志とは無関係に死が訪れる。このこと自体が不条理であろう。制限のある社会のなかで不条理を強いられてひとは生きる。臨床家はその声を、心理療法の場を訪れたひとの語りに聴く。不条理な世界のなかでいかに生きるのかというテーマを抱えたそのひとが、世界に抵抗するこころの力を快復させていくプロセスをともに歩もうとする。このことを河合隼雄は『人殺し』の象徴的実現を、社会的に許容された形で行なっていく」と述べる。[6] 実際のところ、悩みや問題や症状というのは、社会との関係という要因を抜きにしては考えられない。では、そのような場に、臨床家はどのように在ればよいのだろうか。このことは、心理療法の始まりから議論されてきた、言わば古典的なテーマであるが、現在でもそれは色あせていない。そこに臨床家の臨床観、人間観が反映されるからである。

精神科医の松本雅彦は次のように述べて、「コトバ」に行き着く。[7]

私たちを訪れる人がもし「心病む人たち」であるとすれば、その目に見えない心（病める心）を、どのように捉えたらよいのか、どう理解したらよいのか。

彼らは「辛い」「苦しい」といって私たちのもとにやってくる。あるいはそのような言語的な訴えもできず、沈黙によって何かを訴えるかもしれない。さらに怒り狂った表情・行動がその辛さ・苦しさを伝えてくるのかもしれない。

辛く苦しそうな表情からにせよ、重い沈黙や怒り狂った行動からにせよ、彼らの心の状態を私たちが捉え理解するのは、最終的にはコトバに頼るしかない。

そして、「心の様子をコトバに翻訳し、表現することはなんとむずかしいことか。」と述懐する。ここに松本の臨床観を見て取ることができる。科学でその臨床を守られている精神科医が、症状や状態を記述し薬物を処方するといった方法論を用いずに「心病む人たち」を理解しようとするのである。「患者」と表現していないところにも注目すべきであろう。この臨床観から松本は非常に意味深い地平に到るのであるが、それは後述することにする。

ではここで、河合隼雄の語りに触れてみよう。三七歳のときのものである。[8]

心理療法を受けに来たひとが、まず話し出すことは、その症状およびその悩みである。この訴えが一通り終わった頃、必ずといってよいほどいわれることは、「先生、どうしたらよいでしょうか。」という問いであり、これに対して、治療者が沈黙を守る――というよりは、何も言えないでいるというほうが、より適切であろうが――と、次に、「いったい、なぜこんなことになったのでしょう」との質問が続くことが多い。

河合は、心理療法の場で臨床家は「何も言えない」と言う。「沈黙を守る」と言う。正解がないからである。しかし、「正解はありません」とは言わない。この語りに続けて、最愛のひとが交通事故で亡くなった例を挙げて、「なぜ（Why）、あのひとは死んでいったのか」という問いに臨床家は答えることがきわめて困難であると指摘し、次のように語る。[9]

心理療法家とは、この素朴にして困難なWhyの前に立つことを余儀なくされた人間である。たとえ、このWhyに対して直接に解答を出せぬにしても、このWhyの道を追求しようとする一人の悲しい

――人間と、少なくとも共に歩もうとの姿勢を崩さないものである（傍点は皆藤）。

若き頃の語りを引用したのは、そこに稀代の臨床家である河合隼雄の臨床観の原点があると感じるからである。河合隼雄も松本雅彦と同様に、「クライエント」「患者」とは呼ばない。「一人の悲しい人間」と呼ぶ。この「悲しい」は「死」の悲哀と通底している。河合は詩人の谷川俊太郎との対談のなかで、幼稚園時代にすでに「死の恐怖」があったと語っている[10]。それを抱えて生き続けてきたことは小説家の村上春樹との対談のなかに明瞭である[11]。河合の臨床観の中心には「死」がつねに在ったと言えるのではないか。そのひとは「生きる」けれども、最愛のひとはこの世にはいない。この不条理の深み、極みにおいて、臨床家として生きようとする姿勢をそこに見ることができる。そして、臨床家はそのひとと、ともに歩もうとする。しかも河合は、それは「少なくとも」その姿勢を「崩さない」歩みだと語るのである。それは、同じ悲しみなどあり得ない、それゆえに完全な共感などあり得ないことを知る河合が、それでもともに「なぜ」に応える道を生きようとする姿である。たやすい道ではない。しかし、それでも河合にとっては「少なくとも」、なのである。

随筆家の若松英輔は語る[12]。

> 深い悲しみのなか、勇気をふりしぼって生きている人は皆、見えない涙が胸を流れることを知っている。……
>
> 人生には悲しみを通じてしか開かない扉がある。悲しむ者は、新しい生の幕開けに立ち会っているのかもしれない。単に、悲しみを忌むものとしてしか見ない者は、それを背負って歩く者に勇気の魂が宿っていることにも気がつくまい。

けっしてセンチメンタルな語りではない。若松もまた妻の死という悲しみを抱えて生きている。それを昇華していく道を筆に求め「勇気をふりしぼって生きている」。クラインマンもまたそうであろう。ジョアン夫人をケアし、その旅立ちを看取る期間、『ランセット』誌に間断なく掲載されるケアに関する論考は、彼が「勇気の魂を宿して」生きる在りように他ならない。わたしは思うのだが、彼の自宅でわたしが抱いた悲しみ、そしてクラインマンのわたしへの呼びかけは、「ともにその道を歩む」想いが呼応したひとときだったのではないだろうか。

わたしの臨床は、あるひとの死とともにある。臨床の実践のなかで、ふたりで歩む道がおぼつかなくなったとき、生死の境にふたりでいるようなとき、進退窮まったとき、つねにそのひとの死に引き戻される自分がいる。その人の死から三〇年以上のときを経てなお、その死はわたしのこころの深みに生き続け、何かをきっかけにして活性化するのである。死は生き生きとわたしに寄り添おうとするのである。わたしの脳裏に、薄暗い階段をわたしに会うために降りてくるそのひとの姿が浮かぶ。それは「亡き者の訪れ」である。若松英輔は、悲しみは「亡き者の訪れを告げる出来事だと感じることはないだろうか」と語りかける。そして、「あなたに出会えてよかったと伝えることから始めてみる。相手は目の前にいなくてもよい。ただ、心のなかでそう語りかけるだけで、何かが変わり始めるのを感じるだろう」と教える。[13] そのひととの面接記録を繙いてみる。そのひとからの手紙を、家族からの手紙を読み返してみる。そのひととの臨床がありありと蘇る。そんなことがこれまでときおりあった。そしていま、わたしは感じる。そのひととの臨床がいまの臨床家としての、ひととしてのわたしを支えている、と。そのことをたしかに抱えて、いまの臨床を生きようとしているわたしがいる。

十数年前、臨床の場でわたしは殺されるかも知れないとの、死の恐怖を味わったことがある。そのときわたしは、いつものようにソファに座って面接室という世界の崩壊を眺めていた。そうしながら蘇ってきたのは、不治の病いを生きていた母の病床に寄り添っている自分の姿だった。わたしは母と語り合った。いまこの場で起こっている状況を見つめながら、わたしは、自分が聴いた母の最後のことばを噛みしめていた。臨床のまさに生死を賭けた状況で、わたしは想い出をケアしていたのだった。あり得ないと思われるかも知れない。しかし、そのときのわたしにできることは何もなかったのである。どうにもしようがなかったのである。できたことは、ただわたしのうちに浮かんでくるイメージ（想い出）に寄り添うときを生きることだけだった。臨床家はつくづく無力だと感じた。それは、母の死から一〇年以上が過ぎた頃のできごとだった。

あるとき、数年来の出会いを重ねていた初老の糖尿病者が亡くなったと知らされた。そのひととの臨床の場がありありと蘇ってくる。周囲のひとたちになかなか理解されなかったそのひとは、臨床の場ではいつも涙を拭いながら語り続けた。わたしは一心にその語りを聴いた。プレゼンスが活性化していた。そのようなことをしても、糖尿病が良くなるわけではないと言うひともいるだろう。たしかにそうである。しかし、ではそのような臨床に意味はないのか。否。わたしは、意味の世界に生きているのではない。不条理の世界に生きているのである。ことばを換えれば、意味があるから生きられる（何かを為す）のではなく、生きるプロセスのなかから（何かを為すことをとおして）意味がもたらされる、その営みに全力を傾けるのである。それが物語を紡いでいく。制限されたこの世界で、不条理なこの世界でひとは生きていかねばならない。制限や不条理といかに向き合い、背負いながら、ひとは生きるのか。その歩みをともにしようとするのがわたしの臨床である。臨床の場で出会うひとは唯一無二のかけがえのない存在である。わたしは、臨床の実践のなかで、「勇気をふりしぼって」「勇気の魂を宿して」、生きようとしてきただろうか。そしていまもそうしているだろうか。亡き者たちがわたしのうちに在る。それがわたしの人生の物語を創ろうとしている。

このようなわたしの臨床における在りようは、「死のコンステレーション（Death Constellation）」の気配を感得しようとするものかも知れない。臨床の場で、ふたりの関係がその深みにおいて、ローカルな世界からグローバルな世界へと拡がり、生死という人間にとっていかんともしがたい、不可避の真実あるいは制限を目の当たりにし、そして関係はひとつの方向へとルビコンを渡る。何かが喪われる。そして何かが生み出される。そのとき臨床の場は、「変容の訪れ（transforming）」を待ち受けているのである。このわたしの臨床観は、精神科医の加藤清とのやりとりをイメージとして自身のことばに置き換えたものである[14]。

まだ二〇代の頃、ある三歳くらいの子どもとプレイセラピーのときをともにしていた。同伴した母親から表情ひとつ変えずに別れてプレイルームに入ったその子はわたしを見ることもなく、ことばを口にすることもなく、砂場で黙々と何かをやり続けた。わたしにはそれがこの年代の子どもの遊ぶ姿には見えなかった。そのようなことが数ヶ月続いたあるとき、突然その子は部屋の扉に向かって駆け出した。わたしは扉の前でその子を制止する。叫び声を上げて激しく暴れる。そのうち大声で泣き始める。その子を胸に抱きとめて、わたしは制止し続ける。「時間までは出れないよ」と言い続ける。わたしはただその子を抱きとめていただけである。何もしていない。しかし全力だった。そういうことが何度か続いた。そしてあるとき、その子の叫び声が止んだ。わたしの腕から抜け出し、プレイルームに向き直り、遊び始めたのである。

このできごとを、当時のわたしは、多少の専門的用語を使って、子どもとの関係の構築という側面から理解していた。浅い理解だった。このできごとを「生きる」からの視線で見たとき、この子はまさにいのちを賭けて、プレイルームという制限されたローカルな世界の不条理と闘っていたことがわかる。そして、この子から何かが喪われ、何かが生み出された。まさに、生死の境にこの子はいたのである。当時のわたしは、生み出されたことにしか関心がなかった。喪われたことの悲しみにこころを向けることができなかった。この子は「勇気をふりしぼって」「勇気の魂を宿して」、ローカルな世界で生きる決断をしたのだ。人生を紡ごうとしていたのだ。それは「変容の訪れ」だったと言うことができる。

それから二〇年余を経て、糖尿病者の語りを聴くという臨床実践が始まった。当初わたしは糖尿病の状態を示す血糖値やHbA1cの値を尋ねることがしばしばであった。けれども、クラインマンに出会ってその臨床観に触れてからは、ほとんどまったく尋ねることをしなくなった。そうした科学的エヴィデンスに基づいて糖尿病患者に向き合うのは医療者であってわたしではない。語りを聴くことをとおして糖尿病者が自身の人生の物語を紡いでいくこと、その歩みを、旅の道のりをともにすること、そこにわたしが糖尿病者の語りを聴く意味がある。そう信じるからである。自身を完璧に集中させて謙虚に、そして真摯に向き合い、一心不乱にその語りを聴く。クラインマンの言うプレゼンスである。そこでは、かつて背景としてわたしを支えた、長年にわたって学んできた理論や技術がいつしか影を潜めていた。そのことに、最近になって、わたしは気づいた。それは、理論や技術が不要だということでは毛頭なく、それらがいつしかわたしの身に浸みて血肉になっていたということのように思える。糖尿病者がわたしを鍛えてくれた。不治の病いを抱えて生きるひとの、その人生の語りは、そのようにわたしという臨床家を育ててくれた、そう感じるのである。これもまた、わたしにとって、まったき受動性の在りようだと言うことができる。誤解を恐れずに言えば、それは「祈り」に近い姿ではないか。何かのために、誰かのために祈るのではなく、「聴くことによってもたらされた物語が指し示す在りようを（先述のクラインマンの語り）」語ることばがもたらされるのを、語りを聴きながら、ただひたすら待つのである。それを言い切れば、「祈り」ということになる。このようなわたしの在りようはコスモロジカルと言うことができる。その意は、自我的な動きがほとんどまったく働いていない、ある調和の状況に在るということである。まったき受動性も同様の意である。ここで、コスモスについて、イスラム哲学者の井筒俊彦は、その対極にあるカオスとの関連で次のように述べている。(15)

人間は錯綜する意味連関の網を織り出し（「エクリチュール」）、それを自分の存在テクストとして、その中に生存の場を見出す。無数の意味単位（いわゆるものとこと）が、一つの調和ある、完結した全体の中に配置され構造的に組み込まれることによって成立する存在秩序、それを「コスモス」と呼ぶのである。コスモスの圏外に取り残された、まだ意味づけされていない、まだ秩序づけられていない、存在の領域が「カオス」である。……また秩序づけられていない、そのような最初の空間の只中に、美しい――ギリシア語の「コスモス」には「美」「美化」の含意がある――調和にみちた有意味性の空間が、コスモスとして現出する、と考えるのである。

糖尿病者が自身の病いをその人生の物語に組み込んで、ひとつの存在秩序がもたらされること、すなわち調和にみちたコスモスが現出すること、このようなイメージで糖尿病者の語りを聴くとき、聴き手の姿勢はおのずとコスモロジカルになるのではないだろうか。わたしが何か提案なり意見なりを伝えるとき、せっかく紡がれつつある物語はカオス的様相を帯びてしまうであろう。わたしの提案なり意見は語り手にとっては異質なものであり、語りを乱すものとして受けとられるからである。

このようなことは、何も糖尿病者にかぎったことではない。悩みや問題を抱えて臨床の場を訪れるひとの、その悩みや問題はいまだコスモスとして調和していない、すなわちそのひとの物語のなかに組み込まれていないものだと言うことができる。この意味では、糖尿病者にたいするわたしの姿勢、臨床観でもあるのだが、それはすべてのわたしの臨床に共通するものだと言うことができる。

ここで注意しなければならないのは、物語に組み込まれると言っても、それは語り手がいのちのときを刻んで世界と闘い続けた結果なのであって、頭で理解することとはまったく異なるということである。ここにわたしは人間の業（不可避性）を強く感じる。クラインマンであれば、制約のあるローカルな世界で生きる在りようが見出されていくプロセスということになるであろう。語りのひとつひとつはいのちのときを刻む音色のようなものであり、聴き手はその音色を聴きながら、ただひたすらコスモスの現出を待つのである。

このとき、まったき受動性は「祈り」である。

ここで、語りは、それ以前の「何か」を呪縛する営みとも言える。「花」と語ればその「何か」は「花」になり、「花」以外の何ものでもなくなる。それが語り手の物語に調和をもたらすことばとして生きるのかどうか、それは語り手と聴き手のふたりが臨床のときを生きる在りようによっておのずと定まるように思われる。

4 原点回帰

松本雅彦は、行き着いたコトバについて、社会の近代化のなかで、「患者の心の状態を社会の側がどうコトバとして表現するかの学問が生まれた」と精神病理学の始まりを指摘し、それによって苦悩するひとの状態を客観的に「病気」とみる動きが起こったと述べている。[16] 近代化にともなう排除の思想がそこに生きている。そして、結論として、「できあがった精神病理学は、たえずどこにおいても「それ以前」へと立ち帰り、再構築されるべき営みでなければならない。それは、……治療者と患者との間に共通の土壌を形成してゆくことである」と述べている。精神科医松本の矜持をみる思いである。現代の精神病理学や精神医学は松本が主張した方向に背中を向けている。精神状態の分類化の動きは留まるところを知らない。わたしは松本の主張に賛意を表する一方で、現代の精神病理学の実態に、そのことがいかに困難であるかを教える姿を見るのである。臨床の場においても、発達障害や自閉症スペクトラムなどといった分類名をよく耳にする。そして、「このひとは○○障害だから△△に気をつけて会う必要がある」などといった言説がごく一般的に流布している。はたして、それが臨床の進むべき姿なのであろうか。そのことによって、松本の言う「治療者と患者との間に共通の土壌を形成してゆく」ことができるのであろうか。たいせつなことは、このような分類名は苦悩や問題を病気に置き換えたという事実を認めることではないだろうか。社会的要請としてこのような分類化が起こったことを想うとき、それら分類化はひとが生きる世界における制限と考えられはしないか。発達障害であると専門家に言われたとき、そのひとはそれ以外ではあり得ないという人生を生きることになるのである。松本が言うように「心の『苦しみ』が、心の『病気』とされるようになった」のである。臨床家は、この事実に真摯に向き合うべきではないだろうか。

同時に、こうしたことが西洋から生まれてきたことにも注目する必要があるだろう。近代西洋の思想は、現象を分節化しそれに「ことば」を付与することによって世界を理解可能なものにしようとしてきた。そうして客観的に世界を理解する仕組みを作り上げてきた。しかし、そのことは同時に、人間に、制限された世界のなかで生きることを余儀なくさせたのである。そして、そのことにともなう苦痛や苦しみ、悩みに寄り添う営みを弱体化させたのである。「病いは経験である」とクラインマンが語るとき、そのことばは、このような歴史を背負っているという意味で、計り知れなく重い[17]。病いは痛みや患うことの経験なのである。ここには、臨床の原点が呼吸しているのではないだろうか。コトバからさらに一歩先の「言葉」に行き着いた松本雅彦の語りを記しておきたい[18]。ここでの「言葉」はこれまで用いてきた「語り」と同意である。

もし言葉に力（強度）があるとすれば、それは、背後にその言葉を生み出す行為の力が潜在しているからである。この行為の力が幾千年という時代の層を経ながら積み重ねられ、なおその積み重ねをつねに携えているときだけであろう。

ひるがえって私たち精神科医は、……患者の発するさりげない言葉にどれだけの力と歴史が隠されてあるのか、それをキャッチする感性をはたして私たちは備えているのか。そして、この感性を絶えず研ぎすます努力をしているのかどうか。

言葉の力・言葉の歴史に分けいって、それらに鋭敏となること、そのようにしてはじめて、私たちは患者たちの言葉を柔らかく受けとめる「器」になることができるように思う。

5 何もしないこと

ユングや河合隼雄は「雨ごい師（Rain Maker）」を臨床家の理想像として考えていた。それは、ユングの友人のリヒャルト・ヴィルヘルムが宣教師として中国に渡ったときに目にしたことをユングに語った話に登場する。この話はナラティヴとの関連ですでに他所で論じたが[19]、ここでは臨床との関連で考えてみたい。少し長くなるが貴重な話なので全文を引用する。[20]

リヒャルト・ヴィルヘルムは、例年になく長引く旱魃に苦しむ中国のとある辺鄙な村にいた。それを終わらせるためにありとあらゆることが行なわれた。あらゆる種類の祈禱や呪文が用いられた。しかし、すべてそのかいはなかった。そこで村の長老たちは、なすべき唯一のことは遠く離れたところにいる雨請い祈祷師を呼びに人をやることしかない、とヴィルヘルムに語った。それは彼の興味を大層そそり、雨請い祈祷師が到着する時にはその場にいようと心がけた。祈祷師は幌のついた馬車でやってきた。彼は小柄でしわくちゃの老人であった。彼は馬車を降りて、しかつめらしくあたりの空気をかいだ。それから、村のはずれに一軒の小屋がほしいと言った。誰も邪魔をしないように、そして食べものは戸の外に置いておくように、という条件を出した。三日間は音沙汰がなかったが、その後、豪雨の音で村人たちは誰もが目を覚まされた。雪さえ降ったが、一年のそのころには未だかつて知られてはいなかったことである。ヴィルヘルムはいたく感動して、今や籠行を終えて出て来た祈祷師を探し求めた。ヴィルヘルムは驚嘆して祈祷師に尋ねた。「それであなたが雨を降らせたのですか」と。老人はそんな風に考えることは、と冷ややかに笑って、もちろん自分にはできないと言った。「しかし、あなたがここに来るまでは、ずうっと日照り続きでしたが」とヴィルヘルムは、「それから、三日たって雨が降っています」と言い返した。「ああ、それは全く別のことなのだ。ねえ君、私はすべてがきちんと行なわれている地域からやって来ている。そこでは、雨は降るべき時に降るし、晴天が必要なときに晴れる。また、そこの人々も健康で心もきちんとしている。しかし、ここにいる人々の場合はそうではない。彼らは皆道に外れているし、心も失っているのだ。私がここに到着した時にすぐに感染してしまった。だから、私は全くの孤独となって、もう一度道に則らねばならなかったのだ。そうして、当然のことに雨が降ったのだ」と老人は答えた。

「道（Tao）」の思想である。井筒俊彦によると「『道』は老荘的思惟の考想する真実在のあり方だが、それは、極限的には絶対の『無』であり『無名』（『老子』）である。『無名』、名をもたない、すなわち、絶対無分節であるということ」である。[21] 絶対無分節であるから、道（タオ）はカオスの様態ではなく「何も無い」在りようを意味する。「何も無い」在りようとは、人為はなくすべてが調和している様態である。これが自然《じねん》である。すなわち、人為が加わると調和が乱れるのである。雨ごい師は、雨を降らすために、何もしなかった。ただ、タオに戻ろうとした。そのために完全な孤独になって引きこもったのである。ここに、ユングや河合隼雄は臨床家の理想像をみている。ただし、次の河合の語りは示唆的でもある。[22]

> 治療者が「道」の状態にあることによって、非因果的にも、他にも「道」の状況が自然に生まれることを期待するのである。

河合は「生まれることがある」ではなく「生まれることを期待する（傍点は皆藤）」と述べる。「雨ごい師は「期待」したであろうか。雨が降ったこととタオに戻ろうとしたこととは「全く別のことなのだ」と雨ごい師は言う。わたしは感じるのだが、河合は雨ごい師の「全くの孤独」に深い共感を抱いたのではないだろうか。そしてそこに世界との「関係」の兆しを捉えようとしたのではないだろうか。河合の分析家であるシュピーゲルマンもこの話に雨ごい師の孤独をみている。[23]

この雨ごい師の話は、実際に起こったことであろう。しかしそこにはおそらく、科学的に証明できる機序があったに違いない。しかし、だからといってこの話を一笑に付すことはできない。それどころか、象徴的に捉えれば、雨ごい師がタオに戻るという自己治癒をとおして、世界との関係の変容がもたらされたと言えるのである。このことは、現実の臨床にどのような意味をもたらすのであろうか。「期待する」とはどのような在りようを言うのであろうか。わたしはここに、臨床家の深い孤独と、孤独の深奥にあってなお、「変容が訪れる（transforming）」ことに思いを馳せる姿をみるのである。何もしないことは、この世界の不条理のなかで必死に生きようとする「一人の悲しい人間と、少なくとも共に歩もうとの姿勢を崩さない」ことではないだろうか。それはまさにいのちがけの姿勢であり、この意味で臨床家は何もしないことに全力を注ぐのである。

6 おわりに

「心理臨床家は何もしないことに全力を注ぐ」。河合隼雄がこのことばをいつ語ったのか記憶はない。どこかに記されてはいないかと書物にあたってみたが、わたしの力でそれを見出すことはできなかった。残念ではあるが、それでも冒頭に述べたように、つねにこころに渦巻くこのことばに向き合って、それが臨床家としてのわたしに何をもたらしたのかを考えてみた。
また、本稿で語った「いのち」ということばは、生物体としての生命でもなければ一般用語として用いられるものでもない。それは、狭義の心身二元論を超えて、ひとが「生きる」存在としての在りようそれ自体を意味している。

さいごに

本稿を書き始める契機として、『明恵　夢を生きる』を再読してみようと開いたところ、河合隼雄先生が亡くなる一〇ヶ月ほど前に見たふたつの夢が鉛筆で走り書きされていた。次の夢である。

〈深い共感の夢〉二〇〇六年九月下旬
淡い暗闇のなかにいる。遠くに河合先生がいてわたしをじっと見つめている(ここでふと目覚めて、先生が「お前の苦しみはわたしがもっともよく知っている」と言っていたことがわかる。ふたたび眠りに就く)。

〈先生の死の夢〉二〇〇六年一〇月一四日
河合先生のお宅にうかがう。玄関を開けると大きな木製の空中階段がある。それを上る。頂上からは広い庭が見える。そこに一〇人ほどのひとがいる。皆、先生に指導を受けたひとたちである。そこに行くかどうか、ためらう。それでも庭に降りる。左手に大広間があり、そこに布団が敷かれてあり先生が眠っている。顔にかけられた白布の隙間から先生の顔が見える。先生は亡くなったのだと、こころにとめる。

河合隼雄先生没後一〇年にあたるこのとき、京都大学を離れるにあたっての卒業論文として本稿に向き合った。

二〇一七年八月一〇日

［文　献］

（1）Kleinman, A. (2006) *What Really Matters: Living a Moral Life amidst Uncertainty and Danger.* Oxford: New York: Oxford University Press.（皆藤章監訳、高橋洋訳『八つの人生の物語——不確かで危険に満ちた時代を道徳的に生きるということ』誠信書房、一九二～一九五頁、二〇一一）
（2）皆藤章「心理療法におけるナラティヴ——医療人類学との接点」京都大学人文科学研究所、Contact zone 2017 特集論文（印刷中）。皆藤章「ひとりの心理臨床家の考える人間の生とアーサー・クラインマンの存在」皆藤章編・監訳『ケアをすることの意味』誠信書房、二～二七頁、二〇一五
（3）皆藤章『日本の心理臨床4　体験の語りを巡って』誠信書房、一七八～一七九頁、二〇一〇
（4）Kleinman, A. (2009) Caregiving: the Odyssey of Becoming More Human. *Lancet,* 373 (9660), pp.292-293.（皆藤章訳「ケアをすること——より人間らしくなるための旅」皆藤章編・監訳『ケアをすることの意味』誠信書房、七二～七八頁、二〇一五）
（5）Kleinman, A. (2015) Care: In Search of a Health Agenda. *Lancet,* 386 (9990), pp.240-241. Kleinman, A. (2016) Caring for Memories. *Lancet,* 387 (10038), pp.2596-2597.（皆藤章訳「想い出をケアすること」本書第11章）Kleinman, A. (2017) Presence. *Lancet,* 389 (10088), pp.2466-2467.（皆藤章訳「現前性《プレゼンス》」皆藤章編著『心理臨床家のあなたへ』、福村出版、印刷中）。
（6）河合隼雄・村上春樹『村上春樹、河合隼雄に会いにいく』岩波書店、一四六頁、一九九六
（7）松本雅彦『言葉と沈黙——精神科医の臨床から』日本評論社、三〇五～三〇六頁、二〇〇八（初出は『精神医療』二三号、四一～四八頁、二〇〇一）
（8）河合隼雄『ユング心理学入門』培風館、二頁、一九六七
（9）河合隼雄『ユング心理学入門』培風館、二～三頁、一九六七
（10）河合隼雄・谷川俊太郎『魂にメスはいらない』朝日出版社、六～一一頁、一九七九
（11）河合隼雄・村上春樹『村上春樹、河合隼雄に会いにいく』岩波書店、一五五～一六五頁、一九九六
（12）若松英輔『悲しみの秘義』ナナロク社、八～九頁、二〇一五

（13）若松英輔『悲しみの秘義』ナナロク社、一二頁、二〇一五
（14）私信。
（15）井筒俊彦『コスモスとアンチコスモス——東洋哲学のために』岩波書店、一九二頁、一九八九
（16）松本雅彦『言葉と沈黙——精神科医の臨床から』日本評論社、三〇五～三一五頁、二〇〇八（初出は『精神医療』二三号、四一～四八頁、二〇〇一）
（17）Kleinman,A.（1988）*The Illness Narratives : Suffering, Healing and the Human Condition.* New York: Basic Books.（江口重幸・五木田紳・上野豪志訳『病いの語り——慢性の病いをめぐる臨床人類学』誠信書房、iii頁、一九九六）
（18）松本雅彦『言葉と沈黙——精神科医の臨床から』日本評論社、三六七～三六八頁、二〇〇八（初出は『精神医学史研究』三巻、六～七頁、二〇〇〇）
（19）皆藤章「心理療法におけるナラティヴ——医療人類学との接点」京都大学人文科学研究所、Contact zone 2017 特集論文（印刷中）。
（20）Hannah, B.（1976）*Jung: His Life and Work, a Biographical Memoir.* New York: Purnam's., p.128.（後藤佳珠・鳥山平三訳『評伝ユングI——その生涯と業績』人文書院、二〇九～二一〇頁、一九八七
（21）井筒俊彦『意識の形而上学——『大乗起信論』の哲学』中央公論社、三三頁、一九九三
（22）河合隼雄『心理療法序説』岩波書店、一五頁、一九九二
（23）Spiegelman, J. M.（1980）*The Image of the Jungian Analyst and the Problem of Authority.* Spring, pp.101-108.

第2章……いのちの要請に応える学問の誕生

1 臨床実践指導学の誕生とその後の発展
――第四ステージへの出立

髙橋靖恵

1　はじまり

「臨床」とは、床に臨むという意味を持ち、臨は、「その場に居合わせる」つまり、傍らにいると共に、「立ち向かう」意味をも持つ。私が、この道を志したとき、恩師である故村上英治名誉教授（名古屋大学）は、「人の命にかかわる仕事をする心構えを持て」とこの道の厳しさを説いた。「カウンセラー」というやや軽い響きのある横文字は、私の中で、人の生と死にかかわる重厚な意味をもつ「心理臨床家」へ、変異していった。本書のタイトルである「いのちを巡る臨床」は、文字通りその厳しさを伝え、だからこそ、その場からの出立をしていく患者らを心からのエールをこめて送り出せる仕事であることを包含する。自分が生きるということ、寿命を全うして死ぬまで自分らしく生き続けることを支援する。その厳しさをもって日々の営みを歩む心理臨床家の指導者になるためには、一体どのような学びが必要なのであろうか。それは、すでに何らかの定説があるものではなく、それを志す者たちによって、手探りで編み出すものなのである。そのために、本講座は生まれた。

この書籍を編む日、そして、この章を執筆する日が、こんなにも早く来るとは思ってもいなかった。ある意味、皆藤章教授とカンファレンスで、ゼミで、呼吸が合ってきたと実感できる時がようやくやってきたと、やや不謹慎ではありながら、それらの授業に密かに興じていた私である。これについては、参加している院生らが異口同音に話していたことでもある。もちろん、常に緊張感あふれる授業である。私自身、この講座に赴任しなければ、いままた自らの訓練に身を置いている私は存在していなかったであろう。

熱心な院生諸氏に負けてはいられない。さらなる臨床力をつけたいという思いである。しかし、講座のカンファレンスやゼミで、皆藤章教授との呼吸が合ってきたというのは、同時に一人では成り立たないやりとりが生まれ、そこから多くの知見が導き出される、湧き出てくるという表現が適切かもしれない。そういうものである。だから、ひとりでは、だめなのである。

一昨年、松木邦裕教授のご退職、昨年の大山泰宏准教授のご退職、そして、皆藤章教授のご退職という私にとっては、喪失の連続である。この喪の作業は、ひたすら必死で、本講座を守るしかない。守り発展させていくしかない。

本稿では、これまでの臨床実践指導学講座の来し方を振り返り、今後の発展について熟考してみたい。

2 京都大学大学院臨床実践指導学講座を振り返る

私の独断であることをご容赦頂ければ、本講座の歴史を振り返ると、概ね三期に分けられる。

まず、その黎明期は、藤原勝紀名誉教授と皆藤章教授による、本講座の誕生に遡ることができる。

二〇〇四年春、本講座が誕生した。

次に、私が着任した翌年二〇一〇年からおよそ四年、カンファレンスの持ち方、運営の仕方、参加の在りかたについて、事例検討をもとに展開されていた歴史を踏襲しつつ、スーパーヴィジョンの在り方について、熟考がはじめられた。その時には、本講座の院生のみならず、研究者養成コースの修士二回生以上の院生も積極的に参加していた。この二つの時期の様子は、「臨床実践指導に関する授業の場と体験を考える」[1]という講座発行の冊子に記録が残されている。
その後、本講座の院生らが中心となって、スーパーヴィジョンを巡る検討がより発展的に重ねられてきた。臨床実践ケースカンファレンスは、その内容をスーパーヴィジョンカンファレンスとし、それを踏まえて、前冊子は、「心理臨床スーパーヴィジョン学（京都大学大学院教育学研究科　臨床実践指導学講座紀要）[2]」となって、発展を遂げた。これらの三期を黎明期、展開期、充実期と命名し、その流れを辿ってみる。

1　黎明期（二〇〇四年〜二〇〇九年）

「黎明」という言葉が本当にふさわしいかどうか、些かの不安はある。というのも、スーパーヴィジョンという言葉は、臨床心理士の誕生前から使われていた言葉であり、それをもとに、『臨床心理士の訓練』を考えることは、今この講座にはじまったことではない。しかし、我が国ではじめて『臨床心理士の指導者養成』を目的として、博士後期課程に単独コースとして、京都大学大学院教育学研究科に設置された意義は大きい。

藤原勝紀は、現代のエスプリの別冊として「臨床心理スーパーヴィジョン」を編集した末尾に、本講座の誕生と使命についてまとめている。特に、このコースの目標として、次の六点を掲げた。「(一) 自ら臨床実践に携わり臨床実践技能の質を深める。(二) 臨床心理士をめざす人への臨床実践の教育訓練に携わる。(三) 臨床事例検討での心理臨床コメントのし方および事例研究に関する専門的能力を涵養する。(四) 臨床実践指導に関する教育研究体制や心理臨床相談システムの在り方について考究する。(五) 臨床心理士及び教師や他の専門家への教育研修に関する実践的研究を行う。(六) 以上を教育研究課題として実践理論と学問構築を図り、指導に携わる専門家を育成する方途を考究する[3]」。先の冊子の平成一七年度「臨床実践指導学演習Ⅰ」「臨床実践指導学Ⅰ」記録集[1]の巻頭言で、皆藤章は「講座がスタートしたが、最大の課題のひとつは、博士後期課程の数年間で臨床実践指導者をいかにして養成していくのか、そのためのカリキュラムの構築であった」と述べる。そうした検討の末に、まず重視されたのはケースカンファレンスであり、発表者、座長、指定討論者を設け、単なる授業でのカンファレンスに留まらず、学会発表のような様相を持った質の高さを考慮したことが拝察できる。さらに、この時期から設定されていた、カンファレンス一二〇分の枠に加えて、さらに六〇分のアフターカンファレンスを設けることで、ケースカンファレンスの在り方自体についての検討を可能にする。これを受けて、同集の「あとがき」にて、藤原は、「この授業に関する考え方は、何か器作りのようなもので、基盤になる発想だけは明確化しつつ、そこから創出されてくることこそを大切にしていこうというものです。したがって、カリキュラムとか教育指導と言えば即座にイメージされるような、いわば教育目標やゴールを設定して考える授業とは異なるように思います」と述べている。講座の使命を十二分に意識しながらも、そのカリキュラムについては、枠組みを決めながら内容の充実を図っていこうとする時期であったと考えられる。またこの授業には、研究者養成コースの博士後期課程院生も多数参加していた。

二〇〇八年春に発行された「臨床実践指導に関する授業の場と体験を考える」巻頭言において、藤原勝紀は、「本記録集に願いをこめて」その前年に河合隼雄名誉教授をお見送りした思いを抱えながら、ご退職を控え講座の将来に思いを馳せて綴っている。「臨床実践指導者とは、単に臨床実践の指導教育に携わるものとは思えない。なぜなら臨床実践と研究が不可分な専門家であるのだから、研究を除いた臨床実践はあり得ないはずである」とし、さらに当コースについては、臨床心理士であり、臨床実践の指導に携わる位置にあり、心理臨床研究を進め開発する者という三位一体の専門家を求める大学院システムであり、それゆえ、博士後期課程でなくてはならないと強調する。加えて、ここに集い、初心に照らし、自ら相互に専門家間で専門性を実地に照らし合わせながら研鑽する、そのような高度なシステムが本コースであると力説している。およそ四年間にわたって、本講座を誕生からその確固たる地位を確立した藤原名誉教授の大きな功績があってこそ、今がある。この後一年は、皆藤教授と浅田剛正助教（現在新潟青陵大学准教授）によって本講座が守られた。そして翌年、私は着任した。このカンファレンスと、それぞれの実践研究を発表し検討し合う、「ゼミ」のレヴェルの高さに圧倒され、高度な専門家の指導者養成を志すことのときめきを、今でも容易に思い出すことができる。

2 展開期（二〇一〇年〜二〇一三年）

さて、そうして展開してきた講座のカンファレンスは、その後もさらに拡充を図っていくことになった。それは、二〇一〇年秋から、皆藤章教授を研究代表とした研究課題、「スーパーヴィジョンの充実に向けた実践的検討」が、日本心理臨床学会研究助成を受け発進したことが大きなきっかけとなっている。スーパーヴィジョンとは、どういうものなのか、どういった訓練によって、スーパーヴァイザー養成がなされるのか、それまで、当たり前のように使ってきた「スーパーヴィジョン」という言葉を巡って、細やかな検討がなされた。その熟考のため、本講座を巣立った修了生がこの共同研究者となって、本学での検討だけではなく、遠方に合宿形式で参集した。

また、本講座の学びの特徴として、二〇〇六年度から毎年度末に合宿研修を実施している。講座の院生は、全国から集っているため、県単位で次年度の幹事を決めて集まる合宿にすることで、修了生も参加しやすい。何よりも講座を修了しても尚、共に学びつづける機会を提供している場でもある。私には、毎年のこの合宿研修も、常の授業とは異なる学びの場として思い出深い記憶が残っている。私の着任前、二〇〇六年度末には熊本、二〇〇七年度末には仙台、その翌年は、富山にて開催されている。二〇〇九年度末には神戸にて開催され、私も初めて参加した。文字通り全国から集うＯＢ・ＯＧらとの真剣な検討、楽しい語らいが新鮮であった。二〇一〇年度末、二〇一一年三月は、東日本大震災の直後であった。福井の合宿で仲間たちは、それぞれの情報を共有し、臨床心理士に求められる震災支援を思った。

二〇一一年五月には、本学心理臨床学領域三講座による「こころの支援室」が立ち上がり、現在まで研究者養成コースの院生と共に支援活動を継続してきている。

翌年二〇一二年には、愛知で、二〇一三年には、京都で合宿が開催された。

さて、「スーパーヴィジョンの充実に向けた実践的検討」は、二〇一二年秋まで継続された。それまでの実践研究報告として、日本心理臨床学会第三一回大会（於：愛知）において、三題の口頭発表を行った。「スーパーヴァイザー養成に関する心理臨床研究（一）——スーパーヴァイザーに必要な臨床性」[4]、「スーパーヴァイザー養成に関する心理臨床研究（二）——スーパーヴィジョン事例の検討からみえてくるもの」[5]、「スーパーヴァイザー養成に関する心理臨床研究（三）——スーパーヴァイザー養成システムの提案」[6]である。実際のスーパーヴァイザー養成にかかる検討として、まずは、そこに求められる「臨床性」という概念の提唱、スーパーヴァイザー・スーパーヴァイジー関係や、訓練の一つとしてのロールプレイを中心にまとめたものである。本発表のために、メンバーが集い、議論が白熱した。その議論の場に同席していることそのものが、スーパーヴァイザーとしての意義ある訓練と、私には思えた。そして実践研究は、これで終わらなかった。さらにこれを基にして、書籍化が実現したのである。スーパーヴィジョンの専門書は、本邦では数冊しか発行されていなかった。これまで検討した内容を惜しむことなく、メンバーは言葉にしていった。今思い返すと、私は同時に心理アセスメントの実践とその訓練についての書籍を編んでおり、私個人においては、その両輪が、本学着任後の臨床実践研究のテーマとして自覚され、ひたすら思いのたけを言葉にこめていった。二〇一四年春[7]、夏に発行された[8]その二冊のテーマが、私にとって、その後の大きなメルクマールともなっていった。

そしてこの時期に発展を遂げたのは、臨床実践ケースカンファレンスである。二〇一三年度からは、スーパーヴィジョンカンファレンスとなった。ほぼ時を同じくして、臨床実践フィールド演習（通称ゼミ）においても、スーパーヴィジョンロールプレイが導入されることもあった。このロールプレイは、先の「スーパーヴィジョンの充実に向けた実践的検討」における合宿研究会で、まず試行された。そこでは、クライエント役、セラピスト役を決め、スーパーヴァイザー役を決める。先の二名によるセラピーセッションが実施され、そこに、その他のメンバーが陪席している。しかし、スーパーヴァイザー（役）は、別室にて待機する。セラピーセッション終了後に、しばしの時間、セラピスト（役）は、記録をまとめ、その後、スーパーヴァイスセッションを実施するという、文字通り通常のセラピーからスーパーヴィジョンへの流れをロールプレイするもので、休憩を挟みながら長時間の「実践的学び」になる。

最も有益であったのは「陪席者」となることであった。それは、セラピー場面で取り扱われたどの部分がスーパーヴィジョンで討議課題となり、セラピストの内面にどのような意味をもたらすのかが、ある意味ガラス張りで観察することができたといえる。もちろん、実践の場面では、直後にスーパーヴィジョンが行われることは、それほど多くはなく、数日の猶予がある。その間にセラピストの中で、セッション内容は熟成を遂げるであろうから、このような生々しい状態ではないであろう。しかし、この長時間にわたる実践的学びは、いずれの参加者にも多くの学びをもたらした。

これを授業で応用するには時間が不足するため、セラピー場面を短縮して実施した。このようにして、この時期は、高度な実践的ケースカンファレンスから、スーパーヴィジョンの実践的学びへと展開していったといえる。

3　充実期（二〇一四年〜二〇一七年）

こうした展開期を経て、さらにスーパーヴィジョンの検討は進む。スーパーヴィジョンカンファレンスが通常の授業時間帯に実施され、さらにすべての授業が終了したあとの夜間にかけて、「イブニングカンファレンス」が開かれた。これらは、講座の現役生からの要望であった。彼らは学びに貪欲であったと思う。ここまで発行された「臨床実践指導に関する授業の場と体験を考える」は、二〇一四年春をもって、役割を終えた。ちょうど講座の一〇期生の編入学、一〇周年記念ともなるこの年には、「心理臨床スーパーヴィジョン学[2]」の発行に向けて歩みを加速したのである。

二〇一四年新春には、山極壽一教授（現・京都大学総長）をお迎えして、「響き合うまなざし」というテーマでご講義を頂いた。ゴリラのコミュニケーションを専門として、人のコミュニケーションや家族の問題にも鋭く追究されている山極先生のご講義は、大変印象深いものであった。これを皮切りに二月には、テキサスから心理アセスメントにおける世界で屈指の「治療的アセスメント」の実践研究をされている、フィン(Finn, S.E.) 教授を招聘し、講義、事例検討を実施することが叶った。さらに三月には、ボストンからクラインマン（Kleinman, A.）教授が来日され、講義を頂く事が叶った。講座の院生からの事例提示に対して、貴重なコメントも拝聴できた。クラインマン教授には、本書にも論考をいち早く寄せて頂き、「いのちを巡る心理臨床」の世界観をより重厚にして頂けた。今思えば、世界的に著名な三名の研究者から講座に向けて、最先端の知見をご講義頂く、そして事例へコメントを頂けるということは、日本でも屈指の講座である証左を示したことといえよう。心から誇りに思う貴重な体験であった。まさしく講座は充実して前へ歩みを進めていた。

そして、講座一〇周年の合宿は高野山で開催され、皆藤章教授の発表をもとに事例検討が行われた。非常に厳しいプロセスが発表され、人がいかに生きるということに圧倒されるも、そこに目をそらさずに立ち会う臨床家の姿をみた。

そしてこの四月に、先述の書籍が発行となったのである。教員としてめまぐるしく歩みをすすめる講座のスピードに、振り落とされぬよう必死でしがみついていた私であった。翌二〇一五年春には、山梨清泉寮を訪れて、合宿が開催された。その四月から皆藤章教授が研究専念期間を取得され、実践カンファレンスには、松木邦裕教授、大山泰宏准教授にサポート頂いた。新鮮なコメントが入り、熱くなっていた講座の中に、新たな風が吹いた一年であった。

二〇一六年春には、心理臨床スーパーヴィジョン学二号の発行と、新潟での合宿、そして今年の春、同雑誌三号の発行と兵庫県での合宿が行われた。この合宿において、スーパーヴィジョンを巡るシンポジウムが開催され、二期生の浦野エイミ氏、七期生の高橋寛子氏、一二期生の鍛冶美幸氏、そして一三期生の岡村裕美子氏による提言が行われた。この記録は、本書と同時期に発行予定の「心理臨床スーパーヴィジョン学四号」に掲載されるよう、まとめの準備が進められている。

その直後、皆藤章教授の早期退職希望が出されたのである。

駆け足で、この一三年余を振り返った。高い水準の事例検討、そしてスーパーヴィジョンを巡る臨床力の熟考、そしてスーパーヴィジョン学の構築に向けて、さらに歩みを進めていかなくてはならないと、その思いを強くせざるを得ない、濃厚な歴史である。

3　臨床実践指導学の将来に向けて

本書のコンセプトは、「現代という時代は、いのちの危機にあると同時に創造の萌芽を待つときである。人類は、この危機からどのように創造へと向かうのだろうか。このことを、『いのち』という観点から考えていく」というものである。「創造」という営みに、臨床性はどのようにかかわってくるのであろうか。私の中にあるひとつの提言は、別稿にまとめている作業の最中である。いわばそうしたぎりぎりの状況から生み出される創造性も、臨床の営みといえるであろう。私たちの「臨床的かかわり」は、教科書通りにはいかない。どんな優れた教科書も眼前の患者・クライエントには、参考書でしかない。それゆえ、スーパーヴィジョンが必要である。また、そうしたスーパーヴィジョンやセラピーという生々しいかかわりの学びから生まれたひとつひとつを、心理臨床家自身の重厚な心の中のファイルにまとめていくのであろう。

本論のはじめに記したように、臨床ということばそのものが、「いのち」にかかわるものである。そこに我々は心理臨床家として、クライエントと共に立ち向かい、時には底知れぬ影の大きさに圧倒されながら、歩みをすすめていくのであろう。英国精神分析協会の副会長であり、教育分析家、スーパーヴァイザーであったコルタート（Coltart.N）は、「精神療法家になることと、精神療法家であることは根本的に異なる。トレーニング時期は手厚くサポートを受けながら訓練の道を進むが、それが一気になくなり、自覚上はそれまで望んでいた独立をする。しかし、その後は裸で表に出て行く体験になる」と述べ、訓練途中には、生徒であるよりも早く自立したいと思い、トレーニングが終わると、独立したことの不安と闘う。そして、「トレーニングは、喪の仕事の訓練でもある。精神療法は、喪の仕事をするためのより適切な能力の下地を準備するものであり、それによって自我がもっと柔軟に感情を許容できるようになるので、真実や健康のために必要な喪失感情は以前よりも痛々しく感じられる」とも語る。(9) こうして、私たちは、自ら心理臨床家として独り立ちしていきながら、内的な不安や痛々しい喪の作業を続けていく覚悟をも決めていくのである。それを下支えしていくのがスーパーヴィジョンであろう。

さらに、ここでこれまで講座で議論してきた、精神分析や分析心理学という「学派を超えて」通底する「訓練分析とスーパーヴィジョンの異同」についても継続的検討が必要である。

そして、そうした訓練を経験しながらもなお、いつ、目の前のクライエントの心の中から、予測できない、セラピストの思考の及ばない問題が吹き出してくるかもしれぬ「野獣」にも思えるものと立ち向かわなくてはならない[10]。そのためにも、分からないと言うことに耐え、暗闇の中を進んでいく勇気が必要である。それ故に厳しい訓練が求められる。しかも訓練や心理療法を通して、心理臨床家は生き残らなければならないのである。

これらの論考は、我々に厳しさと共に勇気をもたらしてくれる。

私は、臨床力を持った創造性に必要なのは、「心のしなやかさ」なのではないかと考える。

また今ひとつ、我々の講座で議論してきた疑問に立ち返る。優れた臨床家は、優れたスーパーヴァイザーなのであろうか。少なくとも、この逆、私のスポーツの経験では、選手としては成功したとはいえないが、監督としては成功するという人もいるが、臨床家においてそれは成り立たないであろう。つまり、臨床家としてある程度の力量を持たずして、同じ専門家の訓練をすることが難しいと思われる。しかし、優れた臨床家は、必ず優れたスーパーヴァイザーになれるとも限らないのではないか。スーパーヴァイジーの素養や持ち味は、スーパーヴァイザーのそれとは違う。スーパーヴァイジーの中にある可能性をいかに見いだし、どこまで指導していくのか。

こうした問題に我々が向き合う遙か以前、河合隼雄は、スーパーヴィジョンの「teaching」を巡って考察している。家庭裁判所の調査官という職種に向けた訓練の視点からではあるが、「スーパーヴァイズで、一番むずかしいのは、よいことをいくらいっても役に立たないことがあるということです」とし、スーパーヴァイジーが、スーパーヴァイザーを頼って、スーパーヴァイザーのいうようにすれば間違いないというのではなく、つまり、何をするか“what to do”ではなく、“How to think”が狙いであるという。そしてスーパーヴァイザーの仕事に必要な accept についても述べている[11]。スーパーヴィジョンは、accept されたスーパーヴァイジーが、自らどう考えていくべきかの道筋を理解していくことともいえよう。

こうしてスーパーヴィジョンをめぐる考えは止めどなく繰り返される。議論が続いていく。我々は、さらに加速して考えを進めなくてはならないのであろうか。こうしてまとめてみると、しばし立ち止まって振り返ることの意味は大きい。私たちは、常になにかに追い立てられていはしないか。スーパーヴァイザーも、スーパーヴァイジーも共に、生き残らなければならない。そのために、しばし立ち止まってじっくり力をためる時も必要なのである。そのすべは、共に分からないものと向き合いながら、思考し続けるところにある。すべては、眼前の患者・クライエントのためである。そしてそれは、患者・クライエントが教えてくれるものなのでもある。[12]

4 つながりのために

先述の藤原勝紀[3]では、その論考の結びとして、今後の課題を述べている。そこには、「ひと口に臨床実践と理論を総合した教育研究者を養成するとはいっても、実は相当に長期的な展望を持って粘り強く開拓していかなくてはならない課題であることを痛感する」と述べ、臨床心理士の養成が、通常の研究者養成コースの修士課程とは異なる形での専門職課程を設立するならば、本コースは、博士後期課程のそれと同様にして、既存の研究者養成コースから特化して設立させた意義が大きいとしている。最後に、臨床実践指導者像には、①臨床心理士を養成するための専門家という面と、②その指導者の資質自体をどう維持向上させるかに携わる専門家という面があるという。

私は、本講座に教員として着任し、特に、指導される側の臨床心理士の②の側面をどう生かし、発達を促していくのかが、重要なポイントと考えるようになった。つまり臨床心理士が、その専門家である前に一人の人間であることは自明である。さまざまな癖や、パーソナリティの特性を持っている。時にはそれがコンプレックスとなり、その者の考え方や行動に立ちはだかるものであるのかもしれない。また他にはない優れた思考力、洞察力を備えているのかもしれない。それらを可能な限り、臨床心理士が自覚し、心理療法という場での自らの立ち位置、言葉を選択する技能を磨くことになると考えるからである。臨床心理士になるためのおおよそのアウトラインを示した教科書、種々のオリエンテーションの技法などは、多くの教科書、参考書で学ぶことができる。しかし、心理療法上に現れる臨床心理士の動きや感覚は、そのクライエントとの関係性によっても異なった様相を示す。これらの今ある姿と成長可能性をも見極めて「臨床指導」はなされるべきではないかと考えるのである。したがって、臨床実践指導者には、臨床心理士として備わっている「臨床性」「アセスメント力」以上のそれらの能力を持つ、あるいは終生磨いていく志向性が求められると考える。

本章をしたためている中で、気持ちが休まらずひたすらため息が続いた折、私は書棚に古びた封筒を見つけた。そこには、私の大学の入学許可証と共に入学の際に配布された名古屋大学教育学部の小冊子「止揚」[13]が入っていた。まだこんなものをとっておいたのか……との思いを抱きながら手に取ってみる。すると「欧米の障害児療育に学ぶ　村上英治」との寄稿が目にとまった。それは、一九七七年秋に当時の文部省の在外研究員として、諸外国における心身障害児者療育（当時の言葉のまま）の実情見聞のため、連合王国マンチェスター、アメリカ、フランス、インドを訪問した記録であった。今からおよそ四〇年も前の欧米の状況ではあるが、地域の人々と障害を抱えた人々が支え合う施設、先進的で巨大でありながらも、そこにいる臨床からの柔らかなまなざしをその寄稿に読み取ることができた。村上は、彼の地でも臨床家であろうとし、重度の障害を持ち、食事介助の強い抵抗を示す少女と「なぜ英国くんだりまできて、このような激しい抵抗にあいながら食事介助をしているのか」と苦笑する場面もある。村上が交流したマンチェスター大学内の研究チームの一員であるカニンガム博士が、ダウン症の子どもたちへの早期療育の必要性を主張する中で、早期療育は、研究所へ連れてきて進めていく研究が多い中で、家庭への訪問を基本としているという。子どもたちがどのような家庭環境でどのような母親との交流がなされているかをつぶさに捉えた上での指導でなくてはならないと、力説したという。「本物の臨床家」の姿が描かれ、「うわべだけの研究」ではない、まさしく臨床実践の姿を見聞できたとの記述であった。中でもその博士が子どもらの様子を語るときのまなざしのやさしさが、村上の脳裏に焼き付いているという。私自身、村上の指導する療育グループで、臨床活動のスタートを切った。重度の障害を抱えた子どもたちと、その親やきょうだいとともに、海水浴にも行った。普段の講義では、極めて厳格で多くの学生から恐れられる教授は、その現場で、真の温かさにあふれたまなざしで子どもたちとかかわっていた。

このまなざしは、皆藤章教授の研究室にて、訪問者を迎えて下さる河合隼雄名誉教授の温かなまなざしと重なる。こうした、温かなまなざしは、当然のことながら、患者・クライエントに対して、常に表面的に向けられるものではない。我々が単なる「優しさ」だけで、患者・クライエントと向き合うことは、求められてはいない。こうした人間、そして「いのち」に対する尊厳を持ちつつ、心の中でのさまざまな苦悩に対して、そのようなまなざしが心深くに在る臨床家が、私の目指すところかもしれない。

臨床的な状況において起こる物事には、深いつながりがあると、精神分析的アプローチではいわれている。なぜ、この四〇年近く前の入学許可証が私の眼前に現れたのであろうか。今の臨床家としての私のすべてが、ここから始まった。ゆえに、私が悩み苦しむ中で、私自身が歩みを振り返る必然性があったのだろう。大きな不安を抱き、そびえ立つ苦難をどう乗り切ったら良いものか、思案にくれる日々である。

今ここで、「臨床家の指導」について悩む私の姿を、村上英治名誉教授ならどう思うだろうか。私の手元に、直筆で書いて下さった色紙が遺っている。

師の好きな堀辰雄の言葉である。

「風立ちぬ　いざ生きめやも」。

次のステージに向けて、多くの講座の仲間たちと共に、歩みを進めるがよい、そう言って背中を押すに違いない。

［付記］本講座を築き、支えてきて下さった皆藤章教授から多大な学びを頂いたことに、深謝申し上げたい。本稿をまとめた今、本講座の持つ使命に圧倒される私でもある。しかし、歩みを止めるわけにはいかない。これは、講座の中間報告に過ぎないと思っている。皆藤教授には、今後も合宿研修にご参加頂き、さらにご指導頂けたら幸いである。

［文　献］
（1）京都大学大学院教育学研究科臨床実践指導学講座編集・発行「臨床実践指導に関する授業の場と体験を考える」二〇〇六～二〇一四
（2）「心理臨床スーパーヴィジョン学」京都大学大学院教育学研究科臨床実践指導学講座紀要、創刊号～三号、二〇一五～二〇一七
（3）藤原勝紀「臨床心理スーパーヴィジョンの展開をめざす『臨床実践指導者養成コース』について」〔藤原勝紀編〕現代のエスプリ別冊『臨床心理スーパーヴィジョン』至文堂、三〇三～三一一頁、二〇〇五
（4）布柴靖枝・久保陽子・酒井律子・皆藤章・髙橋靖恵・田中慶江・浅田剛正「スーパーヴァイザー養成に関する心理臨床研究（一）――スーパーヴァイザーに必要な臨床性」日本心理臨床学会第三一回大会（発表論文集　三〇三）、二〇一二
（5）浅田剛正・田中慶江・皆藤章・久保陽子・酒井律子・髙橋靖恵・布柴靖枝「スーパーヴァイザー養成に関する心理臨床研究（二）――スーパーヴィジョン事例の検討からみえてくるもの」日本心理臨床学会第三一回大会（発表論文集三〇四）、二〇一二
（6）髙橋靖恵・皆藤章・酒井律子・布柴靖枝・田中慶江・浅田剛正・久保陽子「スーパーヴァイザー養成に関する心理臨床研究（三）――スーパーヴァイザー養成システムの提案」日本心理臨床学会第三一回大会（発表論文集三〇五）、二〇一二
（7）皆藤章編『心理臨床実践におけるスーパーヴィジョン――スーパーヴィジョン学の構築』日本評論社、二〇一四
（8）髙橋靖恵編『「臨床のこころ」を学ぶ心理アセスメントの実際――クライエント理解と支援のために』金子書房、二〇一四
（9）Coltart.N.（1993）*How to Survive as a Psychotherapist.* London: Sheldon Press.（館直彦監訳、藤本浩之・関真粧美訳『精神療法家として生き残ること』岩崎学術出版社、二〇〇七）

（10）Coltart.N（1985）Slouching Towards Bethlehem. In Kohon,G.（Ed.）*The British School of Psychoanalysis.* London: Free Association books. pp.185-200.（福井敏訳　六章『ベツレヘムに向け身を屈めて歩くこと……あるいは、精神分析において思考の及ばぬことを考えること』西園昌久監訳、グレゴリー・コーホン編『英国独立学派の精神分析――対象関係論の展開』（現代精神分析双書）岩崎学術出版社、一一一～一二七頁、一九九二）

（11）河合隼雄『スーパーバイザーの役割について』家庭裁判月報、20（8）、一～二四頁、一九六八

（12）Casement, P.（1985）*On Learning from the Patient.* Routledge.（松木邦裕訳『患者から学ぶ――ウィニコットとビオンの臨床応用』岩崎学術出版社、一九九一）

（13）村上英治「欧米の障害児療育に学ぶ」名古屋大学教育学部『止揚』、8、八～一二頁、一九七八

2 糖尿病医療学の誕生と発展、今後の展望

森崎志麻

はじめに……なぜ私が糖尿病に？

ここ数週間、急激に体重が落ちてきて、水を飲んでも飲んでも喉が渇く。身体はだるく重い。熱中症？　夏風邪？　何だろう？　こんなことは今までなかった。今日はひときわしんどく感じる。病院に行った方がいいのかな、そう思っているうちに、段々と意識が朦朧としてきた……気がつくと、家族が心配そうに自分を見ている。救急車で病院に運ばれてきたらしい。体調がやや落ち着くと、医師による説明があった。意識が消えたのは、身体からインスリンが分泌されなくなって、高血糖状態になったためだといわれる。病名は、糖尿病。糖尿病って、あの糖尿病？　熱中症で倒れたんじゃないの？　医師の説明が続く。「あなたの糖尿病は1型糖尿病と言います。血糖値を下げる役割を果たしているのはインスリンというホルモンです。インスリンは膵臓のβ細胞というところで作られていますが、今回、あなたのβ細胞が壊れたために、インスリンが出なくなってしまったのです。……」意味が分からない。え？　これから一生インスリンを注射しないと生きていけない？　どういうこと？

もしこんな体験が突然あなたにふりかかったら、その衝撃はどのようなものだろうか。この後、どんな思

いで毎日を生きることになるだろうか。そんな症例が実際に紹介されている。「診断後一〇年経過。HbA1c[注1]はほぼ八〜九%台。インスリン治療については強化療法がどうしてもできない（したくない）という状態が続いている。インスリン治療そのものが嫌なわけではないが、どうしても打てない。注射をするとき自分が糖尿病であることを必ず思い起こすからである。なぜ自分が糖尿病になったのか、そのことばかり考え続けていると語る」(1)。

もう一つ症例を紹介したい。この患者は、２型糖尿病を長年抱え、合併症により失明し、透析導入を控えた状態であった。病室を訪ねてきた医師に「私はもう目が見えんのです。それでもインスリンは打たなければいけないらしい。せよと言われれば、できるし、先生の言うとおりにしようとは思っている。でもね、先生、それをやったって目が元に戻るわけではない。できることといえば、一日ラジオを聴いているだけです。私は何を楽しみに生きていけばいいのかな。先生教えて」と語りかける(2)。

こうした糖尿病を抱えた一人ひとりの「なぜ私が糖尿病になったのか」「何を楽しみに生きたらいいのか」という問いに、まさに「この場」で、「この人」にかかわる医療者はどのように応えることができるだろうか。それは、もし冒頭のような体験が自分自身に起こったと想像してみれば、容易に答えられる問いではないことは、すぐに分かるだろう。

糖尿病が慢性疾患、あるいは生活習慣病と呼ばれる現代にあって、このような問いを抱える人はけっして稀ではないだろう。糖尿病を身体疾患として理解するだけでは、この病いを抱えた人を理解したことにはならない。そこには、病いという「理不尽なものを納得できるものに変え、自分を編み直していかないといけない」(3)作業がある。容易には納得しがたいことを納得し、日々の治療・療養行動を引き受けていかなければならない。もちろん、その作業の難しさや道のりは個々の糖尿病者によって異なる。「インスリン打つのも眼鏡をかけてるのと同じ。そう思える人」であれば、療養行動（doing）にうつることができるだろう。しかし、人生において、心の中に「いろいろなものを引きずって、引きずる中に糖尿病ということを入れて生きる人がいる。その人がそれを引きずる限りは、われわれは付き合う」必要があると河合隼雄は述べている。[4]糖尿病医療学は、糖尿病を抱えていかに生きる（being）かという「編み直し」の作業をいかに支えるかを扱うものである。

筆者は、二〇〇〇年から京都大学の皆藤章教授が中心となって活動していた京都大学糖尿病心理臨床研究会に、二〇〇七年から参加し、糖尿病者と糖尿病者を支える家族や医療者への心理的支援に関して研究・活動してきた。研究会の一メンバーとして、糖尿病医療学が興った経緯とその後の発展について概観し、今後の展望についても整理してみたい。

1　糖尿病臨床における主体性の問題

まず、糖尿病という病いの持つ特殊性に触れながら、糖尿病医療学が生まれた経緯をたどりたい。糖尿病は、現代の医学では、完治することはない慢性疾患であり、一生付き合わなければならない疾患である。1型糖尿病であれば、冒頭のような急性症状を発症することがある。「多くの場合直ちにインスリンによる治療が必須となる。この突然の出来事は、不条理であって患者には簡単には納得できない」[5]。1型の場合は、インスリンがなければ、すぐに生死にかかわる状況になる。逆に、インスリンを必要以上に摂取すると、低血糖状態になる危険もある。今まで意識することのなかった身体機能が失われてしまい、意識的に綱渡りのようなインスリンの調節を行わなければならない。これは、自身の身体像が大きく揺らぐ体験となる。また、1型は若年発症が多いため、家族関係にも大きく影響を与える。親が子どもに制限を加える立場にならざるを得なかったり、心配から過干渉になったりといったことがある。糖尿病を抱えた子どもに怒りや不満を生み、愛情という基本的な信頼感を揺さぶる可能性がある。[6] 女性の場合には、妊娠時の血糖コントロールは普段の治療以上に厳しい値が求められ、出産はかなりハードルの高いものとなる。

2型であれば、初期症状は自覚しにくいことが多い。自覚症状なしに数値だけで診断がついてしまうため、「『(診断結果を伝えた医療者から) 糖尿病にされた』という感覚が生じることがある」。[7] そうした怒りや否認、これまでの生活に対する後悔、家族歴がある場合にはそれに対する複雑な感情など、様々な体験になり得る。病型にかかわらず、ひとたび合併症(腎症、網膜症、心疾患、脳疾患、動脈硬化、神経障害、足潰瘍など)が起こると生死にかかわると同時にQOLに深刻な影響を与える。重症合併症は、身体機能が失われていく喪失感の問題がある。

ただ、血糖コントロールができれば、合併症を防ぎ、健康に過ごすことが可能といわれている。この血糖コントロールのためには、食事療法、運動療法、薬物療法などの療養行動が必要であり、関節リウマチや心疾患など他の慢性疾患に比べて自己管理の度合いが高い。これらは日常生活にかかわることばかりであり、ライフスタイルの変更を迫られる。また、日常生活にかかわるということは、糖尿病者の対人関係のあり方にも深く影響を与える。身近な人との関係ばかりでなく、職場での対人関係もある。仕事と血糖コントロールを両立させる問題や、社会の中でのスティグマとどう向き合うかという問題もある。

このように、糖尿病を抱えるということは、糖尿病者自身の生き方そのものの変更を余儀なくされる。そして糖尿病の治療においては、糖尿病者自身の負担と責任が非常に大きい。医学においては、このような状況に対して、いかに患者を主体的に療養行動(doing)に向かわせるかを目的として、様々なアプローチが試みられてきた。

2 医学からのアプローチ――患者の主体性をいかに引き出すか

糖尿病学の研究の中で、糖尿病に対する考え（健康信念）と、糖尿病に対する感情をそれぞれ数値化すると、治療行動との間に相関関係を持つことが明らかにされてきた。そこで、「感情を変えるのは難しいので、考え方を変えることによって感情を変える。あるいは、行動が成功することによって、感情が変わる、感情が変われば行動が継続するだろうというセオリーができた」という。[8] そこで患者へのかかわり方に、心理学が導入されていった。

例えば、様々な心理療法の治療法の本質（有効成分）は何か、どのようなときにどのような方法（技法）を使えば人の行動が変わるのか、共通項目を探した研究があり、それらは多理論統合モデル（変化ステージモデル）という行動変化モデルとして統合された。その中で、「行動変化が始まるまで（準備期以前）は、①問題を意識化すること（意識化）、②感情に気づくこと（劇的救済）、③自分や環境との関係を見直すこと（自己再評価）、④決断すること（自己解放）など、考え方や感情の変化を促進する技法が有効であり、行動の開始（行動期）以後は、①再発のきっかけとなるものを避ける（刺激統御）、②望ましい行動をしたときは褒美（強化制御）、など「行動学的方法」が役立つ」[10] ことが分かってきた。石井均は、「糖尿病療養に関して、準備期までですべての人に必要と思うのは、Self-Reevaluation（問題と自分との関係を見直す）というプロセスであり、糖尿病であることを認め、糖尿病であることの意味を考え、糖尿病であることと実生活をどのように調和させていくかしっかり考えること、これがその後の変化ステージの進展に大きい意味を持つ」[11] と述べている。

もう一つ、糖尿病学において、患者へのかかわり方に大きく影響を与えた考え方としては、「患者が糖尿病を管理するために、自分の潜在的能力を見つけ出し、使用できるように援助すること」が医療者の役割であるとするエンパワーメントの概念が挙げられる。この考えの中では、医療者の役割は、患者が選択・管理・

結果という「三つの責任を遂行していけるように援助する責任を持つ」と再定義された。[12] エンパワーメントを提唱したアンダーソン（Anderson, R.）は、「糖尿病治療や教育において最も基本的で重要なことは、患者と治療者の人間関係です。患者と医療者の関係の質が、治療の質に対する患者の評価の大部分を決定するのです」と述べている。[13]

上記二つの理論を概観しただけでも、感情に働きかけることの重要性とその難しさが理解されるであろう。患者への「指導」から、「支援」へと視点が変化してきたわけであるが、最終的には療養行動（doing）に結び付けていくことを目標としている医療者にとって、「糖尿病者へ寄り添うこのような態度は、必要な処置を行う医療の責任との間に大きな葛藤も生み出したようにもみえる。つまり、必要な知識や情報を適切に与えることと、糖尿病者の思いを重視した関わりを行っていくことの両方が不可欠であり、それが治療の両輪となるということが次第に分かってきたときに、そのバランスをどうしていくのか、いわば医療者側の価値観を揺るがす問題が顕在化してきたといえる」。[14]

変化ステージの理論も、エンパワーメントの理論も、糖尿病者—医療者の信頼関係があって初めて成り立つものである。しかし、その関係性は個々によって異なり、一人ひとりの糖尿病者と医療者による固有のものである。その固有の関係は、いかに築くことができるだろうか。

3　臨床心理学からのアプローチ——糖尿病者の主観的体験をいかに理解するか

臨床心理学では、個人の主観、体験世界を重んじる。この視点から、皆藤章は、医学的には「糖尿病患者diabetic patient/ diabetes patient」であるが、医療学的には「糖尿病者person living with diabetes」であると明確に区別し、二〇〇〇年より京都大学糖尿病心理臨床研究会（以下、「研究会」と略）として、糖尿病者の主観、つまり糖尿病を抱えて生きるとはどのような体験なのかを、糖尿病者の視点から理解しようとする試みを続けてきた（表1）。糸口としては、患者自身の語り、描画や箱庭などの非言語的な表現手段である。語りも非言語的な表現もともに、話し手（作り手・描き手）と、聴き手（見守り手）の関係性の中で生み出されたものという点では共通している。

［表1］　京都大学糖尿病心理臨床研究会の研究活動一覧

（論文） 山﨑玲奈・山川裕樹・中野祐子・飯野秀子「医療と心理臨床の接点──糖尿病患者の心理と行動を学ぶための症例検討会」糖尿病診療マスター、3（1）、五一～五五頁、二〇〇五

（論文） 田中史子・清水亜紀子・大家聡樹・築山裕子・西田麻衣子・佐々木麻子「糖尿病治療にみる心理臨床的関わりの可能性──治療教育の歴史的概観を通して」京都大学大学院教育学研究科附属臨床教育実践研究センター紀要、12、四二～五四頁、二〇〇八

（発表） 田中史子・清水亜紀子・大家聡樹・築山裕子・西田麻衣子・森崎志麻・根本真弓・皆藤章「糖尿病を生きることの心理臨床的理解の試みI──箱庭・描画にみられる〝物語〟表現を通して」日本箱庭療法学会第二二回大会、二〇〇八年一〇月二六日、愛知教育大学

（発表） 清水亜紀子・田中史子・大家聡樹・築山裕子・西田麻衣子・森崎志麻・根本真弓・皆藤章「糖尿病を生きることの心理臨床的理解の試みII──主体（性）を手がかりに」日本箱庭療法学会第二二回大会、二〇〇八

（報告書） 清水亜紀子・田中史子・大家聡樹・築山裕子・西田麻衣子・佐々木麻子・森崎志麻「糖尿病者の『生きる』ことの心理臨床的理解の試み」研究開発コロキアム平成一九年度研究成果報告書、一〇二～一一一頁、二〇〇八

（論文） 森崎志麻・大家聡樹・清水亜紀子・西田麻衣子・髙橋紗也子・木下直紀・中川みず穂・藤江淳史・義江多恵子・根本真弓・川端亨子「糖尿病における心理臨床の可能性──1型糖尿病者の調査事例から「関係」についての語りを聴くことの意味を考える」京都大学大学院教育学研究科附属臨床教育実践研究センター紀要、13、八一～九〇頁、二〇〇九

（報告書） 田中史子・大家聡樹・築山裕子・森崎志麻・髙橋紗也子・清水亜紀子・山田千積・皆藤章「ジョスリン糖尿病センターとの心理臨床に関する共同研究体制の構築──ジョスリン糖尿病センター」平成一九─二一年大学院教育改革支援プログラム（大学院GP）臨床の知を創出する質的に高度な人材養成──京大型臨床の知創出プログラム　平成二〇年度国際企画成果報告書、三八～五一頁、二〇〇九

（報告書） 大家聡樹・田中史子・築山裕子・西田麻衣子・佐々木麻子・森崎志麻・清水亜紀子・髙橋紗也子「糖尿病者の『生きる』ことの心理臨床学的研究」研究開発コロキアム平成二〇年度研究成果報告書、一一八～一三一頁、二〇〇九

（**発表**）清水亜紀子・大家聡樹・西田麻衣子・森崎志麻・髙橋紗也子・木下直紀・中川みず穂・藤江淳史・義江多恵子・根本真弓・川端亨子「糖尿病者が身近な人から〝支え〟を得るために――身近な人との〝関係〟についての語りを聴くという心理的援助の可能性」第五三回日本糖尿病学会年次学術集会、二〇一〇

（**報告書**）森崎志麻・大家聡樹・西田麻衣子・髙橋紗也子「糖尿病者の『生きる』ことの心理臨床学的研究」研究開発コロキアム平成二一年度研究成果報告書、八四～九六頁、二〇一〇

（**発表**）森崎志麻・木下直紀・髙橋紗也子・荒木郁緒・千葉理未・皆本麻実・山内友香・皆藤章「糖尿病が身近な人から支えられている主観的感覚と療養生活との関連について」第五五回日本糖尿病学会年次学術集会、二〇一二

（**報告書**）大家聡樹・西田麻衣子・森崎志麻・義江多恵子・清水亜紀子・皆藤章「ジョスリン糖尿病センターとの心理臨床に関する共同研究体制の構築及び慢性疾患の心理臨床に関する共同討議」平成一九―二一年大学院教育改革支援プログラム（大学院GP）臨床の知を創出する質的に高度な人材養成――京大型臨床の知創出プログラム　平成二一年度国際企画成果報告書、一二～二三頁、二〇一〇

（**報告書**）森崎志麻・髙橋紗也子・木下直紀・義江多恵子「糖尿病における心理臨床の可能性と医療との連携に関する研究」研究開発コロキアム平成二三年度研究成果報告書、一一二～一二一頁、二〇一二

（**発表**）義江多恵子・髙橋紗也子・木下直紀・荒木郁緒・千葉理未・皆本麻実・山内友香・千葉友里香・皆藤章「糖尿病者にとっての来院の意義について――来院における糖尿病者の主観的感覚と医療者との関係についての検討」第五六回日本糖尿病学会年次学術集会、二〇一三

（**発表**）荒木郁緒・義江多恵子・髙橋紗也子・皆本麻実・千葉友里香・皆藤章「糖尿病者が自身のHbA1c値に向き合う主体的体験について――風景構成法（LMT）を手掛かりに」第五七回日本糖尿病学会年次学術集会、二〇一四

（**発表**）荒木郁緒・皆本麻実・千葉友里香・杉村美奈子・西珠美・山﨑基嗣・皆藤章「糖尿病者のHbA1cに対するイメージについてのSD法を用いた検討」第五八回日本糖尿病学会年次学術集会、二〇一五

（**発表**）千葉友里香・荒木郁緒・皆本麻実・三輪幸二朗・杉村美奈子・西珠美・山﨑基嗣・清重英矩・辻えりか・野田実希・本多謙介・水野和・皆藤章「糖尿病者の糖尿病イメージと治療に対する取り組み」第五九回日本糖尿病学会年次学術集会、二〇一六

（**発表**）野田実希・本多謙介・千葉友里香・三輪幸二朗・西珠美・山﨑基嗣・清重英矩・辻えりか・水野和・豊原響子・皆藤章「糖尿病イメージについての語り、風景構成法を通した糖尿病者の心理的理解」第三回日本糖尿病医療学学会、二〇一六

（**発表**）山﨑真裕・宅香菜子・肥後直子・千葉友里香・坂井亮介・松本しのぶ・皆藤章・石井均・福井道明「糖尿病患者さんのレジリエンスとPTG」第三回日本糖尿病医療学学会、二〇一六

（**発表**）山﨑基嗣・千葉友里香・三輪幸二朗・西珠美・清重英矩・辻えりか・野田実希・本多謙介・水野和・豊原響子・皆藤章「糖尿病者支援の課題と展望――糖尿病者の主観的世界に着目して」第六〇回日本糖尿病学会年次学術集会、二〇一七

研究会初期メンバーの山﨑玲奈ら[15]は、治療に向かえなかった糖尿病者（A）に研究会メンバーが調査という形でかかわった事例を検討している。ある程度受けとめてもらえると感じる主治医と出会い、話し合いを重ねながら、少しずつ自分なりに糖尿病治療に取り組むようになってきている時に描かれた糖尿病イメージ画（真っ黒な中に少しは明るい部分が見いだされるようになった描画）について以下のように考察されている。「このときのAさんは合併症の発症が危ぶまれる状態にあり、医学的な観点から言うと、病状はむしろ悪化している。そのことを考え併せると、描かれた明るい色は、医学的な病状の変化につれて出てきたものではなく、彼自身の生きる姿勢の変化がもたらしたものではないだろうか。Aさんの中で生まれつつある〝明るい色〟を、厳しい現実を見据えながらも、どうすれば見失わずにいられるか。それが、Aさんへの援助を考えるうえで大切な視点の一つであると私たちは考えている」。また、「医学的に把握される身体の状態と、本人に心理的に体験されている状態とは、別問題である。そして、『○○さんにとっての糖尿病』がどのようなものかは、こちらがそのことに関心を持ち、本人に聞いてみようという姿勢を持つことで初めて見えてくるものである」とも述べている。

こうした研究会メンバーのかかわりと考察は、以下の二点を明らかにしたといえる。一点目は、医学的な視点からみた患者とは異なる、個々の糖尿病者には主観的な病いの体験がある、ということである。クラインマン（Kleinman, A.）は、「疾患 disease」（身体の秩序がどのように障害されているかという理論に基づいて再構成したもの）とは異なる、「病い illness」（「人間に本質的な経験である症状や患うこと（suffering）の経験」「病者やその家族メンバーや、あるいはより広い社会的ネットワークの人々が、どのように症状や能力低下（disability）を認識し、それとともに生活史、それらに反応するのかということを示すもの」）を別のものとして定義しているが[16]、この事例では、まさに医学的・客観的視点からみた疾患とは異なる、個々の糖尿病者の病いの体験に触れたといえる。二点目は、意識化する前段階である言葉にならない体験があり、それはその体験に関心を寄せる聴く側の姿勢によって、はじめて表現されうるということである。

こうした基本姿勢に基づいて、研究会は、会発足当初より、天理よろづ病院糖尿病内分泌内科にて糖尿病者との継続的な調査面接を行ってきた。これは、医療者にとっても患者の心理的理解や患者へのかかわり方について知見を得たいというニーズがあったもので、きわめて臨床心理面接に近い形で行われた。こうした面接内容の検討のため、天理よろづ相談所病院スタッフを中心とした医療者との合同による事例検討会（京都大学心理臨床研究会シンポジウム）を毎年開催してきた。二〇〇九年からは、沖縄のハートライフ病院糖尿病センター（現「ハートライフクリニック糖尿病内科」）にて、糖尿病者への継続的かかわりと調査面接を行い、医療者に向けては、調査者による一人ひとりの糖尿病者によって異なる心理的見立てを伝えることを行ってきた。こうして、糖尿病者の語り、描画、箱庭など表現されたものを医療者と共有し、医療者の患者理解を深め、医療者と患者の関係を支えることを試みてきたといえる。

こうした活動は医療者にとってどのような意味があっただろうか。医療者にとっては、治療や血糖コントロールに役立つ様々な知識やアドバイスを提供しても、療養行動に結びつかない患者に対して困難を感じていた。患者の人生においては、糖尿病に向き合うよりも前に、何かより大切な問題を抱えているようにみえる。しかし、その問題は何なのか、そしてその問題にどのようにアプローチしていけばよいのか。そうした医療者の困難に対して、糖尿病患者としてよりも、まず一人の人間として、どのような心理的テーマを抱えているのか、そしてその心理的テーマと糖尿病がその人の人生の中でどのように絡まっているのか、そうした「見立て」を共有できたことが大きな意味を持ったのではないだろうか。

もちろん最初からすぐに共有できたわけではない。医療者と研究会メンバーの両者が症例検討を重ねる中で、お互いに歩み寄っていった経緯があった。その歩み寄る経緯の中で、研究会メンバーにとって非常に意義深かったのが、皆藤章教授が中心となって、ジョスリン糖尿病センターにてジェイコブソン（Jacobson,

A.）博士、ハーヴァード大学にてクラインマン教授と議論を重ねたことであった。

二〇〇八年に始まったこの訪問は、ジェイコブソン博士の招聘（シンポジウム「病と臨床――病に生きる人間にみる臨床の知」京都大学グローバルCOEプログラム「心が活きる教育のための国際的拠点」）につながった。二〇〇九年には二度、ジョスリン糖尿病センターを訪れ、当時センター副所長であったジェイコブソン博士を始めとする医療スタッフと、ジョスリン糖尿病センターで実際にかかわっている事例、また研究会メンバーが日本で調査を行った事例というように、お互いの事例を検討できたことは特筆に価する。筆者は、センターの実践に触れて、実際に多職種が連携し、患者が心理的支援へアクセスできるような仕組みが確立されていることに感銘を受け、日本の医療現場での臨床心理士のあり方をイメージする上でも非常に参考になった。そして、何よりその多職種連携の医療の中心に必ず患者がいることが感じられた。また、日米の文化の違いにも触れ、糖尿病を抱えていかに生きるのかという視点においては、個々の糖尿病者が生きる文化を理解することの重要性を感じた。このことは、ハートライフ病院糖尿病センターで調査を行った際に改めて強く感じ、またジョスリン糖尿病センターでの気付きが沖縄の地に住む糖尿病者へのかかわりに活かされた体験でもあった。

更に、二〇〇九年、二〇一〇年には、医療人類学者であるクラインマン教授を訪問し、臨床家としてのあり方について議論を交わした。[17] 筆者にとって特に印象深かったのは、教授が臨床家の在りようとして論じている道徳的・人間的証人（a moral witness）に関する問いの中で、「倫理というのは、より志向性をもった切望であり、希望すべきことなのです。わたしたちは、そこに向けて強く切望するのです。死や深刻な病いはこの倫理的切望に気づかせてくれます。そして、倫理的価値の表現に向けて導かれることは、とても大切なことなのです」というように、心理臨床において倫理的価値をまなざす視点の重要性について語っていた点であった。

また、「なぜ私が糖尿病になったのか」という自らの運命を問うようなクライエントの問いをどのように考えるか尋ねた際に、「なぜわたしが」という問いよりも、むしろもっと大切な問いは、無慈悲な世界で起こる運命に対して、「わたしはこの問題にどのように応答するか」というものであり、その姿勢が機械的な世界での出来事を『意味』の世界に運び出す」のであり、「人間性や人間らしさは機械的な世界に『応答』することを求めるのです」と語ったことであった。

その後、二〇一四年三月には皆藤章教授がクラインマン博士を招聘し[18]、これが同年五月の日本糖尿病学会での特別講演へとつながった。これは、糖尿病学、ひいては医学における人間性の再生としての意味を持つ重要なものだったといえる。

4 糖尿病医療学の誕生——医学と臨床心理学をつなぐ試み

河合隼雄は、二〇〇四年の石井均との対談の中で「糖尿病医療学」の必要性について述べているが[19]、以前より、「医療学」について次のように述べている[20]。科学の知とは「対象と観察者の関係が切断されて初めて生まれる普遍性、客観性が重んじられる」のに対し、「医療学」は、「生命あるものとしての人間が対象」であり、一人ひとり異なる病いの体験を対象とし、中村雄二郎のいう「相互主体的かつ相互作用的にみずからコミットする」[21]態度によって現象にかかわることを指す。本来の医学はそれらも包含するものだったが、現代医学はそうとは言えないので、「医療学」と呼ぶことを提案している。

続いて、二〇〇五年に行われた第四八回日本糖尿病学会シンポジウム「糖尿病診療における臨床心理の役割と実際——臨床の知の場」の中で、糖尿病専門医である石井均と臨床心理学者である河合隼雄と皆藤章が集った。これは、医学と臨床心理学をつなぐものとしての大きな意味を持つものであった。そのシンポジウムの中で、石井は一人ひとり異なる個人に向き合うためには、科学的普遍性とは異なる次元の心構えが必要ではないかと述べ、その要素として、次の五点を挙げている。[22]

1　共通性より個別性：その人だけの特有の考え方と感情の組み合わせがある。
2　論理より感情が大きい役割：その人自身が言葉で表現（位置づけ）できない体験感情がある。
3　相互に変化していく（医療者―患者）関係：客観的観察者ではありえない。
4　偶然ともいえる出来事が大きい役割を果たす：時間と可能性への信頼と忍耐と希望が必要。
5　その人全体として複雑系として存在している：ある一部分だけ切り出せない。

　これを受けて、河合隼雄は、ヒルマン（Hillman, J）の「事柄・出来事・事実をその人の体験に変えるもの」としての魂、人間は魂で物や出来事と関係を結ぶという考え方を提示しているが、[23]筆者が考えるに、上記の五点の心構えからは、石井均が患者の語りを自分の「体験」として聴き、そこに「魂」の働きがあったことが分かる。そこに糖尿病医療学が興った端緒があったのではないだろうか。ここでいう「魂」の働きとは、医療者にとって、糖尿病者に関わる人生をどのような体験とするのかという、医療者のコミットメントであり、糖尿病者にとって糖尿病を抱えて生きる人生がどのような体験なのかを想像する「臨床的想像力」[24]と言えるだろう。さらには、先に紹介したクラインマンのいう人間性 humanity であり、世界に「応答すること」[25]と言えるだろう。

　以上まとめると、糖尿病医療学とは、相互主体的という医療者の態度であり、あり方（being）にかかわるものと言える。そのあり方を示す一つの例として、食事療法の意味について、また、その食事療法を行うことが糖尿病者―医療者の関係にどのような意味を持つのか、そうしたことに思いを巡らす臨床家の在り様を示したい。

石井均が、「食事には単に生きていくための栄養を補給するという意味以外に、楽しさ、リラックス、ご褒美、豊かさ、安心感、愛情など、多くの価値と人間関係、生活史が含まれている。したがって、食事を制限しなければならないという事実は、単に食事の量や質の変化のみではなく、それらの総体を失いかねないことを意味している」[26]と述べているのを踏まえて、皆藤章は「食事療法を行おうとする時、医療者はその病者が生きてきた環境という空間性、文化という地域（地理）性・習慣性、家族や周囲のひとびととの関わりという人間関係性、生きている時代性、さらには遺伝性などといった、およそそのひとを取り巻くあらゆる要素を考慮に入れなければならない。それは、食事療法が、その病者の人間としての生活史（ライフヒストリー）を踏まえて、これから生きていくために病者と協同して取り組まねばならない医療であることを意味している。このように、食事療法は医療者が病者を理解することから始まる。より正確にいえば、食事療法は医療者が病者の人生を理解する営みなのである。食べることは人間にとって、当事者自身を映し出す鏡であるということができる、それほどの意味をもつ営みなのである」[27]と述べている。

このように、糖尿病者に食事療法を行うということは、糖尿病者の生きる営みそのものを理解し、ともに取り組む過程といえる。この過程には、医療者が自分自身の生きてきた空間性、地域性、習慣性、人間関係性、時代性、遺伝性、生活史をも振り返り、いかに食べ、いかに生きるのかを問われる体験を含む。そして、それが糖尿病者の営みと触れ合ったとき、その体験が糖尿病者に寄り添う上でのよりどころとなるのではないだろうか。

その営みをともにする中では、医療者に葛藤が生じる場合もあるだろう。例えば合併症による様々な障害を持つ糖尿病者が、「食べることしか楽しみがない」と語る時、医学的には食事は制限しなければならないと思うだろう。ただ、この人にとって食以外の楽しみを持つことは難しいのかもしれない、生きる楽しみを奪うことが正しいのか、といった葛藤が医療者の側に生じるかもしれない。そこでの糖尿病者に対するかかわりというのは、治療をあきらめるのではなく、医学的な正論を通すのでもなく、糖尿病者と葛藤の中身は同じではないが、自らもいかにこの困難にかかわるかという葛藤を抱える形で、糖尿病者にコミットし、医療者としてのリスクをも背負う覚悟を持ったかかわりということになるだろう。

こうなると、糖尿病者—医療者の両者は葛藤を共有し、「生きる喜びとは何か」、あるいは「この困難、苦しみに対してどのように応えるのか」という共通のテーマを生きていると言える。

5 糖尿病医療学の発展

二〇〇五年に開催された日本糖尿病学会におけるシンポジウム以後も、医療者に招かれる形で、皆藤章教授は糖尿病医療における臨床心理の意義について講演、シンポジスト、症例検討の座長等の役割を担ってきた（表2）。

［表2］ 糖尿病学における臨床心理に関する講演・シンポジウム等（学会規模に限る）

（シンポジスト）皆藤章「糖尿病を抱えるということ——そのこころのケア」第二五回日本糖尿病合併症学会、二〇一〇
（シンポジスト）皆藤章「糖尿病医療におけるこころのテーマ」第五四回日本糖尿病学会年次学術集会、二〇一一
（シンポジスト）皆藤章「糖尿病医療学における臨床心理の意義」第五五回日本糖尿病医療学会年次学術集会、二〇一二
（特別講演）皆藤章「糖尿病医療学への誘い」第四九回日本糖尿病学会近畿地方会、二〇一二
（シンポジスト）皆藤章「心理療法からみた治療者と患者の相互交流性——患者はいったい誰なのか？」第五七回日本糖尿病学会年次学術集会、二〇一四
（スピーカー）皆藤章「語ることと聴くことを巡って」第五七回日本糖尿病学会年次学術集会、二〇一四
（シンポジスト）皆藤章「糖尿病医療への臨床心理学の支援」第四九回糖尿病学の進歩、二〇一五

（シンポジスト）皆藤章「こころと身体をつなぐ「からだ」の病いとしての糖尿病」第五八回日本糖尿病学会年次学術集会、二〇一五
（企画・司会・講演）皆藤章「糖尿病医療学の知を臨床の力へ」第五二回日本糖尿病学会近畿地方会、二〇一五
（特別講演）皆藤章「糖尿病医療学に沿った症例検討のしかた」第六回近畿糖尿病教育フォーラム、二〇一五
（企画・司会・発表）皆藤章「医療と医療学の知の融合」第五九回日本糖尿病学会年次学術集会、二〇一六
（座長）皆藤章「医療者のこころと関わりの在り様——糖尿病患者の心身ケア」第五一回糖尿病学の進歩、二〇一七

そうした経緯を受けて、二〇一三年三月には、京都大学にてシンポジウム「医療と臨床心理　糖尿病医療学における臨床心理学の支援」（卓越した大学院拠点形成支援国際フォーラム「実践知と教育研究の未来」）が開催された。これは臨床心理学者が、糖尿病者にかかわる医療者を招いて行った初めてのシンポジウムであった。

そして、二〇一四年、糖尿病医療学研究会（二〇一六年より糖尿病医療学学会に発展）が発足された。学会では、事例検討に、医師・看護師と臨床心理士がペアとなって座長・コメンテーターを担い、医療者の糖尿病者へのかかわりを支えるスタイルをとっている。また、参加者がその場で小グループを作って、事例についてディスカッションを行うようにしている。座長は、事前に事例について演者との間で検討をした上で学会を迎え、当日の参加者間のディスカッションから出た意見を踏まえて、演者の今後の臨床の支えになるようなコメントを試みている。[28][29][30]こうした事例検討の営みは、糖尿病医療学の根幹にあるといえるが、それはなぜだろうか。

河合隼雄は、臨床心理学における事例検討の重要性について論じる中で、次のように述べている。[31]

——心理療法は従来の「科学」とは異なるものである。臨床の知を築く上で極めて重要なことは、主体

者の体験の重視であり、その「知」は内的体験をも含めたものなのである。従って、その「知」を伝えるときは、事実を事実として伝えるのみではなく、その事実に伴う内的体験を伝え、主体的な「動き」を相手に誘発する必要が生じてくるのである。内的に生じた動機（ムーヴ）は、相手に伝わるとき、そのまま伝わることはないであろう。というのは、それぞれの人が個性をもつので、個性による差が生じるのは当然だからである。しかし、一人の人の心に生じた重要な動機が、他に伝わるとき、伝えられた人は自分のなかで、それを意味あるものとして捉え、それを未来へとつなげてゆくであろう。（中略）優秀な事例報告が、そのような個々の事実をこえて、普遍的な意味をもつのは、それが「物語」として提供されており、その受手の内部にあらたな物語を呼び起こす動機を伝えてくれるからなのである。

「主体者の体験の重視」という、主体者とは、糖尿病医療学においては、糖尿病者だけでなく、糖尿病にかかわる医療者のことでもある。事例は、ただ事実が羅列されたものではなく、医療者が語る糖尿病者の「物語」であり、糖尿病者と医療者の関係の「物語」であるといえる。それがコミットメントであり、出来事を「体験」にする一つの形でもあるといえる。さらに言えば、事例検討は、事例を聴く者の感情にも働きかけるものである。聴く者も、事例検討という出来事を「体験」にできるかどうかということが問われていると言える。

6 糖尿病医療学の今後の展望

本章では、糖尿病医療学の今後の展望について述べたい。まず、糖尿病医療学を学問として体系化してい

［図１］ 糖尿病医療学の概念

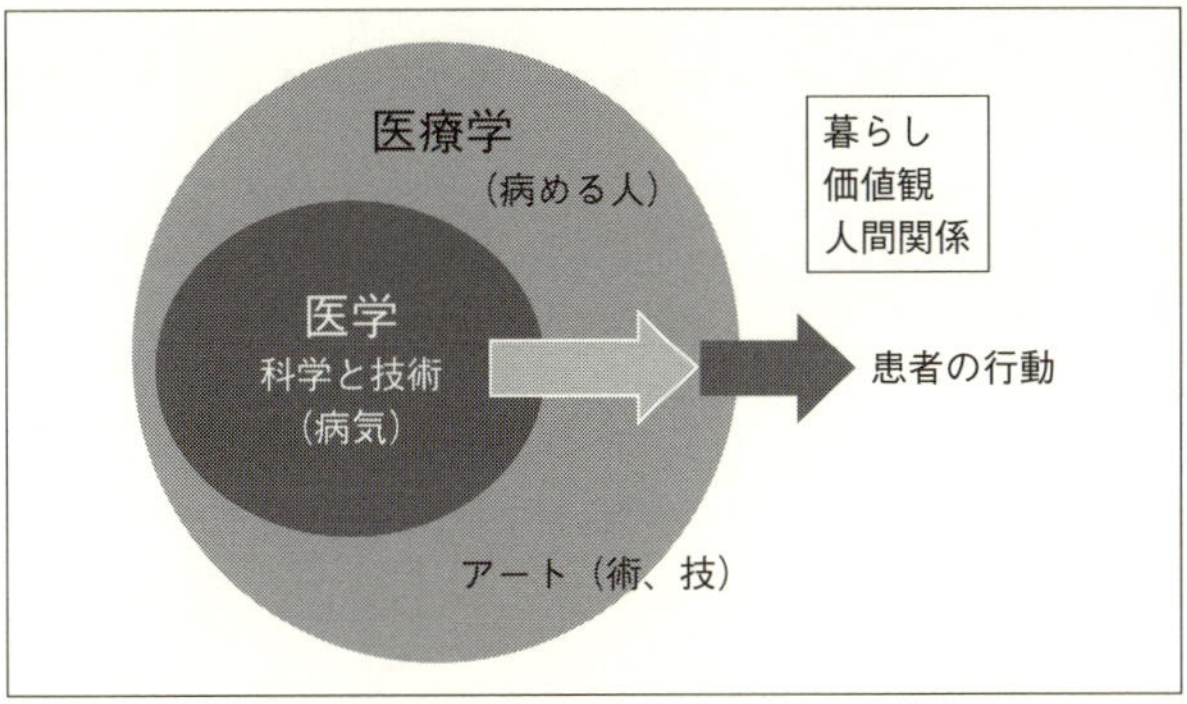

くことが必要である。石井均は図1[32]のように、糖尿病医療学の概念を図示している。

この図の中で示されている、糖尿病者の在りよう（暮らし、価値観、生育歴、人間関係）に「病いの体験」がいかに結びつくのか、あるいは、「アート」と言われる医療者が糖尿病者にかかわる際の術や技の言語化、さらにはそうしたアートを支える土台にある医療者と糖尿病者の関係の構築のあり方に関して議論を深めることなどが必要だと考える。

心理臨床家としては、糖尿病者の心理的理解とともに、医療者の立場、糖尿病医療現場についての理解も深めていく必要がある。そして、医療者・医療の場を支えることができる心理臨床家が必要とされる。糖尿病者と医療者の関係を支えるということについて、もう少し述べると、療養行動（doing）へと促さなければならないという医療者としての責務を感じると同時に、糖尿病者の在りよう（being）を理解し寄り添おうとする「医療者の葛藤をも心理臨床学的観点から支えていく必要がある[33]」といえる。医療者と糖尿病者を個別に支えるとともに、糖尿病者―医療者の関係そのものを支える器としての役割を担い、医療者が患者との関係を生き抜くことを支えることが望まれる。

おわりに

最初の二つの事例に戻りたい。「なぜ自分が糖尿病になったのか」、「私は何を楽しみに生きていけばいいのか」という語りにどう応えることができるか。そうした自らの運命を問うような、医学的・科学的には応えることができない問いに対して、皆藤章[34]は「問いがまなざす方向とその先に生まれる人間の在りようを明確に自覚」し、「傷ついた生を生きるものに向かうまなざしが何よりも必要である」とし、それが、「創造的な人間の在りよう」が生まれる端緒になると述べている。さらには「大切なのは、問いへの答えを出すことではなく、問いから逃げずに問いを抱えて生きる存在であり続けるということである。そうした営みのなかから、人間に対する畏敬の念・尊厳が生まれてくるのではないだろうか」とあるように、「答え」をこちらが一方的に提供することはできない。その問いを抱えた病者の、容易には答えが出ない過程に、医療者もその問いを自分のものとして引き受け、そこに居続けられるか（being）が問われる。

［注］1　採血時から過去一、二カ月間の平均血糖値を反映し、糖尿病の診断に用いられる。耐糖能正常者の基準値はHbA1c四・六〜六・二パーセントである（日本糖尿病学会「糖尿病治療ガイド二〇一六〜二〇一七」文光堂、二〇一六）。

［文献］
（1）石井均『糖尿病医療学入門——こころと行動のガイドブック』医学書院、二三六頁、二〇一一
（2）石井均「糖尿病重症合併症患者の語りとこころのケア」糖尿病診療マスター、10（2）、一三七頁、二〇一二
（3）石井均『病を引き受けられない人々のケア——「聴く力」「続ける力」「待つ力」』医学書院、二三八頁、二〇一五（石井均と鷲田清一の対談の中での鷲田清一の発言）
（4）石井均・皆藤章・原千晴・河合隼雄「糖尿病診療における臨床心理の役割と実際——臨床の知の場　シンポジウム」糖尿

病診療マスター、4(1)、七〇頁、二〇〇六

(5) 前掲書(3)、二三七頁

(6) 前掲書(3)、八二～八七頁(石井均と北山修の対談の中での北山修の発言)

(7) 前掲書(3)、二三七頁

(8) 前掲書(4)、五五～五九頁

(9) 前掲書(1)、一〇一頁

(10) 前掲書(1)、一〇〇頁

(11) 前掲書(1)、一五五頁

(12) 前掲書(1)、二一五頁

(13) 前掲書(1)、二一七頁

(14) 田中史子・清水亜紀子・大家聡樹・築山裕子・西田麻衣子・佐々木麻子「糖尿病治療にみる心理臨床的関わりの可能性——治療教育の歴史的概観を通して」京都大学大学院教育学研究科附属臨床教育実践研究センター紀要、12、五二頁、二〇〇八

(15) 山﨑玲奈・山川裕樹・中野祐子・飯野秀子「医療と心理臨床の接点——糖尿病患者の心理と行動を学ぶための症例検討会」糖尿病診療マスター、3(1)、五一～五五頁、二〇〇五

(16) Kleinman, A. (1988) *The Illness Narratives: Suffering, Healing and the Human Condition.* New York: Basic Books.(江口重幸・五木田紳・上野豪志訳『病いの語り——慢性の病いをめぐる臨床人類学』誠信書房、四頁、一九九六)

(17) Kleinman, A. (2007) *What Really Matters: Living a Moral Life Amidst Uncertainty and Danger.* New York: Oxford University Press.(皆藤章監訳、高橋洋訳『八つの人生の物語——不確かで危険に満ちた時代を道徳的に生きるということ』誠信書房、二七〇～三一五頁、二〇一一)

(18) A・クラインマン・江口重幸・皆藤章『ケアをすることの意味——病む人とともに在ることの心理学と医療人類学』皆藤章編・監訳、誠信書房、二〇一五

(19) 前掲書(3)、二七～四〇頁(石井均と河合隼雄の対談の中での河合隼雄の発言)

(20) 河合隼雄『心理療法序説』岩波書店、六七頁、二〇〇九

(21) 前掲書(20)、八〇頁

(22) 前掲書(4)、五九頁

(23) 前掲書(4)、七六頁

(24) 前掲書(4)、六一頁

(25) 前掲書(17)、二七〇～三一五頁

(26) 石井均『糖尿病のイメージは食事制限?——食事療法を考える　糖尿病診療よろづ相談』メジカルビュー社、一二頁、二

〇一〇
(27) 皆藤章「食べることの意味とこころ」糖尿病診療マスター、14(6)、四二一頁、二〇一六
(28) 一般社団法人 日本糖尿病医療学研究会「第一回日本糖尿病医療学研究会報告集」日本糖尿病医療学研究会会誌、1(1)、二〇一五
(29) 一般社団法人 日本糖尿病医療学研究会「第二回日本糖尿病医療学研究会報告集」日本糖尿病医療学研究会会誌、2(1)、二〇一六
(30) 一般社団法人 日本糖尿病医療学学会「第三回日本糖尿病医療学学会報告集」日本糖尿病医療学学会会誌、3(1)、二〇一七
(31) 前掲書(20)、二八一〜二八二頁
(32) 石井均「糖尿病医療学 医学と患者と医療者をつなぎ、支える」糖尿病診療マスター、15(8)、六四五頁、二〇一七
(33) 前掲書(14)、五二頁
(34) 皆藤章『体験の語りを巡って』誠信書房、七四頁、二〇一〇

第3章 周産期医療現場におけるいのちの臨床

白神美智恵

1 周産期医療とは

周産期医療とは、母子ともに安全な出産・出生ができるように、産科と小児科を中心とした各診療科が連携し、総合的な医療を提供する体制のことである。周産期とは、狭義には在胎二二週から出産後七日未満の期間（国際疾病分類第一〇版による）を指すが、広義には受胎から新生児期まで、さらには母体環境および出生時の出来事が、児に及ぼす影響がなくなるまでの広い範囲を指す。[1] 周産期医療は広義の期間において、母体、胎児、新生児の疾患の早期発見・診断と治療を行い、健康を守ることを目的としている。日本では極めて高いレベルの医療が行われており、その医療レベルの指標となる妊産婦死亡率、周産期死亡率は、近年は諸外国の中で最も低い水準で推移している。しかし、現在はその九九パーセントは救命されるとはいえ、二五〇人に一人の妊婦は死に直結するリスクを抱える。[2] また、近年の年齢別死亡率を見ると、三四歳までで死亡率が最も高いのは一歳未満の乳児であり、乳児死亡の半数近くは、生後二八日未満の新生児死亡で占められている。[3] 周産期には、母体、胎児、新生児の生命に関わる事態が突発的に起こる。いずれ死を迎えるときを除けば、人は出生の時に最も死の危険にさらされるといえる。新しい命の誕生を祝福する周産期医療は、実は命が瞬いて消えていくのを見送る医療という側面も併せ持つ。

我が国には平成二七年度時点で、極めて高度な医療を行う一〇四カ所の総合周産期母子医療センターと、比較的高度な医療を行う二九二カ所の地域周産期母子医療センターが存在する。[4] 筆者の勤務する病院は総合周産期母子医療センターに指定されており、ＭＦＩＣＵ（Maternal-Fetal Intensive Care Unit: 母体胎児集中治療室）、ＮＩＣＵ（Neonatal Intensive Care Unit: 新生児集中治療室）およびＧＣＵ（Growing Care Unit: 回復治療室）を有し、二四時間体制で母体と新生児の搬送を受け入れ、母体の救命救急への対応、ハイリスク妊娠に対する医療、高度な新生児医療等を担っている。

2 周産期医療現場の抱える問題

かつて、分娩は日常の出来事であり、医療の対象ではなかった。したがって早産児や疾患を持つ児は治療の対象にもならなかった。一九七〇年代から、全国各地にＮＩＣＵや周産期母子医療センターが設立され、新生児に積極的に治療が行われるようになった。[5] そして今や日本の新生児死亡率は世界一の低さである。[6] しかし、救命できる赤ちゃんが増加する一方で、様々な問題が浮かび上がってきた。周産期医療に臨床心理士が関わるようになった背景を理解するために、筆者が特に重要と思う二つの問題について述べる。

1 親と子のこころの問題

周産期は、妊娠・出産に伴う身体面での変化、親になるという心理面・社会面での変化などが母親に一挙に押し寄せる激動の時期である。母親は喜びや期待とともに、意識、無意識に漠然とした不安や緊張を抱えながら、赤ちゃんの命を守り育てる中で、「自分は母親なのだ」という確信を深めていく。この出産前後の何カ月にもわたるこころの仕事の積み重ねによって、母親は母親となる。[7] 一方で、マタニティブルーズと呼ばれる心身の不調や、産後うつや産褥精神病といった精神疾患をこの時期に発症する場合もあるため、周産期の母親へのメンタルケアは重要である。

疾患や早産で赤ちゃんが思いがけずＮＩＣＵに入院したとき、母親は強い自責感、悲嘆、恐怖、将来の不安に圧倒される。生まれてすぐに赤ちゃんはＮＩＣＵに入るため、「出産の実感がない」とつぶやく母親は多い。赤ちゃんには出生直後から集中治療が最優先で行われ、主に医療者によってケアされるので、母親は授乳や抱っこという当たり前の育児もできない。親としての自信を持ちようもなく、無力感に苛まれる。父親も、親としての実感も不確かなままに、赤ちゃんの治療についての判断、母親の精神的ケアを任され、自分のショックや不安を整理する間もない。赤ちゃんの集中治療が終わると、次は退院に向けて通常よりも配慮のいる育児の指導が始まり、親は「よき親」になろうと必死に手技の練習に励むことになる。

言うまでもなく、赤ちゃんのこころの発達の土台は、親子の愛着関係である。親が赤ちゃんの状態と調和した声色、眼差し、触れ方といったことば以前の様式で赤ちゃんに働きかけ、赤ちゃんは親の働きかけに生き生きと応答する。このような早期からの親子の何気ない、しかし互いの存在に惚れ込むような相互交流によって、赤ちゃんのこころは発達し、親は親として育っていく。しかし、赤ちゃんがＮＩＣＵに入院した場合、親はとてつもない不安に圧倒され、リラックスして赤ちゃんに関わることは難しい。医療的な時間の流れが先行し、親子のペースで十分に相互交流できる時間が持てるようになるのは、かなり先のことになる。

さらに、親と子のこころの問題は、ＮＩＣＵという治療空間や親のこころだけが要因ではない。育ちにくさという子ども側の要因もある。例えば、早産でより未熟な状態で生まれると、脳性麻痺や慢性呼吸器疾患などの合併症を負うリスクは上昇する。その程度が重い場合は、退院後も在宅での医療的ケアが必要となることがある。また、明らかな合併症がなくとも、身体発育や精神発達に遅れや偏りがあり、学童期になって様々な問題が生じることもある。[8] 近年の研究では、ＮＩＣＵでの治療と環境そのものが赤ちゃんにとってストレスであり、その後の神経学的発達に影響を与えることが明らかになってきた。[9]

周産期医療の現場には、親子の愛着関係の形成に困難をもたらす要因が、相互に絡まり合いながら何重にも存在することがわかってきている。こういった問題に対し、現在の周産期医療は、妊娠期からの母親のメンタルケア、親子の関係形成が促進される治療環境の整備、赤ちゃんのストレスを減らして障がいを防ぎ発達を促す看護技術の徹底、退院後の長期フォローアップ体制の構築など、親と子のこころの問題への支援に取り組んでいる。近年は虐待予防という観点からも、その取り組みが強く求められている。

2　生命倫理の問題

小児科医の仁志田博司は、赤ちゃんに積極的に治療を施すようになった背景の一つとして、医療技術の発展もさることながら、医療の実践を通して、赤ちゃんは能力と可能性を秘めた一人の人間であるという新しい倫理観が誕生したことを挙げている[10]。現在は「胎児も一人の患者である（The Fetus as a Patient）」との考え方のもと、母親の胎内で赤ちゃんの疾患を診断（出生前診断）し、内科的・外科的に治療するという胎児治療も行われている。この新しい倫理観と医療者の情熱に支えられ、医療技術が飛躍的に発展し、多くの母体と胎児・新生児の命が救われた。

しかしその一方で、重篤な疾患を持つ胎児や新生児に、ただ救命のために侵襲度の高い集中治療を行うことが、本当にその赤ちゃんにとって「最善の利益（the best interest）」なのか、という葛藤を医療現場は抱えることになった。一九八〇年代は、予後不良の疾患をもつ赤ちゃんへの治療の中止や差し控えは各施設の判断で行われており、その基準やプロセスは公には議論されることがなかった[11]。施設によっては、例えば「この疾患は短命だから、積極的治療はしない」という風に、疾患名によって赤ちゃんの医療的対応が決定され、命に不可逆な結果をもたらす治療の差し控えや中止でさえもオートマチックに決定されることもあったという。なぜこのような事態にいたったのだろう。当時のＮＩＣＵは救命率の向上と引き換えに、入院児の爆発的増加、慢性的なベッド不足とマンパワー不足に陥っていた。限られた環境で一人でも多くの赤ちゃんを救命するために、重い障がいを残す可能性のある赤ちゃんの治療よりも、後遺症が比較的少なく助かりそうな赤ちゃんの治療を優先したほうがよいのではないかというような考え方が、ことばにされないまま医療者間では暗黙に共有されていたのではないか。当時を知る医療者の中にはそのように指摘する者もいる[12]。

このような事態に対して、重篤な疾患を持って生まれてくる赤ちゃんに対する新しい医療の在り方が模索され始めた。奇しくも一九九〇年代は、臓器移植と脳死を巡る議論も活発化し、従来のパターナリズム的医療への批判、情報化社会による患者側の治療選択肢の増加などの社会情勢の変化によって、医療者主導の医療から、患者の自己決定権を尊重する医療へと、世界的に方向転換が起きた時期でもあった。[13] 二〇〇三年、厚生労働省成育医療委託研究班によって、「重篤な疾患を持つ新生児の家族と医療スタッフの話し合いのガイドライン」が作成された。ガイドラインでは赤ちゃんの「最善の利益」の観点から、赤ちゃんへの医療的対応を決定していくための「話し合い」のプロセスが重要であることが強調されており、周産期医療の在り方の一つを示したといわれている。[14] 現在の周産期医療では、親が方針の決定や、赤ちゃんのケアに積極的に参加できるような治療環境の必要性が広く認識されている。赤ちゃんの「最善の利益」を守る医療の在り方について、あらゆる角度からの実践と、学会のような公の場での議論が行われるようになった。生命予後が極めて悪いと出生前診断された赤ちゃんに対し、赤ちゃんのQOL向上と家族のサポートに焦点を当てた「胎児緩和ケア」の実践も報告されるようになった。[15]

もはや、周産期医療は死亡率といった数値ではなく、後遺症なき生存、母子関係への配慮、子どもの発達の促進といった、医療の質で評価する時代に移ったといえる。[16] とりわけ親と子、親子と医療者、医療者と医療者といった人どうしの「関係」や、人にとって医療とは何か、人にとって命とは何かという「意味」へのアプローチの重要性が増しているということもできるのではないだろうか。「関係」や「意味」は個別的で、常に変化していくものであり、普遍性、客観性、論理性を重視する自然科学としての医学ではとらえきれないものである。それが周産期医療において、チーム医療や、臨床心理士の参入が推進されてきた所以だろう。二〇一〇年に厚生労働省が全国に通達した「周産期医療体制整備指針」に、総合周産期母子医療センターNICUに「臨床心理士等の臨床心理技術者を配置すること」と明記されたことから、臨床心理士を配置する周産期母子医療センターは年々増加している。

3 周産期医療に関わる臨床心理士の専門性

何よりも救命が優先される、疾患名で自動的に医療的対応が決定される。そのことに何の疑問も持たれなかった過去に比べれば、医療は命に対しての多様な価値観、選択肢を認めるようになった。しかしそれは、命をどう思うかについて一人ひとりが考えなければならないということでもある。命をどう思うかが究極的に問われるのは、重篤な疾患を持つ赤ちゃんについて、赤ちゃん本人ではない人が、赤ちゃんの命に関わる医療的対応を選択しなければならないときだろう。

あるケースで、胎児緩和ケアを選択し、真心を込めて我が子を看取ったあとに、「あれでよかったのかどうかは、ずっとわからないと思います」と語った親がいた。多くの関係者で医学的見地からこれ以上はないほどに検討し、倫理的観点から徹底的に議論し、親と何度も話し合い、合意の上で行った医療的対応の結果を「よかったのかどうかわからない」と言われると、関わった医療者は致命的な最後の一撃を食らったような気持ちになるかもしれない。「あんなに考え抜いたのに、まだこれは正解ではなかったのか？」と。そのとき筆者は、この親が「よかったのかどうかわからない」という葛藤をこころに抱えながら、選択した責任を引き受け、この先も生きていく覚悟を語っているのだと思った。

皆藤章は次のように述べている。

すなわち、自然科学が生み出した影の領域への気づきとともに、社会における抑圧の弱化、価値観の多様性が生じ、人間はふたたび、「いかに生きるのか」を主体的に模索するようになったのである。（中略）答えは、規範を求めて外に得られるものではなく、個々が自らの中に見出していかねばならない。それは、社会と自身との相克のなかで相対的に行われなければならないプロセスであり、このプロセスのなかで、我々はみずからの生き方を選択し決定していかねばならない。そこには、厳しい決断の力が必要とされる。多様性とはけっして自由だけを意味するのではなく、ある生き方を選択・決定するという決断をも意味しているのである。[17]

先述のガイドラインには、治療の差し控えや中止が検討される場合の「話し合い」に、参加が望ましいコメディカルスタッフの一人として、臨床心理士があげられている。あくまで臨床心理士は「父母の気持ちに寄り添える立場の人物」として期待されており、医学的判断や倫理的判断を求められているわけではない。しかし、赤ちゃんの命に関わる決定に関与することに変わりはない。臨床心理士はその重い責任を、どう引き受けることができるのだろうか。

一つでも多くの命を救うために、自然科学の知が結集され凄まじいスピードで医療技術が発展した。しかしそこに自然科学の手法では解決できない「関係」の問題が生じ、医療の在り方が批判的に検討され、人にとっての医療や命の「意味」が問い直された。そのような軌跡を周産期医療の発展に読み取ると、その時代の医療や社会の枠組みと格闘しながら、「人や命にとって本当に大切なことは何か」と問い続け、正解のない答えを求め続けた人々の姿が浮かび上がる。そのとき、周産期医療が抱える問題に対して臨床心理士に求められる専門性が、筆者には見えてきたのだった。周産期医療における心理臨床は、個別的な一組の親子に心理療法的に関わることがその基本であるが、赤ちゃんに関わる人々が「関係」のなかで、「人や命にとって大切なことは何か」、すなわち、いのちの「意味」を見出していくプロセスを援助することであると筆者は考える。そして、家族と医療者とともに現代に生きる以上、そのプロセスを臨床心理士も生きていく責任を負うのである。

4 周産期医療現場における心理臨床の実際

周産期の心理臨床について、橋本洋子[18]は、①親と子の関係性が、関係の内側から自然に生起し育まれていくプロセスを支える「器」となる、②家族が新しい意味体系、価値体系を見つけていく過程において、こころの仕事に同行する、③医療の場の中にいて、場における力動的な関係や、何が起きているかを俯瞰でみることのできる臨床心理学的視点を持つ、を周産期の心理臨床の三本柱としてあげている。これは周産期医療に限らず、すべてのフィールドでの心理臨床に通じるエッセンスであろう。まったくこれに尽きると思うが、実践となるとこれほど難しいことはない。具体的に論じるために、筆者なりの周産期医療における心理臨床の実際を述べてみたいと思う。

筆者はＮＩＣＵ専任の常勤臨床心理士として、ＮＩＣＵに入院する全ての赤ちゃんと親に関わっている。面会時間にはＮＩＣＵの中に滞在し、赤ちゃんのベッドサイドで親に声をかける。最初にＮＩＣＵにいる臨床心理士ですと自己紹介をすると、たいていの親は驚く。その場合は「ここはＮＩＣＵだから、お父さんお母さんの心配事も相談しやすいように、臨床心理士もいるんですよ」と添えると、納得してもらえることが多い。臨床心理士と名乗っただけで、ことばにできない胸の内が涙として溢れ出る親もいる。にこやかに応じてくれる親、警戒し構える親、さまざまである。赤ちゃんへの愛おしさが笑顔で語られることもあれば、哀しみと絶望感が〝誰も近寄らないで！〟と無言ながら全身から表現されることもある。筆者はどの語りも、たった今のありのままの親の気持ちとして聴き入る。ベッドサイドでは、親子が親子のペースで関わりを重ね、相互交流的な関係、つまり関係性の世界に没頭できることを祈りながら、親子に何気ないやりとりが生まれる瞬間を待つ。早産や治療のために、働きかけに対してあまり反応がなく眠ったような状態で長い期間を過ごす赤ちゃんもいるので、親子の何気ないやりとりが自然に生まれる瞬間を待つというのは、相当な根気強さが求められる。

ある母親はＮＩＣＵでの体験について「赤ちゃんが生まれてから、頭ではわかっているのに、ちょっとしたことがこんなに不安になるんだって、初めてわかりました。自分がこんな風になるとは思っていませんでした。こういうとき話を聞いてもらえるって、大事ですね」と語った。周産期は親にとって激動の時期であるため、どのような語りであっても筆者ができるだけ変わらぬ態度で聴き入ることが、親にとっての安全装置になるのかもしれない。また、意見したり判断を促したりしない立場の筆者に話すことで、医療チームから寄せられる赤ちゃんについての様々な意見によって、親の世界が「断片化」[19]されることなく守られ、親自身がそれらの意見を考え合わせて判断できるようになるということもあるだろう。

命の危機にある赤ちゃんに適切で愛情深い治療とケアが行われ、親のこころの傷つきが思いやりとことばの包帯でそっと手当されるような、親子にとって現実的にも心理的にも安全な「器」となる環境がＮＩＣＵには必要である。それは筆者だけで作ることはできず、医療者の適切な治療、丁寧なケアによるところが大きい。筆者も医療者と一緒にその「器」をつくるために、アラーム音に身をすくめている親の存在をそっと医療者に知らせたり、医療者が家族に説明する場面に同席して両者のコミュニケーションの整理や橋渡しを行ったり、家族への関わり方を医療者と検討したりと、具体的に行動を起こすこともある。筆者自身が赤ちゃんの疾患と、どのような治療が必要なのかを理解するために、ある程度の医学的知識を身に着けるべく勉強することも大事な仕事である。毎朝の看護師間の申し送り、定例のカンファレンスには必ず参加する。

赤ちゃんの病状で一番の問題点は何か、どういう治療方針なのか。家族がどのように現実を捉えているのか、その現実にどう立ち向かおうとしているのか。医療者は家族と赤ちゃんをどのように捉えているのか、どう関わろうとしているのか。このように、赤ちゃんと家族、医療者を含めた現場で何が起きているのかについて、常に耳を澄ませておくことが、医療者とともに「器」をつくることにつながる。

ある母親から「アラームが鳴っただけでも、親のこころは乱れるのです。何かあったとき、白神さんはいつも後ろからすーっと出てきてくれました。看護師さんを呼びに行ってくれたり、先生からお話があったときは後ろにいてくれました。それで、赤ちゃんの前では、親は落ち着かなければと思えました。本当に寄り添ってもらいました」ということばをもらったことがある。現実的にも心理的にも安全な「器」があってはじめて、親は赤ちゃんとの関係性の世界に没頭することができるのだと思う。

5 事例

まだ出会ったばかりの赤ちゃん、ときには母親のお腹にいるときから告げられる赤ちゃんの疾患。医療者に任せざるをえないNICUでの赤ちゃんのケア。浴びるように聞く赤ちゃんについての医学的な説明。NICUで出会う親は、自分のこころが感じるまま、あるがままでいるというわけにはいかず、医療的な枠組みの中で考え、選択しなければならないことの連続である。周産期医療の現場では、親が赤ちゃんとの関係性の世界に没頭することが難しい状況にあることは、想像に難くないだろう。これから紹介する事例は、そのような過酷な現実にあっても、赤ちゃんとの関係性の世界に開かれ、いのちの意味を考え抜き、その選択と責任を引き受けて生きた家族と、その赤ちゃんAちゃんの物語である。なお、プライバシー保護のため、事例は本質を損なわない程度に改変を加えている。

在胎二二週を過ぎたある日、母親のお腹の中のAちゃんは染色体に異常があることがわかった。
その染色体の異常は数千分の一の確率で、どの胎児にも起こりうるとされている。生まれる前に九〇パーセントが胎内で亡くなり、生まれることができても、一年以内にその九〇パーセントが亡くなるとされる重篤な疾患であった（生存率については様々なデータがあるが、両親はそのように説明を受けた）。その生命予後の厳しさゆえに、その疾患を持つ児に対しては、侵襲を伴うような積極的な治療は控えられてきた。しかし近年は、重症度に応じた治療を行うことによって、生命予後が改善するとの報告もあり、この疾患を持つ赤ちゃんへの医療的対応は、親と医療者が話し合うことが必要となる。Aちゃんは染色体の異常によって、他のいくつかの疾患を合併している病気であった。

Aちゃんの両親と産科医師は話し合いを重ねた。両親はAちゃんが生まれることができたら、侵襲度の高い集中治療は行わず、できるだけAちゃんの生命力に委ねて経過を見守るという医療的対応、いわゆる胎児緩和ケアを選択した。

筆者がAちゃんの両親に初めて会ったのは、小児科医師のプレネイタル・カウンセリングに同席したときであった。ここでいうプレネイタル・カウンセリングとは、赤ちゃんの治療を担当する小児科医師が両親と出生前に面談の機会を持ち、疾患の特徴や治療についての説明を行い、出生後の医療的対応を決定していくための家族との話し合いのことである。赤ちゃんはＮＩＣＵに入院する可能性があるので、筆者はＮＩＣＵ専任の臨床心理士としてプレネイタル・カウンセリングに同席している。

小児科医師は最初に、何か聞きたいことはないかと両親に尋ねた。すると父親は、

「生まれる前に亡くなったら、死産ってことになりますよね。例えば、生まれてから亡くなってしまったら、どういう流れになるのでしょうか。一日の流れとか、手続きとか」と質問した。

「緩和ケアって決めた時から、私はこの子は死産になるか、二四時間生きられないって思ってきたので」と母親が続けて言った。

第一声で「死」という言葉が話し合いに持ち込まれ、場は一気に緊張した。両親から伝わってきたのは、

深い哀しみと運命への怒りにじっと耐え、親としてAちゃんにしてあげられることを必死で考えてきた、そんな気迫だった。

筆者の「これまで、赤ちゃんの病気のことをどんなふうに聞いてこられたのですか」という質問に、両親は「生まれる前に九〇パーセントが胎内で亡くなり、たとえ生まれることができても、一年以内にその九〇パーセントが亡くなると言われている病気」と、産科医師が行っていた説明通りに答えた。

小児科医師は、「この疾患の子にも色々な子がいます」と話し始めた。

……出生後に呼吸状態が悪ければ、気管内挿管はしなくても、酸素マスクで呼吸を助けてあげることができる。赤ちゃんの呼吸状態が落ち着いていれば、カンガルーケアをしてもいい。お母さんの病室で、赤ちゃんと一緒に過ごすことができる。赤ちゃんがお腹を空かせているようだったら、おっぱいを吸う力がなくても、点滴で水分や糖分を補給したり、胃まで届く細いチューブを口や鼻から入れて、母乳を胃に届けたりすることができる。また、仮に死産となったとしても、赤ちゃんをお風呂に入れてあげたり、手形足形を取ったり、服を着せてあげたり、母乳を含ませた綿棒で口元を潤してあげたりすることもできる。過去には命名式をした家族もいた……。

赤ちゃんと家族が触れ合う場面が目に浮かぶような、医師の語りだった。何人もの親子をそうやって間近で見てきた医療者だからできる「胎児緩和ケア」の説明であった。場の緊張がゆるんでいく。

母親は「生まれた時がお通夜って思ってきたから……。九〇パーセントの子が亡くなるんですよね？　だから残りの一〇パーセントのことは考えたことがなかったんです。まさかその一〇パーセントに自分が入るとは考えたこともなくて……」と、目を丸くして、驚いていた。

両親は、インターネットで病気に関する情報を集めてきたが、「亡くなった後どうするのだろうという目でしか見てこなかった」とのこと。「こんな前向きな話を聞くのは初めてです」。母親は興奮した様子で、何度も「そっかあ、そっかあ……」とつぶやいていた。凍りついてしまっていた両親の時間が、ゆっくりと融解して動き出したように感じられた。

後日、筆者は両親に外来で声をかけた。プレネイタル・カウンセリングの後、Aちゃんのために肌着を買ったとのこと。しかし、他にしてあげられることが思いつかず、ましてや亡くなった場合に備えた「してあげられること」の準備は気が進まない、と語った。赤ちゃんが生まれてくる準備と、亡くなったときの準備を同時に進めていくのだ。両親はどんなにかこころが引き裂かれているだろう。小児科医師の話について「初めて前向きな話を聞けて、よかった」と繰り返すと母親に対して、父親はAちゃんが亡くなる可能性について「産科の先生は、必要なことを言ってくれていたと思います。それはそれで事実なので」と、バランスをとるように話した。

Aちゃんは予定日よりも少し早く生まれた。弱いながらも産声をあげたそうだ。呼吸状態も安定しており、母親の病室で一緒に過ごせることになった。出生の翌日（日齢一）、筆者は母親の病室を訪ねた。

母親は真っ白なタオルにくるまれたAちゃんを抱っこしていた。Aちゃんが小さな声で泣くと、わからないぐらいそっと揺らしてあやした。壊れそうな宝物を大事に抱えているようだった。

「生まれました。思ったより早くてびっくりしました」。

「準備もしてなかったんです、結局ね」。肌着以外の準備をする気持ちになれないまま、分娩の三日前に助産師から説明を受け、二日前に慌てて分娩に必要なものなどを買いに行き、準備が整ったところで、昨日Aちゃんが生まれたとのこと。不思議なことに、家族全員が揃っているときを知っているかのように陣痛が始まり、家族全員が病院で待つなかでAちゃんは生まれたらしい。

「似ているんです。きょうだいにそっくり。染色体にあれがあるって言われていたから、そういう感じの子が生まれるのかなって思っていました。でも、全然。夫は『DNAからは逃れられないんだな』って言っていました」。

筆者がこのことばに感動して「お父さんとお母さんのDNAは、染色体を超えるんだ！」と言うと、母親は「そうそう」と笑う。

「今は一分一秒が大事です。本当に。口元をおっぱいで濡らしてあげたら、ちょっとなめてくれたり。普通のことがこんなに感動するとは思ってなかったです」。

日齢三。母親の病室を訪ねたとき、Aちゃんはそこにはいなかった。母親は疲れ、哀しそうな表情で座っていた。「昨日家族が来てくれたときね、私、暗かったんです。いけないなあ。今でもAちゃんは十分頑張ってくれてるんだけど、命の短さを思うと、やっぱり涙が出てくる……」と涙をこぼした。

前夜、Aちゃんが頻回に無呼吸発作を起こし、SpO2（経皮的動脈血酸素飽和度）の低下を知らせるアラームが何度も鳴った。そのたびに母親はナースコールを押して、助けを求めた。するとスタッフに、母親にも休息が必要だからAちゃんは預かります、と言われ、Aちゃんは連れていかれてしまったらしい。「でも、気になって気になって、全然眠れなかった……」。

「昨日の件で、学んだんです。自分の力の限界を感じたというか。（SpO2の）数値が下がったら、プロの人に見てもらうしかなくって。ずっとAちゃんと一緒にいたいけど。そっかあ、私の気持ちを割り切らなきゃいけないなって、思ったんです」。

そう言って母親は涙を拭った。その代わり、退院後は毎日面会に来ると言う。母親の産後の体調を心配する筆者に対して、「短い命と思うからこそ、私も全力で走り抜いたほうがいいと思うんです。そのほうが私も後悔しないと思う」と言い切った。

母親の退院前に、筆者も同席し、Aちゃんの今後の医療的対応について、改めて両親と小児科医師が話し合った。Aちゃんの全身状態はなんとかバランスを保てているが、いつ悪化して亡くなるかわからない状態であることに変わりはない。実際その日の朝、Aちゃんは無呼吸発作で、全身が真っ黒になるほどのチアノーゼを起こしていた。心臓や呼吸の治療をどこまで行うか、そして、もしも心臓が止まった場合、心臓マッサージなどの蘇生処置をどこまで行うかを、話し合わなければならなかった。

重い空気の中、父親が口を開く。

「最初にAちゃんの病気を聞いたときからずっと、病気が治るわけではないんだから、緩和ケアにするって決めてきました。でも生まれたら、妻の考えもちょっと変わってきてるところはあると思うんですよね」と母親のほうを見る。

「うん、確かに。この数日間だけでも、Aちゃんすごく前に進んだなって感じがするんです。そういうのを見てると、Aちゃんの生命力を信じたくなってきたっていうところがあります。そこが変わってきてると思うんですよね」。母親は「Aちゃんの生命力をサポートするような治療」はしてあげたいが、「ここのほころびを直して、今度はあっちを直してって、ほころびを直し続けるような、前に進めないような、そういう治療」は望まないと言った。

「でもね、先生。Aちゃんにとってどうするのが一番いいかって言っても、決めるのは親じゃないですか。どうしても親の意見が入り込んじゃう。本当にAちゃんにとっていいかどうかってわからないじゃないですか」。

医師の横で筆者は、答えを求められてもいないのに言葉に詰まっていた。

「治らない病気であれば、結局することは全部、緩和ケアだと僕は思っているんです」と父親は話した。両親はAちゃんに手術を伴うような侵襲的な治療や、蘇生処置はしないと決断した。

母親の退院後、AちゃんはNICUに入院した。口から母乳やミルクを飲むと、呼吸に負担をかけたり、誤嚥性肺炎を起こす可能性があったので、Aちゃんは細いチューブを口から胃に入れて、そこから母親が搾乳してくれた母乳を注入してもらっていた。したがってAちゃんが退院するためには、チューブを使って母乳を注入する方法、在宅医療用の酸素ボンベの使い方、呼吸が苦しくなった時の痰の吸引や人工呼吸の方法、などたくさんの医療的な手技を、両親に習得してもらう必要があった。

母親は宣言通り、毎日面会に来た。スタッフは両親への医療的な手技の指導や、Aちゃんの退院後に在宅医療をサポートしてくれる地域関係者との会議の開催など、急ピッチで退院準備を進めた。Aちゃんの限りある時間を大事にするためである。

NICU入院翌日にはさっそく、看護師がAちゃんの口からチューブを挿入するのを、母親に見学してもらう機会が設けられた。口からチューブが入るとAちゃんはむせて泣き、呼吸が乱れて顔色が一気に青ざめた。看護師は慣れた様子でAちゃんをあやし、Aちゃんは泣き止み徐々に顔色がよくなった。それを黙って見ていた母親の表情は、緊張でこわばっていた。しかし、気持ちを切り替えるようにきゅっと笑顔を作り、「Aちゃん、頑張ったねえ」とAちゃんに声をかけた。

筆者は当初、退院に向けて医療が進むスピードの速さに、母親の気持ちがついていけるだろうかと心配していた。医療の仕組みにのって医療的対応がテキパキと決められていくときは、そのようには気持ちを割り切れない家族と、よりよい医療を提供したいという医療者の間で、気持ちのすれ違いが起きることも少なくない。

しかしAちゃんの母親は「私、やる気に満ち溢れているでしょう？　Aちゃんが家に帰れるように頑張らないと！」と猛然と医療的な手技の練習に取り組んだ。母親に不安や葛藤がないはずはない。それでもAちゃんとの尊い一分一秒を感じながら、全力で走り抜こうとしているのだ。母親が必死で頑張っているのだから、「大丈夫ですか」などと筆者の心配を押し付けるようなことばは絶対にかけない、とこころに決めた。筆者は母親がAちゃんの退院準備を進めていく様子を見守ることに徹した。

生後二週ごろ、Aちゃんは医師の付き添いのもと、自宅へ数時間だけ帰ることができた。生後三週ごろになると、家族は必要な医療的手技をほとんど習得し、Aちゃんと家族だけでNICUを出て院内を散歩できるようになった。

口唇口蓋裂とは、上唇と上顎に裂け目ができてしまう、先天性の疾患である。Aちゃんも口唇口蓋裂をもっており、鼻の下から上唇にかけて割れ目があった。NICUの外でAちゃんと家族が面会していたある日、きょうだいはじっとAちゃんの顔を見つめていた。筆者は、きょうだいがAちゃんの疾患とこの状況を、どのように受け止めているのかと思いめぐらせながら、きょうだいを見守っていた。しばらくしてきょうだいは、ぱっと母親を見上げた。そして自分の上唇を指さして、

「なんで私のは割れてないの?」

と聞いたのだ。これに筆者は驚いてしまった。筆者はまったく無意識に「なんでAちゃんのお口は割れているの?」ということばが来ると予想していたのだ。

もし「なんでAちゃんのお口は割れているの?」と聞かれたら「Aちゃんのからだを作る設計図みたいなのが少しみんなと違っていてね……」など理由を科学的に説明することは可能だろう。それは医学的な視点から捉えた特徴をもって、疾患名というラベルづけを行い、疾患でないことと区別をするという行為の上に成り立っている。しかし、「なんで私のお口は割れていないの?」というきょうだいの問いに、科学的に答えることはできない。なぜなら、疾患で「ない」ことを科学的に説明することはできないからである。したがってこの問いへの答えは、他ならぬきょうだいが自分で見つけるしかない。病気の人を前に「なぜあの人

が病気なのだろう」ではなくて、「なぜあの人が病気で、私は病気でないのだろう」と思うとき、私と「あの人」の間には何らかの関係が生まれているのであり、そのなかから自分なりの意味を見つけ出すしかないのである。

Aちゃんとの関係性のなかで、その年齢の子どもらしい感性で「私」を見つめているきょうだいの在りように、筆者は深く感銘を受けた。同時に、筆者はAちゃんのいのちを前にしながら、「私」を見つめる姿勢が徹底していなかった自分を深く恥じた。

生後三週を過ぎた頃から、Aちゃんは呼吸状態が安定しない日が徐々に増え、退院どころかNICUを出て院内を散歩することも難しくなった。Aちゃんの呼吸状態が急激に悪化し、連絡を受けた両親が飛んでくることも一度や二度ではなかった。あるときは、一時間近くも自発呼吸が弱くなり、心拍も低下し、これ以上の救命処置が困難という状況になった。処置をやめ、看取るために母親がAちゃんをその腕に抱っこすると、Aちゃんが呼吸を始め、回復するという出来事もあった。

外科的治療によって、Aちゃんの状態を少しでも改善することはできないかと、両親と医療者は再度話し合った。しかしこの病状での手術は、却ってAちゃんを命の危険にさらす可能性が高く、両親も医療者もそれを選択することはできなかった。筆者も参加してスタッフ・カンファレンスで話し合い、Aちゃんの病状からは残された時間は限られていることを互いに確認した。看護師は人員体制やフロア状況という問題に対して最大の工夫をし、面会時間の延長や特例のきょうだい面会など、なるべくAちゃんと家族が一緒に過ごす時間を多く持てるように環境を整えた。NICUスタッフはどこまでも温かかった。

日齢三六。Aちゃんは状態が悪く、その日も朝から家族が病院に詰めていた。母親に抱かれたAちゃんは、眉間にしわを寄せ、じっと目を閉じて、全身でハアハアと息をしていた。「Aちゃんは生まれた時から、ずーっと頑張ってくれました。だから、これ以上はもう……。しんどい思いをさせたくない」。母親は泣き腫らした目でつぶやいた。筆者もAちゃんの姿を見て、Aちゃんの命がもうすぐ尽きようとしているという現実を認めざるを得なかった。

筆者にできることは何もなかった。医師のように治療することも、看護師のようにケアすることも、触れて撫でてあげることすらできない。たまらず「Aちゃん、Aちゃん！」と知らないうちに叫んでいた。叫ぶといっても、実際はたぶん小さな声だったと思う。だが、筆者には自分の声がどこから出ているのかわからないほど、身体の底で自分の声が響いた気がした。

すると、Aちゃんが固く閉じていた目をすうっと開けて、筆者をじっと見つめたのだ。

「白神さんが呼んだら、Aちゃんが目を開けた！」。母親が、ぱっと笑顔になった。筆者は何が起きたかわからず一瞬呆然としたが、母親のことばで、Aちゃんが筆者に応えてくれたのだとわかった。「ああ、Aちゃん」と口からことばが漏れると同時に、筆者の目からはわっと涙があふれた。母親が驚いて「なんで白神さんが泣くの？　白神さんが泣いちゃった〜」と泣き笑いで言った。「だって、Aちゃんが目を開けてくれたから……」と筆者も泣き笑いで言った。母親はAちゃんを見つめ、「目を開けると、Aちゃんは笑っているように見えるんですよね」と言った。ふくふくの頬と、目尻がかわいらしくきゅっとカーブしているところが、Aちゃんのチャームポイントだった。本当に、Aちゃんは微笑んでいるように見えた。

その後Aちゃんは再び回復し、退院を目指して、医療的な手技の練習が再開されることになった。看取りも覚悟した命の危機があった後だけに、両親には退院に向かう不安も大きかったと思うが、再び猛然と手技の練習に取り組んだ。父親は「一時はもう……だったんですけどね。びっくりしています。本当にびっくりしています」と、苦笑いした。Aちゃんの理屈抜きの生命力に、両親も、スタッフも、皆がこころを動かされていた。不安や喪失を予感する哀しみ以上に、Aちゃんの生きる時間を、少しでも豊かで意味あるものにしたいという気持ちのほうが、ずっと勝っていたのではないだろうか。

「Aちゃんにはずっと中の下ぐらいで、無理せずにいってほしい」。家族がAちゃんをこころから愛おしんでいることがひしひしと伝わってきた。一瞬が刹那にも永遠にも感じられた。Aちゃんを病院の中庭まで散歩に連れて行った際、母親は「Aちゃん、外の風よ。緑や土のにおいもするね」と語りかけたそうだ。〝この世界はこんなにも美しいのよ〟と子どもに教えるのが母というものなのだ、と筆者は深い感動とともに知った。

Aちゃんの状態はまたゆっくりと悪化し、心拍の低下を伴う無呼吸発作を起こす頻度が増えた。深く眠り込むと、呼吸を止めてしまうのだ。また、胃に母乳がたまると肺が圧迫されて、呼吸が苦しくなるので、Aちゃんが満足するまでは母乳を注入してあげられないことも増えてきた。「Aちゃんは寝るのも命がけ、お腹を満たすのも命がけです。本当に普通のことの、健康のありがたさを、Aちゃんは教えてくれます」と母親は何度も言った。

日齢六六。Aちゃんの状態は非常に悪くなり、連絡を受けた家族が早朝から病院に駆けつけていた。家族は代わるがわるAちゃんを抱っこし、「ありがとう。よく頑張ったね。本当にありがとうね」と声をかけた。絶食していたAちゃんのために、看護師が大きい綿棒に母乳を含ませて、持ってきてくれた。母親が母乳の綿棒をAちゃんの口に運ぶと、Aちゃんは勢いよく吸い付いた。その場にいた全員が驚いて、「Aちゃんすごい！」と思わず笑顔になった。「お腹が空いていたんだね。今日はいっぱい、ちゅっちゅしていいんだよ。おいしいね、おいしいね」。呼吸だって苦しいはずであるが、Aちゃんは母親の顔をじっと見つめながら、母乳の綿棒を何本も、何本も、吸い続けた。Aちゃんを抱っこした母親と、筆者も含めスタッフが一つの輪になって座り、妊娠期から今までの経過を一緒に振り返り、Aちゃんのかわいらしさ、力強さ、かけがえのなさを口々にことばにした。母親は、Aちゃんの疾患がわかったときのショックと混乱の中、プレネイタル・カウンセリングを通して、出産までの妊娠期をなんとか過ごすことができたと話した。「あれがなかったら、本当に私、やっていけなかったです」。

筆者はAちゃんに「また明日会おうね」と小さく声をかけて、NICUを後にした。明日はもうAちゃんに会えないだろうことは十分わかっていた。けれど、たった今も目の前で、ただ懸命に生きようとしているAちゃんにかけるふさわしい言葉が他には思いつかなかった。空に虹が出ていたその日、Aちゃんは亡くなった。

6 事例を通して

Aちゃんに起きた染色体の異常は、数千分の一の確率で誰にでも起こりうる疾患といわれている。つまり、Aちゃんがこの疾患を持つ特別な理由はない。そして両親は現代の社会や医療の枠組みでの医療的対応のなかから選択肢を与えられ、選択を迫られた。このできごとを運命というのであれば、運命は一方的で暴力的としか言いようがないだろう。しかし、事例を通して知るように、このように人が全く無力といえるような局面においても、家族はAちゃんとの関係性を通してたくさんの「本当に大切なこと」を見出している。そのとき、できごとは、運命に一方的に傷つけられ、根こそぎ奪われるだけの体験ではなくなるのではないだろうか。

クラインマン（Kleinman,A.）は、皆藤章との対談で次のように語っている。

不幸が起きたときのわたしたち（臨床心理士を含めた医療者という意味の「わたしたち」）の「応答」こそが、非人間的世界つまり生物学的で機械的で無作為に割り当てられたできごとの世界を「人間化」するのです。人間性や人間らしさは機械的な世界に「応答」することを求めるのです。[20]

医療やＮＩＣＵや医療スタッフという「器」に守られたとき、家族とAちゃんの関係性が自然に育まれ、その関係性を通して家族はいのちの「意味」を考えるプロセスをたどっていった。そのような人の自然な営みが、人間性や人間らしさなのだと思う。

1　意味づける

出生前診断によって、分娩前に赤ちゃんの状態に適した治療体制をあらかじめ整え、出生後に速やかに赤ちゃんの治療を開始することができる。そのような場合は、出生前診断は赤ちゃんにとって「最善の利益」をもたらす医療という枠になんとか収めることもできるだろう。しかしそれが、治癒しない疾患である場合は、それが赤ちゃんにとっても、親にとっても、「最善の利益」をもたらす医療であるとは即座には思えない人がほとんどではないだろうか。

お腹の赤ちゃんに治癒しない疾患が告げられたとき、親と赤ちゃんの間で自然に流れていた時間は一瞬で凍りつく。過去に戻ることも、未来を想像することもできず、真っ暗な谷間の底に突き落とされ、時間の経過もわからなくなる……。親はそんな体験をしているのではないかと思う。このようなときの出生前診断の意味とは、いったい何なのだろうか。生まれたら亡くなってしまう赤ちゃんを胎内に宿し、「生まれたらお別れになる。ずっとお腹に入れておきたい」と言いながら、「早く生まれて欲しい。この時間をもう終わらせたい」という引き裂かれた思いを吐露した妊婦。「今の医療はすごいわね。生まれる前からなんでもわかるのね。……なんて酷なことを！」と、口元を引きつらせながら言った妊婦の母。一人ひとりが、その答えを見つけようとしている。

Aちゃんの両親が苦しんだ末に出した、出生前診断の意味への答えは、Aちゃんが亡くなった後の準備を生まれる前からきちんと整えることだった。当初、両親の「胎児緩和ケア」のイメージは、死というその一点に強く印象付けられていたのだろう。もちろん、医療者はAちゃんの生存の可能性についても説明したはずである。しかし、医療現場での話し合いは、例え数パーセントのリスクであっても、リスクに備えた話し合いに割かれる時間が圧倒的に多い。Aちゃんがどのような状態で生まれてくるかを正確には予測できない状況で、低い生存率という科学的データは、科学的であるはずなのに、数値以上の否定的な意味とインパクトを与えただろう。医療者も両親も、厳しい結果に備えなければというこころの防衛も相まって、Aちゃんが胎内や出生直後に亡くなることを想定した話し合いが重ねられた。そうして「亡くなるAちゃん」のイメージだけが、両親の中に膨らんでいったとしても、不思議ではない。Aちゃんが生きる可能性も秘めていることを、両親のこころに届くようには誰も伝えてあげられなかった。

対して、プレネイタル・カウンセリングで小児科医師が伝えた「胎児緩和ケア」は、医療的対応だけではなく、赤ちゃんと親が触れ合い、親子によって織りなされる時間のプロセスであった。それは、「亡くなるAちゃん」ではなく、「生きて、その先に亡くなるAちゃん」という生きる時間軸を持つAちゃんのイメージを両親のこころに蘇らせた。もちろんそれは、親のこころに、それを蘇らせるだけの準備と力が整っていたからであろう。小児科医師の同じ話が、凍りついた親のこころには届かないケースも多くある。しかし、小児科医師の話を聞いていなければ、出産まで気持ちがもたなかったと後に母親が語っているように、生きる時間軸を持つAちゃんのイメージが持てたことで、母親は真っ暗な谷間の底にいながらも、Aちゃんとの関係を育む時間の流れを再び感じながら、妊娠期を過ごすことができたのではないだろうか。

Aちゃんが生まれ、抱っこをしたらAちゃんが泣き止む。授乳をしたらAちゃんが口元の母乳をなめる。親と子の相互のやりとりで織りなされる時間の積み重ねが、Aちゃんと家族の関係性を育んだ。その関係性のなかで、両親はAちゃんにとっての「疾患」や「緩和ケア」の意味を模索した。

「DNAからは逃れられない」ということばに筆者が感動したのは、染色体の異常という「疾患」に分類されて無名性を帯びていたAちゃんが、逃れようもなく繋がりをもつ唯一無二の「我が子」として、やっと両親の腕のなかに戻ることができたと感じたからであった。そのとき、染色体の異常という「疾患」はただの疾患名になり、Aちゃんの存在や人生のすべてを規定するものではなくなっただろう。家族はやっとAちゃんその人に出会い、未来を思い描く自由を取り戻せたのである。

「治らない病気であれば、結局することは全部、緩和ケア」との父親のことばは、いつか死ぬということを知っているという意味では病んでいる私たちが今を懸命に生きるということと、染色体の異常という疾患を持っているAちゃんが今を懸命に生きるということは、本質的に同じ「いのち」を生きるということなのかもしれない、という視座を筆者に教えてくれた。家族にとっての「緩和ケア」は決して看取りに向かう医療ではなく、「生命力をサポートするような治療」[21]、つまり生きる時間軸をもつAちゃんがAちゃん自身の力で生きることを応援する医療なのである。

母親は、自分たちの選択が「本当にAちゃんにとっていいかどうかってわからないじゃないですか」と問いかけている。これは、Aちゃんのいのちの「意味」を考え抜き、命に係わる決定を行う責任を、他の誰でもない「私」がどう引き受けて生きていくかという問いでもある。橋本洋子[22]は家族が赤ちゃんの命に関わる決定を行う場面での臨床心理士の役目は、科学的思考が主である医療現場において、家族の「割り切れなさ」にしっかりと沈み込」み、家族が「葛藤を生きる」方向で支えることであると述べている。それは家族に限った話ではなく、その場に立ち会った筆者にも「葛藤を生きる」ことが求められるのだ。

2 関係性の世界に開かれる

なぜ私たちでなくあなたが？
あなたは代わって下さったのだ[23]

ハンセン病患者のこころのケアに生涯を捧げた神谷美恵子の詩の一節である。初めて読んだとき、おそらく関係性に開かれた世界での体験について語っているのだろう、とあたまでは理解できた。しかし長年の間、この一節について筆者はあたま・からだのまるごとで理解することができないでいた。きょうだいのことばをきっかけに、筆者自身もAちゃんのいのちを通して「私」とは何かを問うようになったとき、やはり最終的には「なぜ私でなくAちゃんが？」という疑問に行きついた。しかし筆者の胸の内にある、死への恐怖、助けてあげられない無力感。自分が病気でなかったことの罪悪感、後ろめたさ、そして自分は生きているというひそかな安堵。過酷な治療を受ける我が子を前にして、「代わってあげたい」と涙する母親たちのこころの痛みは、いかほどのものであろうか。筆者は本当にわかっているといえるだろうか。こころから「Aちゃんが代わってくれた」とは到底言えそうにもなく、筆者は心理臨床を続ける自信を無くしかけていた。

しかしAちゃんが命の危機にありながら筆者の呼びかけに応えてくれた（と筆者が捉えた）とき、筆者はこの小さな赤ちゃんに、そのような自分の存在をまるごと「赦してもらった」と感じた。「私」がこころの底から本気で「あなた」の名前を叫んだら、「あなた」がまなざしをくれた。たったそれだけのことが、こんなにも広く深く「私」を受容される体験であるということを、筆者は初めて知った。そのとき、筆者にとってAちゃんは真にかけがえのない存在になった。これは筆者の全く個人的な体験である。しかし、関係性に開かれた世界での「出会い」の体験とは、こういう瞬間に隠れているのかもしれないとも思う。

ＮＩＣＵでは、赤ちゃんが家族にまなざしをくれる場面に居合わせることがよくある。赤ちゃんに見つめられると、こころのさざ波がすっと静かになったように、親は自分のこころの内と対話を始める。重い障がいをもつ子を胸に抱き、「や、そんな目で見つめられたら……。修道女さんに会った時のことを思い出します。こういう目をしていましたね」と語りだした母親。生命予後が悪いと言われて生まれた赤ちゃんに「亡くなるってわかっている子を親のエゴで産んだのだから、無事に生まれてよかったとかそういう感慨は一切ない」と言いきりながら、赤ちゃんと目が合うと険しい表情のまま黙ってその頬に触れた父親。重度の脳障害でずっと眠ったままの赤ちゃんの瞼を開いたとき、一点を凝視し動かない瞳に「あ」と小さく声を漏らして静かに涙をこぼした母親。その瞬間、親はどうしようもなく赤ちゃんとの関係性の世界に投げ込まれ、赤ちゃんのまなざしを通して自分のこころの内を見つめていたのだろう。

7 おわりに

筆者なりの周産期医療現場における心理臨床の実践を述べた。事例を読まれた方は、筆者が家族に対していわゆるカウンセリングらしいことを何もしていないことに気がつかれたと思う。何もしていないのに一体どこが親子や医療に役立っているのかと疑問に思われる方もいるかもしれないし、当の筆者がそういう思考に陥ってたびたび落ち込む。しかし、いのちの誕生において人と人が出会い、関係性を育むということは、決して外側から操作できることではないのだ。筆者にできることは、人間性や人間らしさが発露することを信じて「器」の一部となり、親が赤ちゃんとの関係性の世界に開かれるのを待ち、そこでの体験を通していのちの「意味」を見出そうとする自然のプロセス——変容——をそばで見守ることである。そのとき筆者もまた赤ちゃんとの関係性に開かれ、いのちの「意味」を考え抜くプロセスを生きる責任を負うことを忘れないでいたいと思う。

[文　献]

(1) 仁志田博司『我が国の近代新生児医療発展の軌跡——その来し方、そして未来へ』メディカ出版、二〇一五
(2) 厚生労働省　第一回周産期医療体制のあり方に関する検討会資料
(3) 厚生労働省　人口動態調査
(4) 前掲書(2)
(5) 前掲書(1)
(6) 前掲書(2)
(7) Stern, D. N., Stern, N. B., Freeland, A. (1998) *The Birth of a Mother: How the Motherhood Experience Changes You Forever.* New York: Basic Books.(北村婦美訳『母親になるということ——新しい「私」の誕生』創元社、二〇一二)
(8) 三科潤「超低出生体重児の長期予後」日本産科婦人科学会雑誌、58(9)、一二七～一三一頁、二〇〇六
(9) 日本ディベロップメンタルケア(DC)研究会『標準ディベロップメンタルケア』メディカ出版、二〇一四
(10) 前掲書(1)
(11) 櫻井浩子「障害新生児の治療をめぐる『クラス分け』ガイドライン——その変遷と課題」立命館大学大学院先端総合学術研究科紀要 Core Ethics、4、一〇五～一一七頁、二〇〇八
(12) 玉井真理子、永水裕子、横野恵ら「第2章「子どもの最善の利益」を求めて」〔田村正徳、玉井真理子編著〕『新生児医療現場の生命倫理——「話し合いのガイドライン」をめぐって』メディカ出版、二〇〇五
(13) 渡辺とよ子「染色体異常を持つ子どもと周産期生命倫理」〔窪田昭男、齋藤滋、和田和子編著〕『周産期医療と生命倫理入門』メディカ出版、二〇一四
(14) 前掲書(13)
(15) 和田浩、船戸正久「胎児緩和ケア」産婦人科治療、101(5)、五四四～五四八頁、二〇一〇
(16) 前掲書(12)
(17) 皆藤章『生きる心理療法と教育——臨床教育学の視座から』誠信書房、一九九八
(18) 橋本洋子「周産期の心理臨床」臨床心理学、6(6)、金剛出版、二〇〇六

（19）前掲書（7）
（20）Kleinman, A.（2007）*What Really Matters: Living a Moral Life Amidst Uncertainty and Danger.* New York: Oxford University Press.（皆藤章監訳、高橋洋訳『八つの人生の物語――不確かで危険に満ちた時代を道徳的に生きるということ』誠信書房、二〇一一）
（21）河合隼雄、村上春樹『村上春樹、河合隼雄に会いにいく』新潮文庫、一九九六
（22）橋本洋子『ＮＩＣＵとこころのケア――家族のこころによりそって』メディカ出版、二〇〇〇
（23）神谷美恵子『人間をみつめて』みすず書房、一三三頁、一九八〇

［謝辞］事例の掲載をご承諾くださったＡちゃんのご家族、論文をご高閲いただいた大阪大学大学院医学系研究科小児科学荒堀仁美先生にこころより御礼申し上げます。

第4章　心的外傷における沈黙
――「平等に漂う注意」についての文化論的考察

西 見奈子

1 はじめに

本書のテーマは「いのち」である。また、その「いのち」とは、「狭義の心身二元論を超えて、ひとが『生きる』存在の在りようそれ自体を意味することば」なのだと言う。アーサー・クラインマン、江口重幸とともに皆藤章が著した『ケアすることの意味――病む人とともに在ることの心理学と医療人類学』[1]には、生きるという言葉が幾度も登場する。私たちが心理臨床の現場で出会う患者は、どのような形であれ、生きることの困難を抱えている人たちである。彼らは、「この世に生きて在ることを実感する」[1]ことを求めて私たちの元を訪れる。本稿では、心的外傷という視点からこのテーマについて考えてみたいと思う。

2 精神分析における心的外傷――心的外傷における沈黙

私が心的外傷の研究に着手したのは、今から二〇年近く前のことで、ちょうどハーマン（Harman, J.）の『心的外傷と回復』[2]が翻訳出版された時であった。阪神淡路大震災がその数年前に起き、世間一般的にも心的外傷という言葉が知られ、その臨床や研究が注目され始めていた時期だったと思う。当時、私はある民間団体のシェルターで、夫のＤＶから逃げてきた女性たちの世話をするボランティアに関わっていた。そこで見た彼女たちの姿が直接的な研究のきっかけであった。必死で逃げ出してきた彼女たちの中には、また再び夫の元へと戻っていく女性たちが少なからずいたのである。当時の私には衝撃的なことであった。あんなに苦労して逃げ出したというのに彼女たちはなぜ夫の元に戻るのだろう。現実的な事情ではなく、彼女たちの気持ちが知りたかった。なぜ彼女たちは不幸な場へとわざわざ自分を連れていってしまうのか。それが研究の始まりであり、その研究をきっかけにＤＶを中心とした心的外傷の専門外来を持つ病院で勤務することとなった。そしてそこでの経験が、私に心的外傷の実際について多くのことを教えてくれた。

当時のことで、今でも後悔とともに思い出す出来事がある。家族からの深刻な性的被害からようやく救い出されたある少女は、私との心理面接の中で、話したくないと言い、絵を描いたり、ゲームをしたりすることを好んだ。私は彼女の意向を表向きは受け入れながらもその「遊び」に乗り切れずに過ごしていた。そしてある時、彼女があるゲームを用意してほしいと求めた時に、私は話をすべきだと思うことを彼女に伝えた。その瞬間、彼女は、裏切ったと冷たく言い放ち、私が何を言っても無視をし続けた。そして次の回には来なかった。今から振り返ると、やりたくないことを無理強いするというあり方そのものが彼女の外傷体験の再演であり、私のやりたいこと（話すこと）をすれば、私が加害者で、彼女は被害者となり、彼女のやりたいこと（「遊ぶ」こと）をすれば、彼女が加害者で、私が被害者になるといった展開が起きていたのだと思う。心的外傷を抱える患者との間では、必ずと言ってよいほどそのような外傷体験の再演が起きる。

しかし、この出来事が示しているのは再演の問題だけではない。それは心的外傷における語ることの難しさである。心的外傷の研究においては、語ることがPTSD症状の緩和を促したといういくつもの研究結果[3]がある。また語ることでおこなわれる人生のストーリーの再構成が回復につながるとも言われる[2]。しかしその一方で、話すことが、かえって症状の悪化を招くという指摘もある。ハーマンの『心的外傷と回復[2]』には、安全な治療構造を確保しないうちに心理療法で「記憶をどっと吐き出した」ために、断酒していたアルコールを再び飲み始めたという依存症の事例が紹介されている。話すかどうかは、心的外傷の臨床において、絶えず議論の的となるテーマである。しかし一体なぜ、話すことは彼らにとってそれほど難しいものになってしまうのだろうか。

精神分析においては、この問題を理解するひとつのモデルに象徴機能がある。シーガル（Segal, H.）、そしてビオン（Bion, W. R.）によって発展したこの概念は、クライン派における心的外傷理論において欠かせない視点である。ビオンは、乳児の体験する混沌として統合されていない生の感覚の受け皿（コンテイナー）であり、その生の感覚を夢や思考、記憶へと変形する母親の機能をアルファ機能と呼んだ。[4]そして乳児は、心の成長過程の中で、母親のこのアルファ機能を取り入れて自分のものにしていくと考えた。シーガルは、これを踏まえ、乳児における母親のアルファ機能の同一化、つまりはアルファ機能が遂行できる良いコンテイナーとの同一化が、健全な心的装置の基盤になると考えた。[5]これは治療モデルと重なるものである。すなわち心的外傷を抱える人々は、このアルファ機能が破綻している人たちであり、外傷体験を記憶や夢、思考に変形することができなくなっている状態である。彼らは外傷体験をいつまでも他の出来事と同じような過去の思い出にすることができず、代わりにそれらを、断片化した認識できない感覚（ベータ要素）として排出する。例えば、フラッシュバックはその典型であろう。それは思考することのできないもので、ただ撒き散らされてしまうのである。そこで治療としては、外傷体験をコンテインするためのアルファ機能を、治療者から取り入れ、ベータ要素として留まっている外傷体験を、思考され、夢に見られるものへと変形していくことととなる。しかしながら、事態はそれほど簡単ではない。

象徴機能の損傷は、シーガルが象徴等置[5]と呼んだ病的な象徴物を生み出す。それは、表現されたものが「かのようなもの」としての代理物ではなく、表したものそのものとして体験されることである。これは主に精神病に見られる象徴機能の破綻であるが、心的外傷でも見られる。例えば、香水の香りが、救急車の音が、車のライトの眩しさが、その出来事を表す象徴としてではなく、まさに外傷体験そのものとして生々しく再体験されてしまうのである。加えてガーランド（Garland, C.）は、言葉が象徴的な価値を失った場合、外傷的な出来事について用いる言葉自体が、出来事そのものの衝撃として作用することを指摘している。[6]実際にこの問題は多くの外傷患者が訴えるものである。ある患者は、心理療法が開始されて数年が経ってようやく外傷体験について語った。それはいつも彼の頭の中にあり、彼を悩ませ続けていたが、ずっと口にすることはできないものであった。その理由について、彼は、それについて話した途端にそれが「本当にそうなる」から話したくないと言い続けていた。そしてついに彼がそれを語った時、彼はその出来事をまさに「体験」しているかのような激しい情緒に圧倒されることとなった。

心的外傷について語ることは難しい。それは体験が「言葉にならない」ものだからである。さらにこの外傷体験による象徴機能の破綻は、それまでの生育史と結びついて引き起こされることとなる。外傷は、その時点までには多かれ少なかれ対処できるものとなっていたであろう、古い埋葬されていた問題を揺さぶるのである。(6) これが精神分析における心的外傷理解の中核にある考え方である。つまり、外傷的出来事は、その個人の幼少期における未解決の葛藤を刺激し、呼び覚ますのである。それは、外傷的出来事の現実的側面よりも、その出来事に対する個人の意味が重要であるとも言える。心的外傷の問題は、悲惨な出来事のインパクトにあるわけではなく、その出来事以降も生き続けなければならない人たちの苦しみの中にその問題の本質が在る。ある患者が医師との診察の後で怒りながら放った言葉を思い出す。「ＰＴＳＤとか、フラッシュバックとかって私のことを言いますけどね、そういうことじゃないと思うんですよ。問題はあのことがずっと忘れられないってことですよ。あのことへの恨み、憎しみ、怒り、そういうことが問題ってことでしょう」。不眠を主訴にしていたその患者は数十年にわたって、外傷的出来事にまつわる悪夢を見続けていた。夜中に暗がりの中で目覚めた彼女は、現実との違いが分からなかった。強い薬、強いお酒、束の間だけでも忘れさせてくれるものに彼女は頼った。彼女の怒りの矛先は、加害者に対してだけではなく、家族にも向けられた。うまく回避できたと思っていた家族との葛藤に彼女は再び向き合わなければならなくなった。人生はすっかり狂ってしまった、と彼女は言った。外傷体験によって賦活された情緒は人生を蝕んでいく。それは病気と呼ばれるには違和感を感じるほどに、ひどく個人的なものなのである。

3 臨床例

ここで、ある患者との面接過程を少し詳しく示そうと思う。彼女は、慢性的で持続的な外傷を負った人であるため、典型的な心的外傷の症例とは言えないかもしれない。しかしながら、これまで述べた心的外傷における問題について、私たちに理解をもたらしてくれるものだと思う。

1 症例概要

Aは、濃い色のアイシャドウを塗り、綺麗にカラーリングした長い髪に、いつも決まってモノトーンの服装で来談した。面接には車を運転して通ってきていたが、面接場面の様子からは彼女が一体どうやってそのようなことをおこなえているのか、ほとんど想像ができなかった。彼女は長い髪で顔を隠してうつむいたまま、いつも消え入るような微かな声で「死にたい」と言った。そして「死にたいというより消えたい」と話した。

私とAが初めて会った時、彼女は夫との一〇年以上に及ぶ結婚生活から距離を置いたばかりであった。ギャンブル好きだった彼女の夫は、結婚して間もなく、彼女にお金を渡さなくなり、暴力的な言動が目立つようになった。彼女は夫の言動に怯え、夫が仕事から帰ってくる足音に聞き耳を立てて暮らすようになった。夫婦関係は緊張したものとなり、やがて夫はほとんど家に寄り付かなくなった。Aは結婚前に働いて貯めていたお金を切り崩しながら生活をしていたが、貯金が底をついたために実家からお金を借りるようになり、両親からの強い勧めで実家へ戻ったのであった。そうした中、Aはカウンセリングを希望し、私の元に紹介されてきた。面接頻度は週に一回五〇分で、有料である。

2　面接経過

初回、Aは泣きながらこれまでのことを話した。保育園の時に昼寝ができず、ひとりで外に出されて遊んでいたこと、小学校ではいじめにあい、途中からいじめられているんじゃなくてひとりでいるのが好きなんだと思うことにしたこと。幼い頃からAはひとりぼっちだった。ランドセルを背負った学校の帰り道、ひとり、うつむいたまま、側溝の穴を足でふさぎながら通学路を歩き続けていた、という風景は、Aの孤独な人生の様をよく表しているように思えた。両親は仕事で忙しく、特に母親は病弱で頼ることはできなかった。母親に心配をかけるような行為は、父親からの暴力的な言動になってAに返ってきた。激怒した父親に理由を説明する間もなく、突然、髪をひきずられ、蹴り倒された出来事をAはよく覚えていた。当然のことながら、Aは自分の気持ちを両親には話さなくなり、思春期になると反抗的になった。両親はそのようなAに対し、腫れ物に触るように接し、いっそうAと関わろうとはしなくなった。そうした時期にAは将来の夫となる男性と出会った。彼はその頃からさまざまなトラブルを抱えていたが、つきあってすぐの時期に流産を経験したことから、Aはその罪をふたりで償わないといけないという思いで両親の反対を押し切って結婚した。結婚生活はうまくいかず、Aは思春期の頃に一度体験していた抑うつ状態に再び陥ることとなった。

そのように彼女の人生のエピソードにはいくつもの暗い影がつきまとっていた。そこから抜け出したいのだろうかという私からの問いにAは「わからない」と答えた。「どうして自分がずっとこうなんだろうという思いもあるけど、一方でこういう感じに留まっておきたいと思ってしまうところがある」と言った。それは本心なのだろうと私には思えた。その偽ることのない自分を省みた言葉に私は面接をやっていけるかもしれないという感触を持った。

そうして面接は開始されたが、開始して間もなく、Aはほとんどの時間を沈黙するようになった。全く一言も話さないままに面接の終了時間を迎えることも稀ではなかった。最初のうち、私は楽観的であった。そのうち話し出すだろうと考えていた。しかし一年が経ち、二年が経っても、彼女は黙ったままであった。

彼女は来室すると、いつも同じモノトーンのハンカチをバッグから取り出し、それを握りしめて座った。そして話そうと大きく息を吸って口を開けるものの、そこからは何も聞こえてこなかった。もう一度、息を吸って話し出そうとするものの、何かを言いかけたところで首を傾げて止まり、苦しそうな表情になって黙った。それを何度か繰り返しているうちに、やがて目からは涙があふれ出し、今度はうまく呼吸ができなくなった。息を整えることに必死になり、彼女はまた黙った。沈黙している間、彼女は握っているハンカチをぞうきんのように固く絞る動作を繰り返した。開いては絞り、開いては絞り。そのきつくねじられたハンカチを見ていると、彼女の苦しさが伝わってくるようで、私は息の詰まる思いがした。何も語られないまま、時間だけが過ぎていった。

時々、私は様子を見ながら、彼女に声をかけた。それはごく簡単なもので、今、彼女が考えていることは何か、感じていることは何かといったシンプルな質問だった。彼女は答えられる時には、ほとんど消え入りそうな声で、死にたいと思っていることや頭の中が混乱していることを途切れ途切れに語った。それは本当に途切れ途切れで、続きの言葉がいつやってくるのか、五分後なのか、一〇分後なのか、あるいは三〇分後なのか、期待せずに待たなければならなかった。それは気の遠くなるような感覚であった。私は度々、面接が役に立たないのではないかという思いに駆られ、面接を中断することを考えた。が、実際にそれを彼女に提案したことはなかった。最初の数カ月、私たちは、対面、寝椅子、座る位置など、セッティングとして考えつく限りのさまざまなことを試した。どうしたら話せるようになるかを悩んでのことであった。やがて彼女は寝椅子に腰掛け、私は横並びに置いてある椅子に腰掛けるというスタイルに落ち着いたが、それが効果的だったからというよりは、他に術がなくあきらめた結果であった。

そうして三年が過ぎた頃、ようやく彼女は少しずつ話をするようになった。その時期のセッションの様子について次に詳しく述べたいと思う。

3　セッション

Aは、バッグからいつものハンカチを取り出し、寝椅子に腰掛けた。私がはじめましょうかと声をかけると、小さく頷いた。そして、沈黙となり、そのまま一〇分ほどが経過した。私は「今、どんな気持ちでここにおられるのでしょうか」とできるだけ侵襲的にならないように気をつけながら、沈黙の中、声をかけた。するとAは、何かを言おうとして何度も首をかしげ、そして黙った。やがて体が前後に揺れ始め、その揺れは少しずつ大きくなった。その様子は、何かを話そうと必死に考えているように見えたが、それはなかなか形にならないようであった。Aは時々、頭を振ったり、体を揺らしたりして、顔を歪めた。私は「感じていることが言葉にならないのは、苦しいことですね」と伝えた。Aは頷こうとして先に涙がこぼれた。Aは、泣くのを必死にこらえながら、感情が出てくるのを抑えるかのように、ハンカチをきつく絞った。その行為が何度か繰り返されたのち、Aはほとんど聞こえないほどの微かな声で「頭が……ごちゃごちゃして……考えられない」と言った。それは途切れ途切れに話され、その一文を聞き取るのにずいぶんと時間がかかった。「頭が混乱しているのですね」と私が伝えるとAは頷き、黙った。私が時計を見ると面接の半分の時間がすでに過ぎていた。Aはじっと沈黙し続けていた。それはまるでこの部屋に私はおらず、Aがただひとり取り残されているかのようであった。私はAにゆっくりと次のように伝えた。「あなたにはたくさん伝えたいことがあるのだけど、それはなかなか言葉にならなくて、ひとりであなたが過ごすことになってしまっているようです。でもあなたの人生においては、あなたがこうやってひとりで人に伝えられないものを抱えるということはとてもよく起きていたことなのかもしれないと思います。」Aは小さく頷き、「……人とは……日常

「日常会話しか……しないから」ということを、時間をかけてまた途切れ途切れに言った。私はエアコンの音で「日常会話」という言葉を聞き逃してしまい、Aにもう一度、言ってもらえるようにお願いした。Aは再び時間をかけて同じことを言った。「日常会話って言われたんですね」にAは大きく頷いた。その頭を大きく振りかぶって頷く様子は小さな子どものようであった。私は、以前からAのか細い声がどこか幼く、小さな女の子と話しているように感じていたことを思い出した。そして、そのAの言葉を聞き漏らすまいと必死で聞いている自分は、たどたどしい子どもの話を聞く母親のようだと思った。そうした中、Aは少しだけ調子を取り戻した様子で、同居している母親に苦しさを訴えても母親の応答から分かってもらえていないことが伝わってくることについて話した。そして、幼い頃から母親が仕事で忙しかったため、いじめられたことも伝えられなかったのだと言った。それはこれまでにも何度か話されたことのあるもので、それを話すAの声はしっかりとしたものだった。混沌として何が蠢いているのかよく分からない空気から「分かってくれない」「何もしてくれない」という怒りがはっきりと姿を現したようであった。腹を立てているようだと、その怒りを私が取り上げると、Aはひとつのエピソードを思い出した。それは、思春期の頃、両親の友人の男性が家に遊びに来た際、Aの部屋に突然入ってきて、Aにキスを迫ったという出来事であった。Aは恐怖を感じ、両親に訴えたが、両親は何もしてくれなかったのであった。そこからAは、キャンプに行った際にも男性にトイレを覗かれたことがあったことを思い出した。さらには、思春期に初めて精神科を受診した際、男性の主治医が嫌で女性に代わってもらったことも思い出した。もはやAの口調はか細くたどたどしいものではなかった。そこには強い憤りがあった。私は、Aの話を聞きながら、Aが思春期に性的なものを暴力的な侵入と感じてひどく恐れていたこと、また話すという行為と、そのような暴力的な侵入がつながりを持ってAに感じられていることを考えていた。私がそのように思いを巡らせている間、Aは話し続けていた。時計をみると終了時刻が迫っていた。私はAの話に割って入るか悩み、話が一区切りついたところで、時間を告げた。

するとAは少し慌てたような素振りで「すみません」と小声で言い、すばやく立ち上がった。そしてお礼を言って深々と頭を下げた。私は何も言わずにAを見送った。

次の回、Aはいつも通り寝椅子に腰をかけ、話し出そうとした。しかし話すことができなかった。Aは口をぱくぱくと開け、苦しい表情を浮かべた。そして喉を両手で押さえて「……コエガ……デナイ」と声を出さないままにそう言った。そしてその後、何度か話そうと試みたが、声は出ないままであった。声を失った彼女は、まるで何かの罰を受けているかのようであった。長い沈黙となった。「話したいのに話せないのは苦しいことですね」と私が伝えるとAは泣き始めた。涙が止まらない彼女を見ながら、私は前回の面接を思い出していた。その中で、私は前回はあんなに話せたのにという思いが自分に少なからずあることに気づいた。私は話すことを彼女に強く望んでいる自分がいることを自覚した。そこには彼女の排泄を覗きみたいと思っている私や、彼女の部屋に入り込んで彼女ともっと親密になりたいと思っている私がいるようだった。そして私は、前回の帰り際に深々と頭を下げた彼女の姿も思い出した。それは感謝ではなく、謝罪のようであった。おそらく私が終了時刻を伝え、彼女の話を止めた時、彼女は自分こそが暴力的な侵入者だと体験したのであろう。

私は彼女に何をどのように伝えるかしばらく考えたのち「あなたは前回、話しすぎたと感じたのかもしれませんね」と伝えた。Aは大きく頷き、「……イツモ」と声を出さずに言った。「前回だけではなく、いつも話しすぎていると感じているのですね」と私が言うとAは再び頷き、続けて何かを言おうとしたが、やはり声は出なかった。Aは苦しそうな表情で宙を見つめ、しばらく体を前後に揺らしていたが、やがてあきらめたようにじっと動かなくなり、涙をこぼした。

4　治療者の取るべき態度について

Aもそうであったように彼らはお話療法（Talking cure）を求めて私と会う。しかし、彼らにとって話すことは容易なことではない。それでも患者が私たちに会いにくる時、私たちはどのような態度で臨むべきだろうか。一緒に沈黙すべきだろうか。それとも何かを話すべきだろうか。あるいは質問すべきだろうか。ここからそうした沈黙の中で、治療者はどうすればよいのかという問題について考えてみたい。

もしそこで治療者が精神分析（あるいは精神分析的心理療法）を志向するのであれば、その答えは実はもう、すでに決まっている。治療者が取るべき態度は、「平等に漂う注意」を向け続け、その無意識を解釈することである。それは心的外傷であれ、精神病であれ、ヒステリーであれ変わらない。またそれは患者が饒舌に話していても、完全に沈黙していても同じである。しかし一体、「平等に漂う注意」、この治療者が取るべき態度と言われるものはどのようなものなのだろうか。

1　平等に漂う注意について

ビオンの論文の中に「Penetrating Silence」(1976)[7]というものがある。これは、ビオンが亡くなる三年前にThe Study Centre for Organizational Leadership and Authorityという組織で講演した際のもので、二〇一四年に出版されたThe Complete Works of W. R. Bionに集録されたものである。ビオンはこのタイトルが意味することについて次のように述べている。

> 黙っていて聞こえるものに注意を向ければ、あるものが直ちに突き出てきます。次第に自分の鼓動のようなものさえも聞こえてくるようになります。そうすれば、ある事実や印象が突き出てきて、証

拠を集めることができるようになります。これは、『目を向け続けなさい、あるパターンが現れるのが見えると思うまで』という Charcot の言明を通して Freud が記述する状況に似ています。例えば、あなたがレントゲン写真に馴染みがあれば、わからないもの、馴染みのない陰影に注目し始めます。もしあなたが緊張に耐えることができれば、馴染みのないものに目を向け続けることができます。不幸にして私たちのほとんどは学校などでそのギャップを埋めることを急速に学びます。それが不快だからです。結果的に、沈黙を成し遂げるのは実際大変難しい。私たちは、人生の過程で、あらゆる情報の喧騒を拾い上げるからです。そういうこころの中の騒音の中で、新たな要素に注意を向けるのは難しい。私たちは状況を単純化しようとします。人間のこころに関わる精神分析家は、何に耳を傾けるのでしょうか。……私たちは実際身体やこころを取り扱いません。私たちは人やグループの総体(totality)を取り扱います。私たちが得る情報量は無限であり、それらに境界はありません。それで私たちは、耳を傾けるもののみならず、聞こえないものまでの中から、情報を選ばなければならないのです。(古賀靖彦訳[8])

つまり、暗闇を見通す(penetrating the dark)ように、沈黙を聞き通しなさい(penetrating silence)ということである。そして、沈黙を聞き続けて、無意識のあるパターンが現れてくるのを待ちなさいというのである。この考えの背景には、後期ビオンのひとつの主題である「記憶なく、欲望なく、理解なく」[9]という治療者の態度が深く関与している。その「記憶なく、欲望なく、理解なく」は患者に関するさまざまな記憶や精神分析の知識、患者への欲求に囚われることなく精神分析に臨むことの重要性を説いたものである。シミントンら(Symington, J. & Symington, N.)はビオンの「記憶なく、欲望なく、理解なく」について、アルキメデスの話を引用して解説している[10]。それは次のようなものである。

アルキメデスが支えていたシラクーザの君主、ヘロン王は最近贈られた王冠が純金でできているのか、それとも銀が混ざった合金なのか確かめるという課題を彼に与えた。アルキメデスは金の重さを知っていた。つまり単位体積あたりの重量を知っていたということである。だが問題は、複雑な装飾と金細工を施した王冠の体積を知ることであった。もし王冠を溶かして直方体にすることができれば問題は簡単に解決するだろう。だが王冠を損なわないで、どのようにすればその体積を知ることができるだろうか。ある日、彼が公衆浴場で湯に体を沈めた時、自分の体の体積はあふれた水の量に等しいという理解がひらめいた。彼には今や、王冠の重さを量り、それに等しい金の体積を知ることができることが分かった。その重さの金の延べ棒を手に入れて水中にいれ、溢れ出た水の量を測り、そして王冠を水に入れ、もしそれが純金であれば、同量の水が溢れ出るだろう。

つまり、記憶なく欲望なく理解なく、湯に体を沈めた時に解決策が降りてきたというわけである。

シミントンらは、このようなリラックスしている状態や、ビオンの言う夢想の状態、あるいはフロイトの平等に漂う注意の状態が、心を感覚から心的なものへの移行に向かわせる最良のものであることを説明している。そのようにビオンの言う「記憶なく、欲望なく、理解なく」という姿勢は、フロイトの「平等に漂う注意」と重なるものである。[11]

「平等に漂う注意」は、「精神分析治療に際して医師が注意すべきことども」(1912)[12]という論考でその具体的なやり方が言及されている。フロイトは、その論考の中で、治療者は「メモを書きとめることすら退け、ことさら何かを気に留めておくことはせず、耳にする一切にかつて名付けたように、同じ『漂いわたる注意』を向ける」ようにすべきだと説いた。そして治療者が遵守すべき規則を次のように示す。

すなわち「自分の感知能力の意識的作用はすべて遠ざけておき、自分の『無意識的記憶』に完全に委ねよ」あるいは純粋に技法的に表現するなら「耳を傾けよ、そして何か気づくことがあるかを気にかけるな[12]」。

さらにフロイトは、次のようにも述べる。

分析家にとって正しい振る舞いとは、必要に応じて探求の心的態度から治療の心的態度へと転換し、分析している間は思弁や詮索は行わず、分析が済んで初めて、得られた素材を総合的な思索の仕事に振り向けることである[12]。

これらはまさに「記憶なく、欲望なく、理解なく」であろう。患者の話を聴く上では、意識的な作業はすべて退け、治療者自身の無意識に一切を委ね、患者の話（あるいは沈黙）に耳を傾けよというわけである。この態度は、傾聴訓練などの意識的に話を聞く態度とは全くの別物である。

松木邦裕[13]は、この「平等に漂う注意」について、元のドイツ語である「gleichschwebende Aufmerksamkeit」を「free floating attention」と「evenly suspended attention としての gleichschwebende Aufmerksamkeit」の二つに分けて、精神分析における治療者の注意の向け方について論じている。前者は、治療者の注意を自由に漂わせ、無意識を感知するあり方であり、後者は、治療者の注意をどこにも向けずに宙に置いたまま、感知、思い、思考を自由に漂わせるという注意のあり方である。この二つの違いは、注意における能動性の違いにある。前者は無意識を発見するための能動的な注意の漂わせ方であり、後者は注意を向けないための注意である。松木は、後者の注意のあり方が、前田重治[13]の言う「無注意の注意」やビオンの「記憶なく、欲望なく、理解なく」に該当するものだとしている。一方、前田は、その「無注意の注意」という状態について、「たしかに調子のいいときには、心のリズムにのって、ある一定時間は相手の連想の流れにのって、こちらもフワフワとうまく無心な状態を保てることもあるが、五〇分間をとおしてずっとそういう理想的な状態など保てるものではない[14]」と説明を加えている。ここで前田が表現している通り、これはつまり無心ということである。フロイトの言う、ビオンの言う、精神分析における治療者の取るべき態度とは、まさに無心ということであろう。

2　平等に漂う注意と無心

無心は、広く一般にも用いられるが、元々は仏教用語である。無心は、映画、小説、漫画、アニメなどさまざまな日本の文化の中で表現されてきた。特に時代劇などの剣術の場面ではよく目にするものである。ある程度の修行を積んだ剣士などが、行き詰まった際に師範から無心になることを説かれたりする。このような剣術における無心という発想の元となっているのは、おそらく沢庵宗彭《たくあんしゅうほう》、いわゆる沢庵和尚による「不《ふ》動智神妙録《どうちしんみょうろく》」であろう。沢庵は、戦国時代末期に生まれた臨済宗の僧侶である。「不動智神妙録」は、沢庵の友人であり、徳川家光の兵法指南役であった柳生但馬守《やぎゅうたじまのかみ》に向けて剣禅一如を説いたものであった。この書をひとつの拠り所として柳生但馬守が作成した「兵法家伝書」は、江戸初期はもちろんのこと、その後の日本の武道に大きな影響を与えたために、現代の私たちもまた「不動智神妙録」を読んだことがなくても、知らず知らずのうちにこの思想に非常に親しんでいるのである。それでは無心とはどういう心持ちのことなのか。「不動智神妙録」を少し引いてみよう。

―― 扨初心の地より修行して不動智の位に至れば、立帰て住地の初心の位へ落つべき子細御入り候。貴殿の兵法にて可申候。

初心は身に持つ太刀の構も何も知らぬものなれば、身に心の止まる事もなし。人が打ち候へは、つひ取合ふばかりにて、何の心もなし。

然る処にさまざまの事を習ひ、身に持つ太刀の取様、心の置所、いろいろの事を教えぬれは、色々の処に心が止まり、人を打たんとすれば、兎や角して殊の外不自由なる事、日を重ね年月をかさね、稽古をする従ひ、後は身の構も太刀の取り様も、皆心のなくなりて、唯最初の、何もしらず習はぬ時の、心の様になる也。

（さて、初心から修行を始めて、不動智を自分のものにすると、もう一度初心に戻るということがあります。これを、兵法にたとえて説明しましょう。はじめて刀を持つ者は、どうやって刀を構えてよいかすらわかりませんから、何事も心にかかりません。相手がうちこんでくると、思わず立ち向かおうとするだけです。

それが、刀を構えるにはこう、その時、どんな点に気をつければよいかなど、いろいろな事を教えられるに従って、あれやこれやと気にかかるようになり、かえって身のこなしも不自由になるものです。しかし、長い年月の間、稽古を積んでゆくと、どういうふうに身を構えようかとか、刀はどうなどとは少しも思わなくなって、ついには、自然に、何も知らなかった初心の時の様に無心の状態でいられるようになるのです。[15]）

剣術修行をしていくうちにあれこれと気になって考えるようになるが、稽古を積んで不動智を体得すると、初心の時のように何も知らない無心の心持ちでいられるようになるということである。つまり、不動智こそが無心をもたらすものということであるが、それではその不動智とはどのようなものなのだろうか。沢庵の解説によると、不動とは動かないことであり、智は知恵の智である。不動智とは、動かないということではなく、むしろ心が「四方八方、右左と自由に動きながら、ひとつの物、ひとつの事には決してとらわれないこと」[15]を指すのだという。沢庵が不動智を示した有名な例に千手観音の例えがある。それは、千手観音に手が千本あるのは、ひとつの手に心がとらわれると残りの九九九本はどれも役に立たなくなるが、不動智を身につけ、ひとつのところに心がとらわれなくなると、千本の手すべてが役に立つというものである。また、この心の状態は、流れて止むことのない川の流れにもよく例えられる。それは「いつこにも置かねば、いつこにもあるぞ」[15]、すなわち、どこにも置かなければどこにも在る、という考え方である。心をどこに置こうかなどととりたてて考えたりしなければ、心は自然に身体全体に伸び広がって全てに行き渡るというのである。これを禅では「本心」と呼ぶそうである。一方、その逆は「妄心」であり、思いつめて一箇所に固まってしまった心の状態を指すのだという。

心を溶かして総身へ水の伸びるように用い、其処に遣りたきままに遣りて使い候。これを本心と申し候。

（身体中に水を行き渡らせるように、心をのびのびひろがらせ、そのうえで自由に使いこなす、これを本心というのです。[15]）

つまり、無心とは心を一箇所にとどめることなく、全身に水が行き渡るようにのびのびと心を広げて自由に心を使う状態のことである。それは心が無いとも言えるし、全てに心が行き渡って在るとも言える状態である。この全身に水が行き渡るようにのびのびと心を広げて自由に心を使うという表現は、アルキメデスの入浴時のリラックスという例よりもずっと明確に「平等に漂う注意」や「記憶なく、欲望なく、理解なく」

のイメージを与えてくれるものではないだろうか。ビオンが「記憶なく、欲望なく、理解なく」を発表した当時、そこにはさまざまな批判が向けられることとなった。ビオンが亡くなる四年前の一九七五年にロンドンで開かれた国際精神分析学会の大会で、アメリカの精神分析協会の会長や国際精神分析学会の会長を歴任したランゲル（Rangell, L.）は、もし分析家がそのような気持ちで分析に向かうのであれば、料金を要求する権利はないだろうと発言したと言われている。[10]「記憶なく、欲望なく、理解なく」における「無い」という状態が良いものであるという感覚、あるいは「無い」ことが良いものを生み出すということが信じ難かったのであろう。シミントンが引用したアルキメデスの例にもその理解への苦労が読み取れるかもしれない。しかし、これまで述べてきたように無心が最良のものであるというのは、日本人にとって馴染みのある感覚である。その意味で「平等に漂う注意」という姿勢は、西洋の人たちよりもずっと理解できる側面があるのかもしれない。しかし、精神分析は日本には馴染まないという意見が主流を占める中で、このような主張を受けいれることは難しいことだろう。そこで「平等に漂う注意」が日本人に咀嚼しやすいものであることを示すもうひとつの例を挙げてみたいと思う。

3　平等に漂う注意と洛中洛外図屏風

［図1］は、狩野永徳による洛中洛外図屏風である。洛中洛外図屏風は、京都の町並みを描いたもので、一六世紀から江戸時代にかけて数多く作られた屏風絵である。狩野永徳の描いた洛中洛外図屏風（上杉本）は、その代表的なもののひとつで、一五六五年頃、室町幕府第一三代将軍である足利義輝の命で描かれたものである。金色の雲の合間に人物や建物のひとつひとつが精密に描かれているのが特徴で、着物の柄や人物の表情までをも見分けることができる。そこには実に約二五〇〇人もの人物が描かれているそうである。この洛中洛外図は鳥瞰図であるが、西欧の絵画と大きく異なる点は、遠近法で描かれていないという点にある。遠

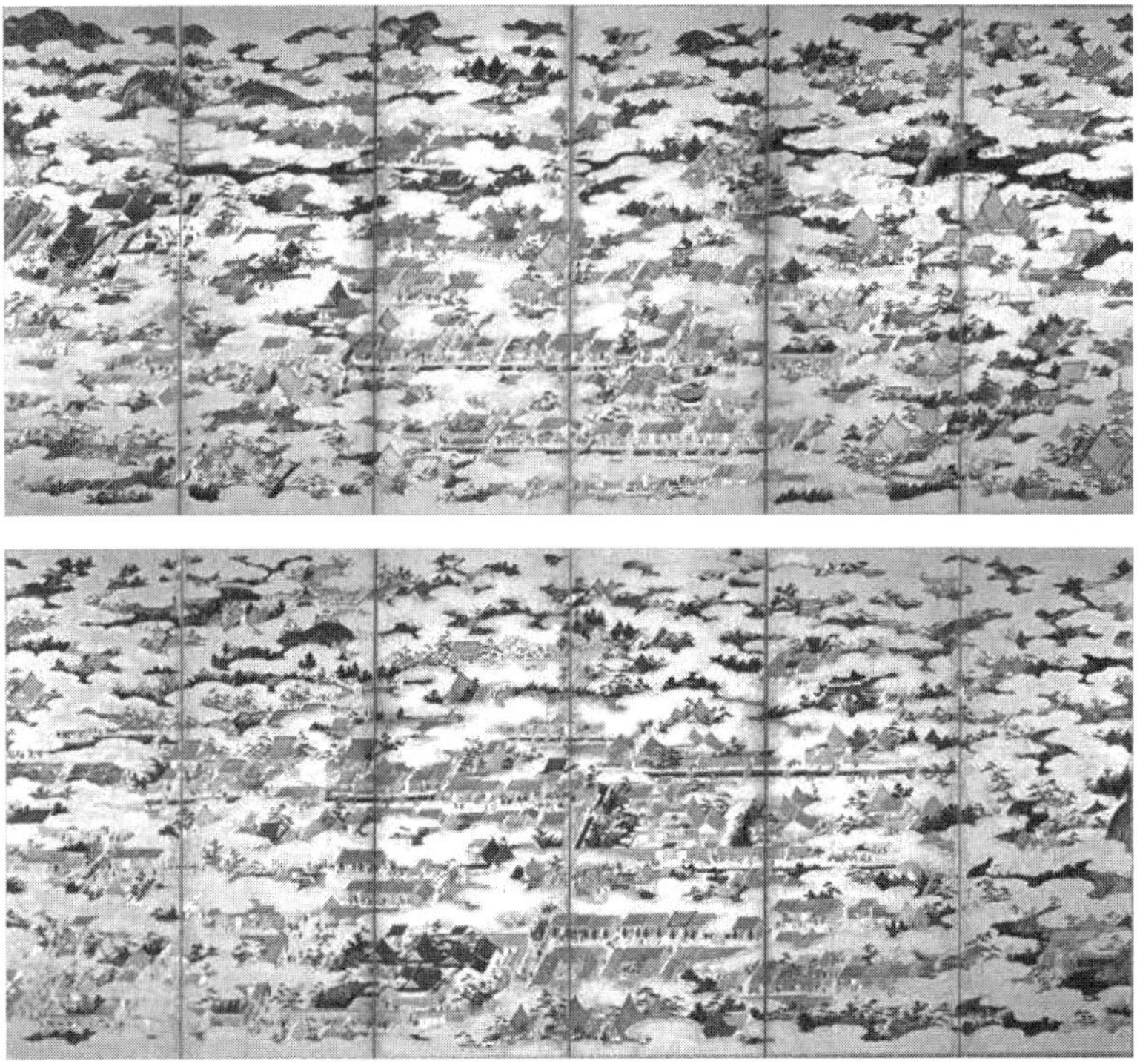

〔図1〕上杉本洛中洛外図屏風（狩野永徳）（上：右隻・下：左隻）

近法においては、画家の視点は固定され、対象との距離が明確に示されることになる。近くのものは大きくはっきりと描かれ、遠くのものは小さくぼやけて描かれることとなる。しかし、洛中洛外図屏風は、ある一定の視点からの眺めではなく、そこにはあらゆる視点からの風景が詰め込まれている。美術史家の高階秀爾は、洛中洛外図屏風について「画家は空中のある一点にとどまっているのではなく、あたかも京都の町の上を自在に移動しながら町を見下ろしているかのよう[16]」に描かれていることを指摘している。確かに、画面全体には金色の雲が描かれ、町は雲の上から見下ろされているようであるが、一方で「人物や情景は、それぞれすぐそばでその場に立ち会っている」[16]ような至近距離での精密さで描かれている。自由に行き渡る注意。それはまさにFree Floating Attentionである。また、これは、アルキメデスの例えにあった入浴時のリラックスとは似ているようで非なるものであろう。それはただ弛緩する感覚とは異なる。自由で伸びやかでありながら、細微に行き届いた観察はある種の研ぎ澄まされた緊張を孕む。その相対するいずれをも包含した注意の感覚を洛中洛外図屏風に見ることができる。それは遠近法で固定された西洋画における注意の向け方とは明らかに異なるものである。さらに言えば、このような注意の向け方は、松木邦裕の指摘した「gleichschwebende Aufmerksamkeit」の二種[13]に新たな視点を加えるものかもしれない。西洋的な考え方に依れば、そこには確かに能動性を巡って二種の注意の向け方の違いが存在している。しかし、無心や洛中洛外図屏風からみれば、「いつこにも置かねば、いつこにもある」[15]わけで、その二種を包含する注意のあり方というものを想定できるのではないだろうか。それは、俯瞰しているようで細微に観察が行き届いているという距離のないものであり、有るようで無い、無いようで有るという注意の向け方なのである。

5 心的外傷と平等に漂う注意

話を心的外傷に戻そう。先ほども述べた通り、精神分析においては、心的外傷だからといってその方法論が変わるわけではない。そこでおこなわれるのは、自由連想であり、治療者がおこなうのは、無意識を解釈することである。そして治療者の目指されるべき態度は、「平等に漂う注意」である。

しかし、心的外傷ではその態度を保つことが難しい。患者は外傷体験の渦中に閉じ込められたままである。繰り返し同じ場面を話したり、夢に見たり、あるいは再演したりする。そうなると、治療者の方もその外傷体験に釘付けとなる。悲惨で衝撃的な外傷体験を通してしか、彼らを理解できなくなってしまう。そこに、心的外傷における話すことの困難という問題が加わると、「平等に漂う注意」を向けることはさらに難しいものとなる。先に示した症例のように長い沈黙が続くと、私たちはどうしても知的な理解や記憶に頼ってしまう。ビオンが述べたように、その不快な緊張に耐え続け、新しい要素が現れてくるのを待つよりは、既知のものを口にして、その緊張を破りたくなるのである。圧倒的な無力感の中で、外傷体験は分かりやすい理解を与えてくれる魅力的な存在となる。その理解は閉塞した空間に束の間の安心をもたらすかもしれない。しかし、それは同時に進展を遠ざけることだろう。

これらは言い換えるなら、患者も治療者も心的外傷に固定されてしまうということである。心的外傷は固定される病である。それは、精神分析における「平等に漂う注意」という基本原則を危うくしてしまうものなのである。高階秀爾は、洛中洛外図屏風の特徴をもうひとつ指摘している。それは、洛中洛外図屏風のように画家の視点が自由に移動してそれぞれの細部が並列的に画面に並べられてゆくという画面構成法においては、その画面はいくらでも拡大していくというのである[16]。その典型は、日本において好まれた絵巻物であり、それは途絶えることなく、連綿と描き続けることができるものである。それは、視点が固定されるために画面のサイズが固定されてしまう遠近法を用いた西洋画とは一線を画すものである。最初に述べたように外傷体験で彼らの人生が終わりを迎えるわけではない。それ以降も彼らの生は続いていく。彼らが人生のさまざまな場面を等しく細微にわたって体験できるようにしていくことが求められるのである。しかし外傷体験に固定された視点は、流れ続けるその生を捉えることができないものだろう。治療者がそこから抜け出し、自由にのびのびと行き渡る注意という態度を取り戻すことが、生きること、すなわち、皆藤章の言う「この世に生きて在ることを実感する」[1]ことにつながっていくのではないだろうか。

6 おわりに

私はユング心理学についていては、大学に入りたての頃、河合隼雄先生のロールシャッハテストの本を読んでいたく感激し、講演を聴きに山口まで出向いた思い出があるぐらいで、知識や実践については全くの素人である。本稿を読んでお分かりの通り、私自身は、精神分析、それも主にクライン派の理論を学び、訓練を受けてきた。しかし、心理療法は数多くあれど「いのち」について論じられるものはそれほど多くない。生きることの美しさや悲しみについて語ることのできる心理療法は限られるのである。この本の読者の中には、精神分析の理論に馴染みのない方も多くおられるだろうが、そういった意味での共通したものを本稿に読み取っていただければ幸いである。また、そうした門外漢の私に対して、皆藤章先生は日頃より大変親切にしてくださり、これまでさまざまに支援していただいた。そして、今回このような機会をいただいたことに驚きとともに深く感謝していることを最後に述べておきたいと思う。

〔文献〕

（1） 皆藤章、江口重幸、A・クラインマン『ケアをすることの意味――病む人とともに在ることの心理学と医療人類学』誠信書房、二〇一五

（2） Herman, J. L.（1992）*Trauma and Recovery.* New York: Basic Books.（中井久夫訳『心的外傷と回復』みすず書房、一九九六）

（3） van der Kolk, B. A.（2014）*The Body Keeps the Score: Brain, Mind, and Body in the Healing of Trauma.* New York: Viking Press.（柴田裕之訳『身体はトラウマを記録する――脳・心・体のつながりと回復のための手法』紀伊國屋書店、二〇一六）

（4） Bion, W. R.（1977）*Seven Servants.* New York: Jason Aronson.（福本修訳『精神分析の方法Ⅰ――セブン・サーヴァンツ』法政大学出版局、一九九九）

（5） Segal, H.（1991）*Dream, Phantasy and Art.* London: Routledge.（新宮一成訳『夢・幻想・芸術――象徴作用の精神分析理論』

金剛出版、一九九四）
（6）Garland, C. (1998) *Understanding Trauma: a Psychoanalytical Approach.* London: Duckworth.（松木邦裕監訳『トラウマを理解する——対象関係論に基づく臨床アプローチ』岩崎学術出版社、二〇一二）
（7）Bion, W. R. (2014) Penetrating Silence. Chris Mawson (Ed.), *The Complete Works of W. R. Bion,* London: Karnac.
（8）古賀靖彦「アンパブリッシュト・ペーパーズ」日本精神分析学会第62回大会教育研修セミナークライン派精神分析の展望2　ビオン・トゥデイ発表資料、二〇一六（未刊資料）
（9）Bion, W. R. (1967) *Notes on Memory and Desire.* Psycho-analytic Forum, vol. II（3）[reprinted in Spillius, E. B. (Ed.) (1988) *Melanie Klein Today Vol.2 Mainly Practice.* London: Routledge].（松木邦裕監訳「記憶と欲望についての覚書」『メラニー・クライン トゥディ（3）臨床と技法』岩崎学術出版社、二〇〇〇）
（10）Symington, N & Symington, J. (1996) *The Clinical Thinking of Wilfred Bion.* London: Routledge.（森茂起訳『ビオン臨床入門』金剛出版、二〇〇三）
（11）松木邦裕『精神分析体験——ビオンの宇宙　対象関係論を学ぶ　立志編』岩崎学術出版社、二〇〇九
（12）Freud, S. (1912) Recommendations to Physicians Practising Psycho-Analysis. *The Standard Edition of the Complete Psychological Works of Sigmund Freud,* Volume XII (1911-1913): The Case of Schreber, Papers on Technique and Other Works. London: Hogarth Press.（須藤訓任訳「精神分析治療に際して医師が注意すべきことども」『フロイト全集第一二巻　一九一一—一三年』岩波書店、二〇〇九）
（13）松木邦裕「gleichschwebende Aufmerksamkeit についての臨床的見解——精神分析の方法と関連して」精神分析研究、56（4）、四〇九～四一七頁、二〇一二
（14）前田重治『「芸」に学ぶ心理面接法——初心者のための心覚え』誠信書房、一九九九
（15）沢庵宗彭『沢庵不動智神妙録』池田諭訳、たちばな出版、二〇一一
（16）高階秀爾『日本美術を見る目——東と西の出会い』岩波書店、一九九一

第5章……現在の家族における暴力を考える

——暴力性の意味と心理臨床のありかた

布柴靖枝

はじめに……………いのちの働きのなかにみる暴力性

家族の中に立ち現れる暴力には、児童虐待、高齢者虐待、DV、家庭内暴力など様々な形があり、ときに人の生命を奪うほどまでの残虐なものになりうる。家族という親密な関係性の中で起こる暴力は、本来、生命を守り育む場を、逆に脅かす密室へと豹変させ、家族員をパラドキシカルな状態に追い込む。家族内でおこる暴力は、愛憎とパワーコントロールが絡み合った複雑な様相を呈し、より一層激しく、家族員のこころを拘束する。

これらの、家族の中に立ち現れる暴力をいかに理解すればいいのだろうか。暴力はいかなる機序で現れ、何を意味するのか。それを理解することは心理臨床に携わるものにとって重要である。

ここで、暴力を起こす心性を暴力性と呼んだ時、皆藤章のいう「いのち」の働きのなかで起こりうる現象としてとらえることの重要性を筆者は感じる。皆藤は、「いのち」を「狭義の心身二元論を超えて、ひとが『生きる』存在のありようそれ自体を意味する」[1]と定義している。この観点から、本稿では人が「いのち」を生きようとする試みの中で暴力性が立ち現れるのではないかという問いを立て、考えてみたい。言うまでもなく、暴力という行為は断じて許されるべきものではない。しかし、暴力の深層に潜む暴力性の意味を「いのち」という観点から理解しようとすることは重要で、そこへの手立てなくして、真の意味で暴力性の行動化としての暴力を止めることはできないと考える。

ハーバード大学心理学教授のピンカー（Pinker, S.）[2]は、人間の本性として、他人の苦しみに満足を覚えるサディズム的要素を秘めていることを述べている。振り返ってみれば暴力は長い人類の歴史の中でいたるところに存在してきた。むしろ、人類は暴力と共に生きてきた歴史の方が長いともいえよう。たとえば古代や中世においては、公開処刑や拷問は、いわば大衆娯楽的な要素をもってきた長い歴史を持つ。そして、今なお、形をかえて暴力は、世界中に歴然と存在している。

そう考えると私たちは、程度に差はあるとはいえ、個々に暴力性を秘めており、おかれた環境や状況、そして関係性によっては、加害者にも被害者にもなりうるのだということを自覚すべきであろう。生きていくために、私たちはいとも簡単に暴力性に呑み込まれてしまう心性を元来持っていることを忘れてはならない。

だからこそ、これらの個々に秘めた暴力性を「いのち」の働きという視点からとらえなおし、その理解を通して、暴力という行為の連鎖を断ち切り、それに代わる創造的かつ建設的な変容へと導く叡智をもつことの重要性が強く問われているのだと考える。本稿では、その過程に、心理臨床がいかに寄与することができるのか、事例研究に基づいて暴力性の意味と心理臨床のありかたについて考えてみたい。

1 家族内でおこる暴力の特殊性

1 増え続ける家族の中の暴力

家族の中で起こる暴力は、近年著しく増加している。特に、DV、児童虐待、少年による家庭内暴力の相談(認知)件数の増加は著しい。DVの相談件数は、警察庁の調べによると二〇一六年には六万九九〇八件で、前年比一〇・七パーセント増となっている[3]。また、厚生労働省による全国の児童相談所における二〇一六年の児童虐待件数をみると、一二万二五七八件で、前年比一八・七パーセント増になっている。その加害行為を行ったとされる者の約六割は実母である[4]。また、二〇一五年の家族や親族による高齢者虐待の虐待判断件数は一万五九七六人で、相談通報件数が二万六六八八件になっている。加害行為を行ったとされる者の約四割は実の息子である[5]。また、「平成二八年犯罪白書」によると殺人事件八六四件中、四五三件の犯人が親子、きょうだい、配偶者で、殺人事件の実に五二・四パーセントが親族によってなされている。また、少年による家庭内暴力の認知件数も二〇一五年は二五三一件あり、前年度に比べて二一パーセント増加している。その暴力の対象となるものが母親で、五八・六パーセントを占めている。[6] このように家族内で起こる暴力は、右肩上がりで増加し続けていることが見て取れる。

2　被害者と加害者の無境界性

ＤＶや児童・高齢者虐待という行為は、まぎれもなく犯罪である。その被害者とされる者の多くが、社会的弱者とされる子ども、女性、高齢者に向けられていることからも、いかなる事情があったとしても決して許されるものではない。しかし、一方で家族の中で起こる暴力を心理臨床的な観点から理解しようとするときに、加害者・被害者という言葉を便宜的に用いるものの、対立概念で論じることはここでは避けたい。というのは、加害者とされる者が、かつての被害者であることも多く、また、逆に、被害者が他の関係性において、今度は加害者となってしまう現象も少なくないからである。ときに、どちらが加害者で、どちらが被害者であるかさえもわからない無境界の中で暴力が発生することもある。また、家族の中で起こる暴力に対して当事者双方が加害者、被害者という認識を持っていないという事例や、加害行為をした者の中には、むしろ自分は被害者であると訴えるケースが少なくないという特徴がある。筆者が関わった少年による家庭内暴力のほとんどのケースが「こうなったのはお前たち（親）のせい」「この苦しさをお前（親）たちにも味わわせてやる」という言葉とともに、親への暴力がふるわれていることからも、被害者は暴力をふるっている少年自身であるという強いメッセージが加害行為の中に含まれていることがわかる。

3　児童虐待――他害行為を通した自傷行為

家という密室の中でおこる児童虐待は、本来、「いのち」を育み、繋いでいく場を、暴力という負の世代間連鎖の温床にしてしまう。そもそも、家族とは、幼児的万能感や期待をお互いに投影しやすい存在である。「家族だからこそ」、「愛しているからこそ」という甘えの上に、思い通りに相手をコントロールしたいという欲求や期待も大きくなりやすい。それゆえ、それが思い通りにならないと、いとも簡単に暴力性が引き出され、表面化することがある。

また、親から子への虐待は、その多くは「子どものため」という躾という名目のもとで合理化されるため、虐待を受けた子どもの多くは「自分が悪い子だから叩かれるのだ」と、暴力と歪曲した愛情が親密な人間関係のありようの象《かたち》として、子どもにすり込まれていくことになる。そして、無力な立場である子どもは、見捨てられることへの恐怖心からますますいのちを脅かす存在でありながらも、その存在から離れられなくなるという悪循環に陥る。こういう体験をもつ子どもは、見かけ上、物理的に早く自立することも少なくない。しかし、やがてこうした子どもが親になった時に、いつの間にか自身の子どもにマルトリートメントや虐待をしてしまうことがある。虐待をする親の多くは、子どものころ、親に存在そのものを無条件に愛されたという経験をもっておらず、自身の「いのち」への肯定感をもてず、どこかで存在していることへの「申し訳なさ」を抱えてきた人も少なくない。

ある親は自分の感情を抑えきれずに子どもの首を思わず絞めてしまったと訴えた。そのあとに子どもの首に残る自身の手のあざを見て「なんて自分はひどい親だ」と自身の行為に恐れおののき、自責感にさいなまれていた。けれども、どうしても子どもに対して感情をコントロールできないことを涙ながらに語ったのであった。その話に耳を傾けていると、この親にとって、子どもの首を絞めることは、自分自身の首を絞めていることに他ならないように筆者には思えた。つまり、親自身が子どもに自分自身の否定的側面を投影し、あたかも、子どもへの虐待という他害行為を、自傷行為にかわるものとして行っているのではないかと思わせるものであった。似たようなことを訴える親は少なくない。つまり、こういう経験を持つ人の話を聴くと、自分自身の劣等感などを子どもに投影して虐待を加えていることがわかる。このように児童虐待という現象も深層心理の中では、自傷行為と他害行為が無境界の中で起こっていることが見て取れる。親自身も自らの存在を真の意味で受け止められず、自己否定の中で苦しんでいる姿が浮きぼりに見えてくるのである。

4　ドメスティック・バイオレンス——関係性の悪循環

夫婦、またはカップルの中で起こるDVはさらに複雑である。カップルの組み合わせは、源家族[注1]の中で積み残された心理的課題がそのままその関係性に表れるといっても過言ではない。DV関係に陥ったカップルで、暴力をふるう側になりやすい人は、傷ついた自己愛から生じる強烈な嫉妬心がベースとなっていることが多く見られる。また、暴力をふるわれる側は、受動的攻撃性を秘めつつも、面とむかってNOと言えず、表面的には相手の言いなりになっているかのように振る舞うことが多い。そのために、こころと態度の矛盾が相手をダブルバインド状態に追い込み、相手から逆に暴力性を引き出してしまうという悪循環を引き起こしていることが見て取れる。そもそも無抵抗な人に対する暴力は、加害者側の罪悪感がストッパーにならない限りエスカレートする傾向がある。このように表面的に加害者・被害者にみえる関係性も、両者ともに脆弱性を抱えており、見えないパワー・コントロールゲームに陥っている複雑さをもっている。被害者とされる人の中には、「叩いてくれたらわがまま言わずに我慢できるのに」と語った人もいた。また、「叩かれることで自身の中に眠る暴力性を封印することができた」、と語った人もいた。また、暴力の後、優しくしてもらえることで自己愛が満たされ、しかも相手より心理的に優位に立つことができるため「この人は私がいないとだめ」と、暴力をふるうパートナーから離れられないと語る人も少なくない。被害者（＝我慢する人）という立場をとることで、自分はいい人でいられるばかりでなく、自己愛を屈折した形ではあるが支えられている側面があることも否定できない。このように語るクライエントには、子どものころに親から虐待もしくはマルトリートメントを受けてきた経験を持っている人が少なくない。

このように家族内で起こる暴力は、家族の秘め事として、ときに家の恥として封印され表に出にくいという特徴がある。孤立し、閉鎖された空間では、抑制がききにくくなるために暴力はますますエスカレートしやすい。そして、一旦、暴力をふるう人、ふるわれる人という関係性ができあがると、その関係性がより強固に維持されていくばかりでなく、やがて深層心理のレベルでは、加害・被害行為が表面的な相補性とは裏腹に、ますます無境界になっていくという特徴を持っている。

2 事例を通してみる暴力性――自傷他害の意味を知ること

果たして心理臨床は、これらの暴力性にどのように向き合い、支援することができるのであろうか。ここで、深い示唆を与えてくれた事例をもとに、心理臨床のありかたについて検討をしてみたい。なお、本事例は本人から許可を得ているが、特定されないように本質にかかわらない部分は変更を加えている。

1 事例概要

本事例は、DV関係にあった交際相手との別れを契機に危機的状況を呈して来談したAの事例である。その回復過程において、自傷行為や攻撃性の行動化を繰り返し、その行為を通して家族関係を再構築し、自分らしさを獲得していった事例であった。(7)(8) 途中、様々な医療機関で、解離、うつ、摂食障害などの様々な診断名をつけられてきたAは、生育歴においてマルトリートメント（本人曰く、「精神的虐待を受けてきた」と語っていた）を受けてきたという生育歴を持っていた。本事例は児童期におけるトラウマが、時に自傷行為として、のちに親や他者に攻撃的になることで、その内面に秘められていた暴力性が一過性で出現した。しかし、セラピストは、この暴力性は、精神的虐待を受けてきたというAにとって、本来のいのちの働きを取り戻すために必要な回復プロセスとしてとらえ、途中で出現した親や他者への暴力性も、その都度、その意味を理解しながらかかわった事例である。

■**クライエント**　A（仮名）　二〇歳女性（一人暮らし）

■**主訴**　彼との関係・体調とこれからのこと。

■**Aの問題歴**　長く付き合っていた交際相手の彼との別れ話がきっかけで、自殺未遂をして、カウンセリングルームに来た。Aは、親や友人とはほとんど本音を話さず、唯一彼だけが本音を語れる相手だったので、その彼に別れを告げられ、混乱して自殺未遂に至ったとのことであった。初回来談時には、すでに数日間飲まず食わずの状態で、不眠や精神不安を訴えていた。しかし、通院することや、「精神的虐待を受けてきた」という親への連絡を頑なに拒否していた。Aは、思い通りにならない理不尽な思いや、強い怒り、悲しみの感情が起こるたびに解離や自傷行為を繰り返してきた。

2　面接過程

面接過程を五期に分けて提示する。セラピストの発言は〈　〉で示す。

第一期　危機介入期Ⅰ——交際相手との破局をきっかけに（#①〜⑤）

#①　痛々しく憔悴した様子で来所。長く付き合っていた交際相手から別れ話をされ、自殺未遂をした。その時は、彼が心配してくれて、一旦もとの鞘に納まったが、再び彼に、自殺未遂をするような人とは付き合えない、と言われ、結局別れることになってしまい、どうしたらいいのかわからない。今は、ただ混乱し、食欲もなく水を飲むことすら苦痛で、夜もあまり眠れない。けれども、「堕落した人間になりたくないから相談に来た」と語った。セラピストはAの話をひとしきり聴いたところで、家族はこのことに気づいているのかと尋ねると、「親のことは、気持ちの上で頼ったこともない」、「父親は支配者、母親は父親のいいなりで、心配性で過干渉」、幼い頃より、なんでもダメと制限を加えられ、「精神的虐待を受けてきた」と思っていると親への憤りを語った。しかし一方で、「親には心配かけたくない」、「心配させるくらいなら死んだ方がまし」と親への気遣いも語り、両価的な思いに揺れていることが見受けられた。セラピストは、危機介入を要する事例と判断し、面談を進めていくことにした。通院を勧めると「絶対病院には行きたくない」と頑なに拒否し、親への連絡も拒否したため、無理強いをせず〈明日も来るように〉と約束をした。Aの小さな背中に触れた手からは、Aの悲しみが痛いほど伝わってきた。

#②　翌日に約束の時間通り来室。夜中は、めまいと吐き気で苦しかったが、明け方にはいつの間にか眠れたので、今日は比較的調子がいいと語り、「ねえ、それより先生、聞いて、聞いて」とAは大発見をしたかのように、「回復したいと思う自分」と「自分を懲らしめて『ずたぼろ（ずたずたぼろぼろ）』になりたい自分」が二人いることに気づいたことを話した。詳細を尋ねると、「いつも自分はどこかで『ずたぼろ』になってしまえ！という自分がいる」、「でも、『ずたぼろ』になるのはいやだと言う自分もいる」と話した。そして、「自分の中の二人の自分は、五分五分の勢力を持っている」と語った。そして、「自分が苦しめば彼は戻ってきてくれる」、「前回別れ話が出て自殺未遂をした時も、戻ってきてくれて支えてくれた。自分を傷

つけて自分は苦しいけれど、彼が戻ってきてくれたら幸せと思う自分がいる」と語り、クライエントが見捨てられ不安の強さから、彼をひき戻そうとする手立てとして、飲食を拒否するという自虐的な行為をしていたことが明らかになった。どのくらい彼が戻ってくる可能性があると思うのかと尋ねると、「一〇パーセントくらい」と妥当なパーセンテージを答え、セラピストは〈a．今までのように、自分を傷つけて、彼が戻ってきて、そばにいる場面〉と、〈b．自虐的にならずに自分も大切にしているAと彼が一緒にいる場面〉の二つのイメージをしてもらい、それぞれの場面でどのような気持ちが出てくるかを尋ねた。するとAは、前者aのイメージは、「自分は苦しいけれど彼がそばにいてくれるから楽しい。でも、そばにいる彼は苦しい顔をしている」と答えた。一方、後者bのイメージでは「彼も自分も楽しい。でも、失敗したら辛くなるかも。リスクは大きい。ギャンブルみたい」と語った。そして、Aはしばらく思いめぐらした後に、前者aなら「彼が戻ってこなければ絶望が残るだけ」、後者bなら「彼が戻ってこなくても、前向きさは残る」、「それなら、自虐的にならないで彼が戻ってくる方法を考えたい」ときっぱりと答えた。セラピストは〈自虐的な考え方はいつ頃からあったのか〉と尋ねると、小さい頃から九対一で常にあったように思う、親が支配的な人だったので、親から言われたことに反抗する時に、わざとおやつを食べなかったり、食事を食べなかったり自虐的な行為をしていたエピソードが語られた。しかも、そうすると親が心配してくれるので嬉しかったのだと語った。つまり、Aは自虐的になることで親の「支配」から逃れられるばかりでなく、逆にささやかながら親をコントロールする欲求を満たすことができたのであった。このように自虐的行為は、幼少期に苦痛から逃れる方法として身に着けたものであることが明らかになった。

#③では、とても明るい笑顔で面接室に入ってきて、痛めつけようとしていた自分が消えて嬉しくなったこと、昨晩、食欲が戻り、たくさん食べることができたことを話した。そして、Aは数日前におきた学校で

倒れた時のエピソードを話した。その時の友人の反応はとても冷たく、また、倒れたらしいよ、と呆れられてしまった。すごくショックだった。でも、その反応を見て、自分を痛めつけることで誰かが救ってくれると小さい頃からなんとなく思っていたことが覆された感じがして、他人がそのように見るのであればもう自虐的な態度はとるまいと思えるようになったと語った。「小さい頃から今まで自分を苦しめる癖に気づいて、成長できたようで嬉しい」と語り、「今回はもう一生立ち直れないかもしれないと思ったが、意外と早く立ち直れた自分がとても嬉しい」と話した。彼のことは、まだ好きだけど別れる原因は自分にもあったからしょうがないかなと思え、ちょっとだけ諦めがついた。もっと魅力のある女性になりたいので、これからはカウンセリングで自分を高めていくことについて相談したいと語った。また、もうひとつの変化は、ここ数年、汚れたトイレの夢とか人が吐いた夢や、天気も曇りか雷雨といった変な夢ばかりをみていた。けれども、昨日は明るい夢で、目覚めもよく、とても気分が良かった。その夢の内容は、Aが青い綺麗な着物を着てクラスメートに囲まれている、みんなに、かわいいと言われている夢で、こういう夢を見たのは何年かぶり、なんかとても嬉しかったと語った。「失恋して傷つき、寂しいけれどこれでよかったのかなって思えた。人の助けをする仕事がしたい。何に向いているのかいろいろ体験してみたい」と語った。セラピストは、Aの気づきが促進され、まずは自己愛をテーマとする夢が出てきたことに安堵しつつ、ゆっくり無理しないようにやっていこうと再度伝えた。

#④　自主的に通院したら、医者にやせすぎといわれた。自分の中に「天使と悪魔」がいる感じ。幼い頃から父親から厳しい躾を受けてきた。すぐ殴る人だった。また、小学生の時、部活をやめたいといったら無理やり髪の毛を切らされた。また、当時流行していたように眉を細くしたら、父親にひどい体罰を受けたこともあった。それでも今まで親に反抗はできなかった。今でも父親はそばにいるだけで怖くてどきどきする。

叱られると、むかついて自分の腕を噛んだりしていた。「今までの人生は楽しさが一で、辛さが九九のように思う」、「何度も死のうと思ったが生きてきた」と語り、実は付き合っていた彼もしだいに暴力をふるいだし、お尻や背中を蹴ったりする人だった、と彼との関係でDVの被害者であったことが語られた。けれども暴力をふるわれるとAも抵抗できたのでかえって気持ちがすっきりしていた、と語った。

#⑤ 食欲がない。もうすぐ冬休みで実家に帰らなければならない。実家に帰ると両親に怒られる、吐いても食べさせられると思う。親の前では、普通に振る舞ってきたが、一人になった時に鉛筆で腕をさしたり、噛んだり小学生の時からしてきた。高校生の時に非行をして、親はますます厳しくなって、自傷行為もひどくなったと思う。けれども、親には迷惑をかけたくない。自分が苦しくても親が苦しくなければいいと思っている。空から槍が降ってきたらいいな、街を歩いていて殺されたらいいなと思う。食事を食べないのも「曖昧に死にたい」という願望かも、と語った。この時期、Aは、自主的に通院し始めたものの、冬休みの実家への帰省を目の前に、両親への思いに葛藤が生じ、抑うつ状態になっていることがうかがえた。

■見立て 交際相手との別れをきっかけに、見捨てられ不安を刺激され、自殺未遂を行った。「精神的虐待を受けてきた」という生育歴の中で、自傷行為の習慣を無意識に身に着け、幼児期より、「天使」と「悪魔」のスプリットされた世界を生きざるを得なかったAの歴史性を理解することが重要と思われた。また、症状の意味を丁寧に理解し、セラピストが恒常的対象として一貫した態度で、受容的姿勢でいることが求められると判断された。また、家族との関係にいかに折り合いをつけ、再構築していくかも大きな課題であった。

第二期　危機介入期Ⅱ――行動化と両親との関係づくり（#⑥〜⑫）

#⑥（冬休み期間中）精神科の主治医にうつは治ったと言われ、今の傷病名は、自律神経失調症、摂食障害（拒食型）、パニック障害、解離症とつけられた。冬休みの帰省中、父親に自分は虐待を受けたために解離症になってしまったことを伝えた。すると父親もいろいろ思い出したらしく、両親は一生かけてAに償うと言ってくれた。父親も今、とても努力してくれていることがわかる。両親に今までの思いを言えてよかった。けれども昨日、某業者とのトラブルがあり、その上、「元彼」の話を友人から聞き、初めて殺意に似た「殺してやりたい」という怒りが出てきて、その日の晩にリストカットをしてしまった。首も切ったが肌が固くうまく切れなかった。死ぬ気はもともとないので、ただ痛いというよりも切ったあとに妙な達成感がありすっきりした。セラピストは、Aの自傷行為に至った気持ちを受け止めながらも〈首だけは、一歩間違うと死んでしまうのでやめるように〉と伝えると、Aは、「死ぬ気はないので大丈夫」と答えた。また、その怒りについて尋ねると、その業者に対してと、元彼に対して、そして親に対する怒りの気持ちだと思うと語った。特に、親からはずっと虐待されてきたけど、一度も反抗せず、怒りもせずにきた。その分の怒りが出てきたような感じだったと語った。セラピストは〈しばらく過去に積み残してきた分の怒りも出てくる可能性があるので、健全な形で発散していくようにしよう〉と話した。Aはひととおり話すとすっきりしましたと安心した様子であった。セラピストは、Aの健全な自己愛を回復していこうとする過程の中で、自虐か攻撃かの極端な行動パターンとしての暴力性が出現していることを理解しつつ、自傷他害防止の約束をした。

ところがその翌日、Aより悲鳴に近い声で、親に精神病院に無理やり連れてこられたので、助けてほしいという大変興奮した電話が入った。その経緯を尋ねると、トラブルのあった業者の人から逆に訴えると言われたので怖くなり、自ら警察に飛び込んで相談に行った。すると、警察の人に勝手に親に連絡をとられ、親が身元引受人としてAを迎えにきたとのことであった。電話口でAは、「親といろいろ話して、親のことを許したのに、また、裏切られた」、「入院させたら死んでやる。食事も食べない！　点滴も受けない！」と大声で泣き叫んでおり、その声が病院内のロビーに響き渡っていることがわかった。セラピストは、その場で父親と電話で話をすることになった。両親もどうしたらいいのか分からず、このままだと他人に迷惑をかけるのではないかと心配で、苦渋の決断をして、強制入院させるつもりであるとのことであった。A自身が納得しない入院は、精神的虐待を受けたと認識しているAにとって親子関係を悪化させるばかりでなく、Aの症状をも悪化させせかねないと危惧を感じ、セラピストは、親の心配を受け止めながらも、〈今まで抑えていた感情が、この事件を通して噴出しているように思える〉、〈ここをうまく乗り切れば親子関係を修復する可能性が高い〉、〈入院に関しては、本人は頑なに拒否しているので、主治医とよく相談して慎重に決めてほしい〉と伝え、父親も了解した。

#⑨～⑫　その翌日の電話では、入院しなくてすんだ、今、父親から若かった頃の話を聞いていたところであると明るい声で語り、前日とは一転して落ち着いた様子であった。数日後、Aより電話があり（#⑨）、今日は気分がいい。音楽を聴いていたら気分が良くなってきた。話をしていて、お父さんも若い頃、非行っぽくなったことがあるらしいと知って少し嬉しかった。しばらく実家で静養するつもりであると語った。#⑩では、両親と仲良くなった。けれども根っこが取れない感じがする。小学校三、四年生くらいに精神年齢が戻っている感じがすると語ったため、セラピストは、〈(退行は) 回復のプロセスで起こることなので大丈夫〉と伝えた。また、「最近、親に甘えたくなってヤンキーぽいところを親に見せたくなる。素直に甘えられない」と甘えについて語るようになってきた。#⑪の電話相談では、年齢が戻っている感じ。親に軽くどなられると、年齢が小学生に戻ってしまう感じ。そして、小学校の時の体重に戻りたい、やせたいという気持ちがでてくるのだと語った。同日、母親からもセラピストに電話があり、父親はAを受け止めようと努力していたが、つい先日、Aを一方的に叱ってしまい、Aがまた話をしなくなってしまった。どのようにAに対応

すればよいのか悩んでいることが伝えられたため、セラピストは母親が〈父親とAの間のクッション役〉という大切な役割を担っていること伝え、今後、父親を交えて一緒に考えていきたいことを伝え、両親面接の約束をした。

第三期　家族関係再構築の作業――家での居場所つくり（#⑬〜⑯）

Aは、両親に今まで言えなかった思いを一挙に語り始めており、それは時に、親を糾弾するかのような形で出ており、親もその対応に戸惑っている様子であった。よって、第三期では両親面接やAを交えた家族面接を通して、家族関係を再構築する作業を始めた。

■両親面接の実施

父親は、背筋をピンと伸ばし、実直で厳格な印象であり、母親は、自信を失った弱々しい感じであった。涙ぐみながらAのことを話す。Aが数カ月前に「発狂状態」になった時に入院を医者に勧められたが、今は入院させないでよかったと思う。今までほとんど親に話さなかった子が、今回のことがあってから親によく話すようになり、初めてAの本音が聞けたように思う。特にAから幼いころ傷ついたことなどを聞かされ、そういうこともあったなと反省している。子育てを間違ったと思うと話したため、セラピストは〈子育てには、完璧もなければ失敗もない。もし、足りなかったと思われるところがあれば今からやっていきましょう〉と伝えた。今は、親に対して乱暴な物言いをし、今まではそんなことを言う子どもではなかったので、戸惑うこともあると話された。セラピストは、親の思いを受け止めながら、〈親への信頼が回復してきているからこそ安心して反抗できるようになってきている〉、〈反抗を通して、自分を形成している〉、〈Aが回復していくためには、両親の協力が不可欠であること〉を伝え、〈Aの回復に向けて、父の目から見て母がどのような関わりをすればいいと思うか？　また、母からみて、父がどのような関わりをすればいいと思うか？〉と尋ねた。すると、母親からは、父親が真面目すぎて堅苦しいと思うかもしれないので、大目に見てあげてもいいかもしれないと話し、一方、父親からは、母親があまり心配しすぎないで、Aの親への暴言も反抗期の独特の甘えと思い、遅めの反抗期と捉えたらいいのではないかと語られ、当面の対応方法を両親間で共有する作業を行った。また、父親自身も、厳格な（祖）父に育てられ、二〇歳過ぎまでその存在が怖くて一言もしゃべれず、自分自身が親とうまくいかなかった体験が語られ、そのため子どもに対しても原則論を知らぬ間に押しつけていたのかもしれない、育てられたように育ててしまったことが語られた。セラピストは、〈自分自身が親からしてもらえなかったことをわが子にしていくことは大変なこと。その努力をしようとする気持ちに頭が下がる〉と伝えると、Aの回復に向けて親としてできるだけのことをしたいということが涙ながらに語られた。

第四期　復学期――外界とのつながり練習期（＃⑰～㉙）

本人の強い意志があり、四月から学校に復帰することになった。Aは、実家からアパートに戻ってくることができて楽しい。実家では不自由だが一人暮らしは自由で、毎日何をしようかと最高に楽しい。親には心配してほしくないし、干渉されたくないと語り、せっかくいい成績でここまで来たから四月から休学せずに卒業を目指したいと強い意志を示した。セラピストは、Aの頑張りを認めながらも、無理しないことを伝えた。この時期、Aは学内外に交友関係が広がり始め、いろいろな人と出会って自分を磨きたいと語り始め、学内の活動にも参加し始めた。そこでは、物おじせず自分自身の体験談を話すため、メンバーからは人生経験が豊かな姉御的存在として一目おかれるようになった。また、面接では、別れた彼とはDV関係であったこと、殴られたり、床に顔を押し付けられたり、蹴られたりしていつも泣いていたが、かえってすっきりしストレス発散ができていた。でも、今はそんなことはない、別れてよかったと思うと話した（#⑳）。一方、かつて授業中にきつい物言いをした某教員を侮辱罪で訴えたいと言い出したり、通院先の主治医とトラブルを起こし、器物を破損したりすることもあった。その都度、セラピストはAがそうならざるを得なかった気持ちの理解に努め、自傷他害や器物破損防止の約束を行った。Aは、「セラピストと約束したから、殴らなかった」と話し、この怒りは小さい頃のことと連動している感じがすると語った。セラピストは〈約束を守ってくれて嬉しい〉と伝え、小さいころに傷ついたことから立ち直ろうとするプロセスにいることをAと確認した。そして、主治医とのトラブルを最後に、目立った行動化はみられなくなった（#㉓）。休み方がわからないから無理してしまうのでしんどい。小さい頃から親にボケーッとするなと何度も注意されてきており、ボケッとしていると父に反省文を書かされた。今から考えると、ボーッとしていたのは解離だったのかも。楽しい時には解離にならない。極度に集中しなきゃと思うと解離する（#㉔）。父は、まじめすぎて逃げることができない人。両親は、最近はやりたいことをやりなさいと言ってくれている。でも、小さい頃から『勉強しろ！　先のことを考えろ！』と言われ続けてきたので、今は親が何も言ってこないのでかえって不安に感じることもある（#㉕）。最近、頑張らなくてもどうにかなるのではないかと思えるようになってきて、あせりがとれてきた。そして、彼ができたことを話し、その彼は真面目な人で束縛もせず、DVもしない人。父親のような支配的な彼を求めてしまうところがあるので少し物足りなく感じることもあるけれど、これが普通なのだとも思うと語るようになった（#㉗）。この復学期に両親面接も並行して行った。父親も、つい以前のパターンのようにAに厳格に言ってしまい、Aから口ごたえされ、『また、やってしまった』と反省したり、Aの様子をハラハラしつつ、親としての対応に揺れながらも一生懸命ありのままにAを受容しようとしている様子が見てとれた。

第五期　卒業に向けて（#㉚～㊵）

#㉚　Aより、進路のことで両親と話し合いたいとの希望があり、Aと両親の合同面接を実施した。両親からAに、留年してゆっくりしたらいいし、あせらずに進路を考えたらいいと思っていることが話された。すると、Aは、自分の中の厳しい部分が許さないから、留年も休学もしたくないし、卒業して就職したいこと、就職しないと大学に入った意味がないと考えていることが語られた。けれども一方で、就職に対する不安もあり、頑張りたい気持ちとの狭間で揺れていることを両親に素直に語った。すると、父親からは「ゆっくりやればいい」、「今は卒業＝就職と考えなくていい」とはっきり伝えられた。終始Aと両親間で穏やかなやりとりがなされた。両親も心からAを受け止めようとしており、Aも素直に自分の迷いを語れていることがうかがえ、家族がAを抱える器として機能していることが見て取れた。

この第五期には、Aは、食事も量は多くないが普通に食べられるようになり、体重も増え、頬に少し丸みがでてきて表情が柔和になってきた。その後の面接の中では、「親のことはもういいと思うようになった」、「(親は)本当は弱い人たち」、「親は親の人生を歩んでほしい」(#㉝)と親に対する語りに変化が見られてきた。「実家を離れて働くことにした。親から離れて自立するチャンスなので生かしたいと思う」(#㉟)、「就職試験に合格」(#㊳)、「卒業の見込みができた」、「自分は、少しストレスがある方が頑張れることがわかった」(#㊴)と語れるようになり、その後、初回面接から一年三カ月後に卒業をもって終結となった。

3 事例の考察――暴力性の意味の理解と心理臨床的かかわり

1 暴力性の肯定的理解と支援――トラウマと解離

長年、アメリカにおいて臨床に従事しているスタイン（Stein,A.）によると、人生早期における深刻な虐待が暴力を生み出すことを指摘している。それゆえに、暴力の抑止を望むならば、暴力の根源がトラウマにあることを理解し、その問題に取り組む必要があることを強調している。そして、多くの犯罪が解離状態の中で発生していることも専門家は知るべきであり、健忘、非現実感、離人感、アレキシサイミア、身体化といった解離的な特徴を帯びた症状が、トラウマ後の防衛として現れ、それは健康な人格においても出現するであろうということが指摘されている。[9] Aの事例でも、精神的虐待を受けた経験を幼いころにもち、解離を中心としたさまざまな症状が出現していた。心理臨床の支援のプロセスは、いい子であることを余儀なくされてきたAが、いかに解離してきた感情を安心安全感の中で取り戻し、全体性を生きることを可能にするのかが求められた。

セラピストは、本事例で立ち現れた暴力性は、病的なものとしてではなく、人が生きようとする物語の再編作業の途上で、つまり、Aが、回復しようとするプロセスの中で必然的にあらわれた「いのち」の働きと捉えて関わった。子どもの頃、「精神的虐待を受けてきた」というAが、主体を取り戻すために必要なプロセスであったともいえよう。その攻撃性は、幼児期に親子関係で満たされなかった「アサーティブネス（健全な自己主張）」の一部としてとらえたコフート（Kohut, H）の考えをも想起させるものでもあった。コフートは、自己イメージは他者からの共感的反応によって初めて時間的連続性をもち、一貫した自己として体験することができると指摘している。[10] また、マーラーら（Mahler, M .et al.）[11] は、「分離―個体化期」における

「再接近期」の発達課題を通して、自己存在と対象存在（重要な他者）との情緒的対象恒常性を獲得し、自我の自律機能や内在機能を発達させることが可能になることを述べ、この時期に固着が起こると、自己と対象世界との間に適切な距離を見出せず、両価的な体験が強まり、境界例症侯や自己愛症候などが深刻化すると述べた。また、マスターソン（Masteson,J.F.）[12]は、再接近期での固着が青年期境界例の主要な原因となりうると述べ、青年期はこうした過程の再現を経て成人に至る「第二の分離—個体化の時期」であると指摘した。一方で、ブロス（Blos, P）[13]も対象依存を克服して親から精神的自立をはかる青年期を「第二の個体化プロセス」とし、この時期の退行や自己愛的段階を発達的プロセスとして肯定的に捉えている。

Aの場合、交際相手との別れという喪失体験を契機に、見捨てられ不安が刺激され、発達課題の葛藤が出現したと思われた。そのため、セラピストはこれらを幼少期に満たされなかった発達課題のやり直し作業をおこなうために必要なプロセスとして生じた青年期危機と捉えて関わった。セラピストは、Aが解離したり、「天使」と「悪魔」のようにスプリットしなくてもありのままの自分を安心して表現できる場を作り、受け入れる姿勢を一貫して示し続け、Aが「悪魔」になった場合も、自傷他害行為の制限を加えながらも、「そうならざるを得なかった経緯」を共感的に傾聴した。また、家族をAの健全な育ちを支えるリソースとして捉え、家族支援をおこなった。#⑩からAは親との距離を試行錯誤し始め、甘えをテーマにした退行現象も生じてきたが、これも回復過程における肯定的なものとして生じたと捉え、親と共に受容と見守りの姿勢をとり続けた。すると、セラピストの予想をはるかに超えて短期間で一人暮らしを再開し、学内外で交友関係を持ち始め、行動化と思われる暴力的な行為は収束していった。また、交友関係が安定してくると、親に対して、反抗的態度ではなく意見が言えるようになってきた。特に、Aの希望で合同家族面接を実施し、卒業と就職に向けた気持ちを穏やかに両親と分かち合った面接は、親元を巣立とうとするAのイニシエーションのようにも感じられた。以降、Aが話す内容は進路を含めた就職に向けた自立への準備に変わっていった。

親の良い面と悪い面を認められるようになり、Aの青年期の第二の個体化が急速に進んでいることがみてとれた。

2 自傷と他害という暴力性

自分に向ける自傷行為と他者に向ける攻撃性は、感情表現の発露としてのベクトルが真逆ではあるが、その心性は同じところにあることをAの事例は示している。暴力性が自己に向かうと自傷行為となり、他者に向かうと暴力という行為になりやすい。こういった行為をする人の共通点として、「手のかからない子ども」を余儀なくされてきた生育歴を持つ事例が少なくない。本事例の場合も、Aは親に「支配」され、「精神的虐待」を受け続けてきたと感じる生育歴の中で、親の前で「いい子」を演じ続けることで、「悪い子」の部分がスプリットされ、抑圧された世界を生きるパターンを身に着けたと思われる。そして、それらの感情や思いが刺激されるたびに解離や自傷衝動が生じ、健全なアサーティブな攻撃性までをも抑圧してきたことがみてとれた。言い換えれば、解離や自傷をすることで、他者に向ける攻撃性を表現せずに、「いい子」でいられたともいえよう。また、自傷行為は「いい子」になりきれない罪悪感と怒りの感情を一時的に緩和してくれる作用をも持っていたと思われる。

ところがAの中でスプリットされ、抑圧されてきた攻撃性やネガティブな感情が「悪魔」という形になって意識化されることになった。そういった意味で、#④の面接で、解離することなく、自分の中に「天使と悪魔がいる」ことを言語化することができた意味は大きいといえよう。筆者の経験では、自傷行為をする青年期女子はAのように、ネガティブな感情表現が著しく抑制または抑圧されているために、それをうまく言語化できない事例が多い。というのも、それを表現することを幼少期から禁じられてきた生育歴を持っていることが考えられるためである。

また、本事例の場合はAが食事をとらないという自虐的な行為をすることで、逆に親の罪悪感を刺激し、厳しかった親が急に心配して優しくなり、ささやかな甘えを満たしてくれるという体験を何度となく繰り返してきたのであろうことが推測された。彼との別れの際の自殺未遂は、思い通りにならない事柄に直面する度に自分を罰すれば、相手は自分のことを大切にしてくれるという無意識の希求として幼児期に身に着けたAのもつ物語であったことがうかがえた。このように、無意識に組み込まれた対人関係パターンは、幼児期の親子関係を再現するかのように、恋人との関係の中で、DVの被害者になりやすい傾向をも示していた。また、自己肯定感が低い時には、情動的なストレスをうけた際に、その怒りや悲しみは、自己に向かい、自傷行為として現れやすいが、自己肯定感がある程度回復してくると、逆に他者への攻撃性へとそのベクトルが転じる傾向があることも示している。すなわち、子どもの頃の児童虐待やマルトリートメントによるトラウマを抱えてきた人は、自己肯定感の回復と共に攻撃性が高まることは、回復過程で避けて通ることのできない現象として捉えておくことが重要であろう。この段階で、十分な理解と支援が得られないと、そのパターンは深く人格に影響を与え、固着してしまうことが予想される。よって、暴力性が向かうベクトルが反転し、自傷行為が他害行為になったときの対応は、心理臨床を行う上で重要なクリティカルポイントになると考えられる。

3　暴力の世代間連鎖——家族を支援することの意義

暴力の世代間連鎖は、すでに多くの研究の中で述べられている。なかでも、多世代学派の家族療法家のボーエン（Bowen, M.）[14]は、両親間葛藤に巻き込まれてきた子どもが最も精神的損傷を受けやすいことを指摘している。同じく文脈療法の家族療法家のナージ（Boszomenyi-Nagy, I.）[15]は、両親間の葛藤に巻き込まれてきた子どもは、父親、母親に対する忠誠心がスプリットされ、様々な問題行動や心理的な症状を引き起こすことを明らかにした。

　本事例の場合も、Ａ自身の目からは決して仲が良いとは思えなかった両親の葛藤に巻き込まれていた可能性が高い。支配的に見えていた父親と、言いたいことが言えずに我慢している母親を守るためには、Ａが母親と同じように言い返さずに我慢していい子になることが必要であったことが推測される。口ごたえをするＡを見た父親が、母親の育て方が悪いからだと母親を責める場面も多々見てきたがゆえに、悲しむ母親の姿をみると罪悪感が刺激されたのであろう。いい子になるのは、Ａなりの母親の守り方だったともいえる。このように、子どもの立場で、けなげに親を守ろうとする子どもは臨床実践の中でよく出あう。しかし、それは時にＡにとって耐えられないほどの苦痛を伴うことになったと思われ、抑圧された怒りは、自己に向かい、自傷行為に至ってしまったことが理解できる。Ａが回復過程の中で出現した暴力的な言動の中には、母親が言えなかった分までＡが担って表現しているのではないかと思われることも多々あった。世代を超えて積み残してきた課題を、Ａの代で解消せんがために暴力性が立ち現れたとも思われた。現に、Ａが様々な問題行動を起こすことで、両親は様々な気づきが促進され、様々な内省を始め、Ａに真摯に向き合い、家族としての居場所を作ることを可能にした。結果的にＡの暴力性は、荒々しくはあるものの、世代間連鎖された課題を解消するために大きな役目を果たしたともいえよう。また、その暴力性の出現をきっかけに、Ａは家族の融合関係から抜け出し、両親から自立を模索し始めた。

　このＡの事例のように、個人にあらわれる症状は、その個人だけでなく、家族の歴史性や、世代間連鎖された家族員が抱えている問題を象徴的に表していることがよくある。そういったときに問題を抱える個人だけの支援でなく、家族全体の支援をしていく必要性を筆者は強く感じる。ＡのＳＯＳサインはまさに家族のＳＯＳのサインであった。このＳＯＳサインを、専門家が受け止めかねると、その中で立ち現れる暴力性は、エスカレートするばかりでなく、暴力の世代間連鎖を生じさせる可能性があるのではないかと考える。

まとめ……「いのち」を再び生きようとするときに立ち現れる暴力性

本稿では、Aの事例をとおして暴力性について考えを述べてきた。暴力性が、虐待やマルトリートメントを受けた子どもが再び「いのち」を生きようとする試みの中で起こることを示唆してくれた事例であった。自傷他害行為を含む暴力性を心理臨床の中で取り扱うことはたやすいことではない。重ねて言うが暴力は決して許されるものではない。しかし、暴力性の意味を多義的に理解することで、新たな家族関係を構築し、負の世代間連鎖を断ち切り、創造的変容を可能にすることをも示唆してくれている。子どもは親の影を担い、親の果たせなかった影を生き、世代を超えて全体性を生きようとする。たとえば、禁欲的な親の元から、反社会的行動をする子どもが出現することもそれを現しているといえよう。親が生ききれなかった影を、子どもが症状や問題行動を通して表現する場合である。このように多世代的に俯瞰すると、家族員の誰かが症状を担うことで、失われた半身を取り戻すかのような心理的作業が世代を超えて行われることがわかる。暴力性もその一つなのかもしれないと筆者は考える。

精神分析家のマーギュリー（Margulies,A.）は、精神的な症状は人を苦しめる面もあり、防衛の側面もあるが、同時にそのクライエントの強さでもあることを指摘している[16]。

私たち心理臨床家は、症状や問題行動という声なき声に耳を傾け、その意味を多義的に理解する必要があるのである。クライエントにとっての症状や問題行動の意味を理解せずして、それらをただ単に取り除こうとする試みは、クライエントの一部を排除し、否定する行為にもなりかねない。そこへの十分な理解と配慮がないままに症状を取り去っても、形を変えた新たな苦しみをもたらすに過ぎない[7]。このように症状や問題行動の否定的側面のみをみるのではなく、それがクライエントにとって、何を引き受け、どのような意味をもたらしているのかを理解することは心理臨床家に与えられえた大きな役割であると共に、そこを手掛かりに創造的変容を促進可能にすると考えている。まさにクライエント自身が皆藤章のいう「いのち」を生きようとする試みに心理臨床家がいかに寄り添い、伴走できるかが問われているのだと考える。

［注］1　原家族の英文 family of origin の「起源」という意味、家族はリソース＝資源という意味を活かし、ここでは源家族と記載する。

2　本稿の二節、三節は、筆者による論文[8]および京都大学博士論文[7]で取り上げた事例に加筆、改変を加えたものである。

［文献］（1）皆藤章「何もしないことに全力を注ぐ――アーサー・クラインマンの『プレゼンス』に寄せて」皆藤章監修、髙橋靖恵・松下姫歌編『いのちを巡る臨床――生と死のあわいに生きる臨床の叡智』第一章、創元社、五一～七二頁、二〇一七

（2）Pinker, S.（2011）*The Better Angels of Our Nature: Why Violence Has Declined.* NewYork: Viking.（幾島幸子・塩原通緒訳『暴力の人類史』青土社、二〇一五）

（3）警察庁『平成二八年におけるストーカー事案及び配偶者からの暴力事案等への対応状況について』

（4）厚生労働省『平成二八年度児童相談所での児童虐待相談件数における児童虐待件数児童虐待件数（速報値）』http://www.mhlw.go.jp/file/04-Houdouhappyou-11901000-Koyoukintoujidoukateikyoku-Soumuka/0000174478.pdf（二〇一七年八月二三日取得）

（5）厚生労働省『平成二七年度高齢者虐待の防止、高齢者の養護者に対する支援等に関する法律に基づく対応状況等に関する調査結果』http://www.mhlw.go.jp/stf/houdou/0000072782.html（二〇一七年八月一九日取得）

（6）法務省法務総合研究所、平成二八年度犯罪白書

（7）布柴靖枝『クライエントの歴史性と物語生成に関する心理臨床研究――多世代的視点からみた症状の意味と家族神話』、京都大学博士論文、二〇一三

（8）布柴靖枝『青年期女子の自傷行為の意味の理解と支援――行動化を繰り返しつつ、自分らしさを模索していった女子学生の危機介入面接過程を通して』、学生相談研究、33（1）、一三～二四頁、二〇一二

（9）Stein, A.（2007）*Prologue to Violence: Child Abuse Dissociation.* New Jersey: The Analytic Press.（一丸藤太郎・小松貴弘監訳『児童虐待・解離・犯罪』創元社、二〇一二）

（10）Kohut, H.（1977）*The Restoration of Self.* Connecticut: Universities press.

（11）Mahler, M. S., Pine, F. & Bergman, A.（2000）*The Psychological Birth of the Human Infant Symbiosis and Individuation.* New York: Basic Books.（高橋雅士・織田正美・浜畑紀訳『乳幼児期の心理的誕生——母子共生と個体化』黎明書房、二〇〇一）

（12）Masterson, J. F.（1980）*From Borderline Adolescent to Functioning Adults: The test of time.* New York: Brunner/ Mazel.

（13）Blos, P.（1967）The Second Individuation Process of Adolescence. *Psychoanalytic Study of the Child,* 22, pp.162-186.

（14）Kerr, M. E. & Bowen, M.（1988）*Family Evaluation. An Approach Based on Bowen Theory.* New York: W.W Norton & Company.（藤縄昭・福山和女監訳、福山和女・対馬節子・萬歳芙美子・荻野ひろみ訳『家族評価　ボーエンによる家族探求の旅』金剛出版、二〇〇一）

（15）Boszormenyi-Nagy, I. and M. Spark, G. M.（1973）*Invisible Loyalties.* New York: Harper & Row.

（16）A・マーギュリー、Cambridge Health Alliance（Boston/ USA）における二〇〇八年三月四日スーパービジョン講義。

第6章 医療の場におけるケアするひとへのケア

——医療従事者への心理的支援という実践から

坂田真穂

1　はじめに

かつて、病いのために就業できないことを「居場所がない」と嘆いた青年クライエントがいた。職業は単に生計の維持のためだけに持つのではない。社会における「居場所」、あるいはこころの「居場所」と呼ばれるほど、自己存在そのものに密接にかかわるものである。現代社会において、職業選択には、自分の個性を発揮したり社会的役割を果たすことによって、自己の社会的存在意義を確認する側面がある。

しかし、その仕事が実存感と結びつくありようは職業によって異なる。芸術家のように特別な感性をもって職業とする者は、その感性に自己存在意義を感じるかもしれないし、外科医やエンジニアのように知識と技術をもって職業とする者は、その専門的知識や技術力の高さに実存感を見出すかもしれない。また、主婦であれば家族の健康や子どもの成長の中に実存の喜びを噛みしめるだろう。そして、看護のようにケアを主な業務とする者は、自ら施したケアによって他者の苦痛が軽減された時に、実存感を感じ、やりがいを覚えることが多い。しかしながら、ケアという仕事は、ケアするひとにやりがいだけでなく、心理的疲弊をもたらすことがある。

筆者は日頃、医療の場で医療従事者への心理的支援を行っている。その一〇余年にわたる臨床実践では、ケアに疲弊した多くの医療従事者の語りに耳を傾けてきた。そして、その実践を通して、ケアにおいて疲弊はやりがいと表裏一体であり、ケアするひとをケアするためには、その疲弊の奥にあるやりがいにも目を向ける必要があると感じている。また逆に、やりがいについて考える時には、その裏にある疲弊という影も無視してはならない。

本章では、筆者の臨床実践を基に、ケアするひとへのケアについて、ケアがもたらすやりがいと疲弊という観点から述べる。そのために、続く第二節から第四節にかけては、ケアのやりがいを見失い心理的疲弊に陥った看護師の事例を提示し、どのような時にケアは実存感を生み、どのような時に疲弊させるのかについて示す。また、第五節では、疲弊状態からやりがいを取り戻すための支援について考える。なお、本章で提示する事例は全て、プライバシー保護の観点からケースのエッセンスのみを短く掲載し、本質を損なわない程度に変更を加えてある。また、来談者の発言を「　」、セラピストの発言を〈　〉で囲み、セラピストをThと示してある。

2 ケアの意味を問うこと

1 回復しない患者に疲弊した看護師――事例1

A（二〇代、女性）は外科系病棟で働く三年目の看護師である。細身で飾り気がなく、うつむき加減のその顔には疲れが滲んでいた。Aの病棟では、今年に入って立て続けに何人かの退職者や産休者が出たために人員が減り、残ったスタッフはそのフォローのために走り回っていた。そのため、退社は毎日のように二〇時を過ぎ、夜勤頻度も増え、Aは「毎日くたくた」だと話した。

ある日、Aは勤務をなるべく早く切り上げて自宅に戻り、その日の深夜から再び始まる夜勤に備えて仮眠を取りたいと思っていた。しかし、患者が夕方に急変したことで先輩から「残って手伝って」と言われて残業することになった。そのせいで結局、仮眠を取ることもできないまま夜勤に入らざるを得なかったという。疲れが限界にきていた矢先、別の先輩から「最近のAからは以前のようなやる気を感じられない」と叱責され、Aは「何かがプツンと切れ」てしまったのだと話した。「もう疲れてしまって……。自分は一体何しているんだろうと思うと、もう仕事に来るのが嫌になった」と言った。

その後、面接を重ねるうちに、Aは次のようなことを語った。「最近は患者さんも高齢化が進んでいて、平均寿命に近い年齢の方でも大きな手術を受けることは珍しくありません。手術することで確かに疾病自体は治療されるんですけど。……でも、その病気で亡くなることは免れるものの、ほとんどの人は体力的に元通りの生活はできなくなるんです。場合によっては寝たきりになることもあります。それに……元通り身体機能や生活が回復しないことで、結局家族は退院後の生活の世話を自宅でできなくなってしまって、自宅ではなく別の、いわゆる高齢者施設みたいなところへ移される人が多いんです。あの患者さんたちは寝たきりのまま施設でずっと寿命が終わるのを待つのかな……って思うと、なんか私、看護してるけど意味あるのかなぁ、って思えてきて。自分は一体何しているんだろうと思うことがあります」とその苦しみを吐露した。

「自分は一体何しているんだろう」という言葉が以前、激務の中で叱責を受けたときにも語られていたことをThは思い出し、〈自分の生活もままならないほど一生懸命看護をしているにもかかわらず、患者さんやその家族が幸せになっていないのではないかと思うことで、『自分は一体何してるんだろう』という思いがするのでしょうか〉と尋ねた。すると、Aは、「そうです。（高齢の患者は自分たちが行っている医療のために）逆に苦しんでいるんじゃないかって思うと、こんなに朝から晩までやってることに何の意味があるんだろうと虚しくなります」と答え、「こんな大変な思いで看護していても、患者さんが元気に退院してくれたり喜んでくれたら報われるところもあると思うんですけど」と付け加えた。

そうしてその報われなさについて話すうち、Aは「……あの患者さんや患者さんの家族は、手術をせず諦めるのは嫌だったのかなぁ。手術に賭けてみたいと思ったのかなぁ」とつぶやいた。そして、「……まぁ、元気になる人もいないわけではないですからね」と続けた。〈そうなんですか、元気になる人もいるんですね〉とThが尋ね返すと、「少ないですが。……あぁ、私から見ると高齢なのだし、残された時間を穏やかに過ごすのが良いと思いましたが、本人や家族にとってはそうではなくて、まだまだ可能性に賭けたかったのかもしれませんね」と答え、「その本人や家族の思いをお手伝いできただけでも意味はあったのでしょう。そう考えると、私たち看護師の仕事は結果のためだけにしているのではないのかもしれませんね」と言った。

その後の面接でも、これまでAが看護をしてきた患者たちについて語られた。そして、看取りを行った患者について回想する中でAは「こうして思い起こすと、私もたくさんの患者さんを看取ってきました。でも、看護師としてやれるだけのことはやってきたように思います。自分がやれるだけのことをやっても亡くなっていく患者さんのことは、看護師としてちゃんと見送るしかないのかなって思えてきました。それは、回復できずに施設などに移ってゆく患者さんに対しても同じことなのでしょう」と言った。その対話の後まもなくして、Aは「たとえ治らなくても、自分のやっていることには意味があるのだと思えるようになりました。そう思うと、激務による疲れも報われるような気がしました。これからはちゃんとやっていけると思います」と述べ、面接は終結となった。

2　患者の回復と有意味感

一般に、看護という仕事は心身ともに激務であり、特に、急性期病院における看護では、膨大な業務量や交代制勤務などによって、看護師が受ける身体的負担も大きい。それに加えて、処置の困難さや、チームプレイという職務的性質、患者の命にかかわる緊張感のために、先輩や上司から日常的に厳しい指導を受ける。実際、筆者が勤務する急性期病院の看護師は、日勤帯勤務者であれば、始業が九時であるにもかかわらず、そのほとんどが八時過ぎには出勤して電子カルテから患者の情報を取り、その後病棟を一日中走り回っても病院を出るのはたいてい一九時を回っている。「昨日は二二時まで（仕事が）かかった」という者も珍しくない。そのような激務にもかかわらず、心理的疲弊に陥ることなく仕事を続ける者もいる。それは、仕事と私生活を切り替えて気分転換ができる力や、家族や友人に精神的に支えられていることにもよるだろうが、自分が行うケアやそれによる心身の疲弊が何かや誰かの役に立てているという有意味感を感じられることによるところも大きい。

しかしながら、この有意味感が得にくい状況であったり喪失している場合、看護師が心理的疲弊に陥ることは少なくない。献身的にケアを続けたにもかかわらず「患者を回復させられた」「安楽にできた」という結果を得られないとき、先の事例の看護師Aのように、その献身の意味を見失い虚無感に苛まれてしまうのである。Aも来談当初は仕事量の多さやそれがもたらす肉体的疲労感について語り、身を粉にして働いているにもかかわらず自分の努力が先輩看護師に伝わっていないことを憤っていた。しかし面接を続ける中で、Aを真に疲弊させたものは、「こんな大変な思いで働いていても」患者が回復して幸せにはなるとは限らない現実であることが明らかになっていった。その現実を前にAは「何の意味があるんだろうと虚しく」なったと思われた。

疲労も誰かの役に立てたと感じられれば報われるが、激務に耐えた結果として、患者を寝たきりに陥らせてしまったと感じたり、患者を施設に送ることに繋がったと感じれば、その献身の意味を見失いそうになるのも無理はないだろう。Aのような献身的看護を行う看護師が、日々の激務に耐えるために、患者の回復という現実的結果の中にある有意味感にすがろうとすることは理解できる。このように考えると、私たちは意識的にせよ無意識的にせよ、常に自分自身の行動や仕事に意味を求めているといえる。

フランクル（Frankl, V.）は、「人間の生活に意味と内容を与えるはずの活動が生計と結びつくか否かは重要ではなく、この活動が……（中略）……ある物またはある人のために生きているという感情を目覚めさせるかどうかの問題だけが大切であり、決定的でもある」と述べている。そして、どれほど負担過剰な苦難でも、有意味的であるならば人間はそれを乗り越えることができるとして、これを「意味への意思（will to meaning)」と呼んだ。また逆に、自分自身の人生や行動に意味を喪失した場合に起きる無意味感や内的虚無感を「実存的空虚（existential vacuum）」と名づけ、人間を最も深く支配しているのは「意味への意志」であり、意味を見出すことができればいかなる苦悩にも耐えうるが、それが充足されない限り「実存的空虚感」を免れることはできないと説いている。[1]

ケアもまた、その意味を見出すことができればケアする者の実存感は支えられるが、意味が見失われてしまえば空虚さが襲う。ケアがケアするひとに実存感をもたらすためには、ケアという行為の中に意味を見出す必要がある。そして、それは多くの場合、患者の回復によってもたらされることが期待されている。しかしながら、医療現場においては完治する患者ばかりではないため、患者の回復だけを目指していてはケアに意味を見出すことが難しい。回復しない患者のケアに対しても意味を見出せることが、心理的疲弊に陥らないためには重要なのである。

事例1のAは、患者の回復にのみケアの意味を見出そうとしたことに心理的疲弊に陥る原因があった。ケアの意味が患者の回復のみにあるのではないことは、ターミナルケアなどにおいて回復が見込めない患者に対しても献身的ケアが続けられていることからも明らかである。「息を引き取るまで、看護だけはできるのだ」という中井久夫の言葉[2]にもあるように、回復しない患者に対してもその命の最期までQOL[注1]を保ち、彼らの自己実現を支えることがケアの果たす重要な役割の一つである。

メイヤロフ（Mayeroff, M.）は、ケアにおいては結果よりも過程を重要視するべきであると述べている。[3]たとえ、ケアの結果が身体における傷病の回復や社会的状況の改善に繋がらなくとも、患者の自己実現のプロセスを支援したことにケアの意味はある。面接の中でAが気づいたように、回復に賭けたいと願う患者や患者家族の意志に寄り添い、同じ目標に向かって支援すること自体がすでにケアなのである。その結果として望み通りの回復に至ったか否かという点ではなく、患者の自己実現の過程に寄り添えたかどうかということにケアの意味を問う必要がある。そのことを忘れ、ケアの意味を現実的回復にのみ見出そうとすれば、回復しない患者のケアを行う度にケアの意味を見失うこととなり、それは単に身体的負荷の大きい労働体験となる。このようなことから、自らが行うケアの意味に向き合うことは、より良いケアを提供するためだけではなく、ケアするひとが心理的疲弊に陥らないためにも重要なのである。

3 ケアを実感すること

1 患者の反応を感じられずに苦悩する看護師——事例2

B（二〇代、女性）は、体育会系をイメージさせるはつらつとした二年目の看護師である。院内の職員相談室には自発的に来談した。Bは、認知障害のある患者X（男性、六〇代）へのかかわりについて悩んでいた。Bによると、Xは事故による頸椎損傷によって入院してきたが、認知障害が現れたためか数十分毎にナースコールを押し、また、業務の手を止めて駆けつけても言葉が聞き取りづらいため、病棟の看護師たちは対応に苦慮していた。Bも「忙しいときにXさんに呼び止められると、内心イライラすることがありました。どうしたのかと尋ねても、Xさんが何をして欲しいのかよく分からないから」と話した。しかし、一方でBは、「確かにXさんにはイライラしているんですけど、行ってあげるとうれしそうにするんです。それに、身体を拭いてあげたりお茶を飲ませてあげると、喜んでいるようです。だから私もしょうがないなぁって感じで。それに『Xさんはあんな状態になってとてもしんどいはずだ』と思うと、忙しくても色々やってあげる気になるんです」と語った。

ところが、Bがお盆休みのあと病院に戻ってくると、Xの症状は悪化しており、ほとんどの時間を眠った状態で過ごすようになっていた。無精ひげの間からは乾いた唇が半開きになっており、髪には癖がついたまま、時折開く目には何の感情も映し出されない。その変わり果てた姿にBは「なんだか悲しくなりました」と言った。そして、「（Xさんは）意識レベルが下がっているし、もう何かをして欲しいと言ってこなくなりました」と寂しそうにうなだれた。

そんなある日、Xの姿を見かねたBは、温かいタオルでXの手を拭いたり、伸びた爪を切ってあげた。しかし、以前のようには反応を返してこないXに、「Xさんは何にも言わないし、何をしてもうれしそうにしないし、文句も言わなかった。これでいいのか、どうして欲しいのかよく分からないんです」と言った。Bは「なんだか自信がなくなって疲れてきました。患者さんから『ありがとう』って言われたり、うれしそうな反応がみられるとこれでいいんだって思えて救われるんですが、何の反応もないとこれでいいのかと自信がなくなってしまう……」とため息をついた。

ThはBになぜXの手を拭いて、爪もきれいに切ってあげたのかと尋ねた。そうすると、Bは「Xさんは長くお風呂にも入ってないし、爪も伸びてきて……。気持ち悪そうで気の毒だったからです」と答えた。〈……そうしてあげてどんな気持ちになりましたか〉と再び問うと、Bは「あ、はい。……すっきりしました」と言った。〈Xさんもきれいにしてもらえたし、Xさんがきれいになったのを見てBさんもすっきりしたのですね〉。そう言うと、Bはきょとんとした顔をした。

しかし、その翌回の面接でBは、「先週Xさんの話をしたあと、何だか気持ちが落ち着きました。Xさんをケアしてあげると私自身も心地よいのだと気付きました。（Xさんからの反応がなくても）Xさんがすっきりできてよかったな、って思っている自分がいるのです。これでいいのかもしれません。大切にしてあげることもケアなんですね」と言い、「反応が返ってこなくても、Xさんのこと、最期までちゃんとケアしていこうと思います」と話した。

2　患者の反応とケアの実感

先出の中井は、「医学は特殊技能であるが、看護、看病、『みとり』は人間の普遍的体験」であり、看護は「誤って井戸に落ちる小児をみればわれわれの心の中に咄嗟に動く」ものと同質のもの、すなわち「惻隠の情」であると述べている。(4) この「惻隠の情」は、人間愛や隣人愛という馴染みある言葉で言い換えることも可能であろう。事例2でも、看護師が来るとうれしそうにするXや、うまく身体が動かず意思疎通が難しくなったXを「あんな状態になってとてもしんどいはず」だと気の毒に思う気持ちが、忙しさの中でさえもBをXの元に向かわせていた。また、意識が低下したXに対して行った清潔ケアも、[注2]「もう何かをして欲しいと言って」こなくなったXに対し、「気持ち悪そう」とその不快を察して行った、まさに「惻隠の情」による行為だったといえる。

この「惻隠の情」から行われた献身的ケアによって相手が救われるとき、私たちは自らの中にも満足感が広がるのを感じる。その時、実際に救われているのは相手であるにもかかわらず、救った自分の心もまた救われている。ケアとは、ケアするひとの内にある意識的・無意識的な苦しみが相手の病いの苦しみと重なって、ともに安楽へと解き放たれる体験であり、ケアを通じて両者は「その経験と人生の物語を分かち合」っている。(5) そして、ケアするひとは、相手が救われて良かったという安堵と同時に、相手を救えたことによる喜びを噛みしめる。ケアによる患者の苦痛緩和は、同時に、ケアするひとにも承認感や肯定感をもたらすといわれている。(6) Bも、「患者さんから『ありがとう』って言われたり、うれしそうな反応が感じ取れると救われる」と語っていた。患者からの感謝の言葉や安楽の反応が、看護師に自己承認感や肯定感をもたらし、他者を安楽にし得たことによる実存感へと繋がることは多い。

しかし何らかの事情により、相手から反応が返ってこなければ、事例2のBのように、ケアが実感できなくなる看護師は珍しくない。そして、相手を救えたという実感を得ることができないことで、ケアによる実存感を感じることもまた難しくなる。実際に、患者の反応が分かりづらいＮＩＣＵや、反応が返ってこない患者が多い脳外科等の病棟を苦手とする看護師は後を絶たない。ＢもＸの意識低下後は、ケアをしながらも以前には感じなかった心理的疲弊を感じていた。それは、どれだけ献身的にケアを重ねても、相手を安楽にできている実感を得られないことによる疲弊である。なぜ、ケアするひとにとって患者からの反応は重要なのだろうか。

医療補助業務はその行為のひとつひとつが保険点数の対象となっており、コスト発生が明確であるという点でも、まさに仕事である。しかし、ケアは保険点数などのコストとは直接結びつかず、また看護師は行ったケアにかかわらず月収での報酬を受け取る。このことからも、看護師がケアを仕事として認識するための枠組みは緩いと考えられる。通常、私たちは仕事の報酬は金銭で支払われ、善意などの「惻隠の情」に発した人間的行為には感謝という反応で応える。そして、仕事に対して多くの金銭が支払われることは顧客の満足を表し、金銭が支払われないことは不満を表すのと同様に、感謝などの反応が返ってこない善意は、その多くが「的外れ」や「不足」を意味する。このことから、「惻隠の情」に発した人間的行為は感謝や喜びという反応によって「的外れ」や「不足」ではなかったと確信できるのである。したがって、逆説的ではあるが、「患者さんから『ありがとう』って言われると救われる」というＢの言葉は、Ｂにとってはケアが「惻隠の情」に根差した人間的行為であることを示している。

また、ケアは、「汗をかいて気持ちが悪いから身体を拭いて欲しい」と患者が訴えるとき、あるいは看護師が身体の不快感を訴える患者に対し「気の毒だ」「心地よくしてあげたい」「(寝汗などによって湿った) 寝着を換えたほうがよさそうだ」と感じるときに、忙しい業務の手を止めてでも行われる。このように、ケアが患者の求めや体調に応じて行われる必要があるからこそ、看護師の「惻隠の情」、すなわち人間的感情が動かなければ、細やかで適切なケアを行うことはできない。生きた人間の身体の世話を完全に仕事として行うことなど本来不可能なのである。それゆえ、ケアはたとえ職業として行われていても人間的行為であることを避けられず、ケアを行う者はその職業的本質ゆえに、感謝などの反応でその実感を求めようとする傾向がある。しかしながら、ケアを必要とするひとの中には、事例2のXのようにケアの効果やケアへの感謝を言語化して伝えることが困難な者も少なくない。そのような状況の中で、ケアへのフィードバックを患者の反応に頼りすぎればケアの実感を得られないことが多くなり、Bのように「これでいいのだろうか」という自信の喪失とともに心理的疲弊に陥ってしまうのである。

ケアはケアする者と受ける者との相互身体性によって行われ、また実感される側面がある。すなわち、相手のささいな身体的反応も見逃さず、相手の苦痛や安楽をイメージすることを通じて私たちはケアを行い、そしてケアを実感している。しかし、ささいな反応すら示すことが困難な患者もいる。そのような患者に対しても、患者の内側で起こっている事や、ケアをする自分との相互関係の中で生じていることをイメージする力、すなわち「臨床的想像力[7]」をもって、ケアの実感を補うことが大切である。けれども、人生や職務の経験が少ないために、相手のささやかな身体反応を感知することや、相手の苦痛や安楽をイメージすることが難しい場合もある。そのような場合には、BがThとの間で試みたようにケアするひとが自らのケア体験を語ることで、ケアを実感していくことが重要である。

4 ケアへの使命感をもつこと

1 専門性を見失った看護師の疲弊——事例3

Cは三〇代の女性看護師である。来談するなり、「先日、患者さんのYさんが亡くなりました。……亡くなるまで、すごく苦しそうにされていました」と言い、「どうしてあげればよかったんだろうと思います。何もしてあげられなかった」とうなだれた。Yは初診時にはすでに病状が進行しており、治療しなければ助からないものの、つらい治療をしたとしても完治する可能性は高くないとCは考えていた。また、Cは、その患者には副作用の強い治療をやり遂げる体力も足りないのではないかと危惧していた。けれども、積極的治療を試みる方針の主治医は治療を進める方向で患者と話し合い、患者も医師への信頼と延命への希望から、結局治療を行うことになった。しかしCの予測どおり、体力が衰えていたYは治療半ばで肺炎を併発して死亡した。

「医師が積極的治療を行う方針をもっていれば、多くの患者さんは生き延びたいという願いと医師の専門性への信頼から治療を選択します。でも、治療を加えることでさらに苦しんで亡くなる患者さんは珍しくありません。Yさんは、苦痛を取り除く処置だけにとどめるほうが残された時間を豊かに過ごせたし、最終的にも楽に亡くなることができたはずなんです。私はずっとそう思っていたけれど、主治医が決めた治療方針に対して口を挟める立場ではないし、ただ、主治医が決めた方針に従って副作用で苦しむYさんを看るしかありませんでした。苦しんでいても、そんな状態になってしまえば楽にしてあげる方法なんてあまりなくて……。背中をさすったり声を掛けたり、もうただ見ているだけで。本当に苦しかったです」とうつむきがちに語った。

また、別の来談時には、椅子に座るなり「なんだか自分には何ができるのだろうと思う時があります」と言った。「こないだ話したように、医師が方針を決めればそれに従うしかないし、せめて自分はしっかりケアをしようと思うけれど、病棟では、難しい口腔ケアは歯科衛生士が行いますし、誤飲の予防は言語聴覚士が担当します。他にも、複雑なケアになると色々な専門職が病棟に出入りして行うのです。少し前までは、患者の口腔ケアも私たちがしていました。けれども今は、難しい問題が起きると専門の方にお願いするようになっています。病棟に訪れる別の専門家を見ていると、自分の専門性ってなんだろう、医療者として一体私たちは何が出来るのだろうと思ってしまうのです」と語った。〈Cさんたち看護師は、毎日一番近くで患者を看ている。けれども、重要な決定を医師が行ったり、複雑なかかわりは別の専門家がしていることでやりきれない思いがするのでしょうか？〉と問うと、Cはしばらく考えて「そうかもしれません。こないだお話ししたYさんの件だって、私は積極的治療はしない方が良いと考えていた。でも、それを主張できるほど看護師の専門性は認められていない。……いいえ、自分でも自分の専門性を認めていないのかもしれません。歯科衛生士のように『口内ケアは私たちの専門』、理学療法士のように『リハビリは専門』と言えるものが私にはない」とうなだれた。そこでThが、Yさんは積極的治療をしない方が良いとCが判断した理由について改めて尋ねたところ、「Yさんはもうお歳でしたから年齢的にも体力がありませんでした。それに、Yさんの体重が著しく減少してきていたのと食事量も実際に少なかったこと、それから、奥さんも昨年亡くなったためか本人の治療意欲もつらい治療を乗り切るには十分だと言えませんでした。息子さんも遠方に住んでいたので、サポートも期待しづらかった。それに、そもそもその治療で完治するケースは多くない上に、Yさんの場合は治療の適合度もあまり……」とCは答えた。Thは、Yの積極的治療への反対は、Cの疾病や治療に関する知識からだけでなく、Yの身体機能の継時的変化や心理的状況、生活環境などを総合して出した判断であったこと、それらを全て把握してかかわっていたことに感嘆した。すると、Cは意外そうな顔をした後、「看護師にとっては普通のことですが、この普通が意外と私たちの仕事なのかもしれませんね」と言った。そして、「私たちは、皮膚も、口内も、身体の中を流れる血の圧も、体重も、体温も、毎日確認しています。その人のしている点滴も、飲んでいる薬も、食事摂取量も、排便排尿量も把握しています。それから、その人のいつもの表情や、よくお見舞いに来る家族、時には若いころの職業まで知っていたりします。患者さんをいろんな角度からみて、患者さん全体をケアするのが看護師なのかもしれませんね」と満足そうに付け加えた。

この面接からしばらくしてCは「自分の仕事が何だかわかりました。これからは病棟に入ってくる他の専門家と協力しながら一緒にやっていけると思います。たまには医師にも意見を言ってみるかもしれない」と話し、面接を終結した。

2　専門性と使命感

チーム医療では、多職種がそれぞれの専門的知識やスキルを持ち寄って協働するが、それは医師が決定した治療方針に従って看護師や薬剤師、各技師職などの医療専門職が動くという協働のありかたである。Cが「主治医が決めた治療方針に対して口を挟める立場ではないし、ただ、主治医が決めた方針に従って、副作用で苦しむ患者さんを看るしかない」と述べているように、看護師は医師の指示によってさまざまな処置を実施している。

しかし、看護師もまたその専門性や多くの患者を看てきた経験知により、患者の状態を見立て、より良いケアや治療方針についての考えをもっている。それにもかかわらず、それが医師の治療方針と異なる場合、最終的には医師の指示による処置を優先させなければならない。それが患者の命や苦痛に関連することであれば、その葛藤は大きいと思われる。

看護師だけでなく、薬剤師や放射線技師等の技師職も自分の見立てや方針によって治療を行えないことはあるが、彼らは看護師に比べて患者の心身への介入は一過性のことが多く、その関係において患者への思い入れは生じにくい。それに対して、看護師は患者に最も身近な存在として、深い思い入れをもって接するにもかかわらず、時には自分の意志とは異なる処置を行わなければならないことから葛藤や心理的疲弊をより深めやすいと推測される。事例3の看護師Cが「先生が決めた方針にしたがって、副作用で苦しむ患者さんを看るしかない。……（中略）……本当に苦しいです」と語った苦悩もまたそのような職業的葛藤からくるものだろう。一方、経験の浅い看護師は、自分の見立てを持ちにくいことから、指示通りの処置を行うことに葛藤を感じることは少ないが、逆に、行為の目的をきちんと把握しないまま処置やケアを実施してしまうことがある。処置やケアの目的を理解しないまま、ただ膨大な量の指示をこなし続けることで、いつしか自らの専門性を見失ってしまうことも珍しくない。

また、Cは、より高度な処置を要するケアが別の医療専門職に振り分けられるようになったことでも自らの専門性に疑問を感じていた。しかし、実際には、高度な医療補助行為を行う知識や、患者の身体に負担をかけずに行うケア技術、患者を身体だけでなく生活習慣などからも看る視点はまさしく看護師の専門性であり、他の専門家の介入に脅かされるようなものでは本来ない。それにもかかわらず、Cがこのような認識に至った背景には、Cが他職種の介入により専門性を見失ったというよりも、元々専門性を認識できていなかったことが他職種の介入で顕在化したと考えるほうが自然であろう。

職務遂行のための特別な技能である専門性は、専門家の使命感に繋がることが少なくない。特に、看護師や医師、救命救急士や消防士など、人命にかかわる専門家は、「自分が助けなければ」「自分にしかできない」という使命感がその職業的行動を支える場合がある。そして、その専門的技能によって他者を救うことができれば、他者や社会にとって自分の存在が意味あるものだと意識的・無意識的に自覚され、実存感を感じられるだろう。この専門性以外にも、使命感のもとになっているものとして社会的立場や組織上の役割というものがある。例えば看護師は、病院では排便困難な患者に摘便[注3]を行うことがあるが、私生活においてそれを行うことには抵抗を感じる者もいるだろう。これは、院内で看護服に身を包んでいることによって、病者をケアする役割にあることを、自分自身はもとより相手からも認識されていることが、看護師としての使命感を発揮させている例の一つである。このように、自他共に認識する立場や役割という職業的枠組みもまた、使命の遂行に繋がっている。

しかし、使命感の発揮においては、自らの専門性への認識が、立場や役割の認識にも増して重要である。それは、町で人が倒れている場面に遭遇したならば、医療者はたとえ白衣や看護服を身に着けていなくとも、自分が行い得る限りの処置を施すであろうことからも明らかである。緊急の状況において人は、その場における立場や役割に関係なく、自らがもつ知識や技能すなわち専門性によって困窮する相手を助けなければならないという使命を感じる。専門性への信頼に基づいた使命感がケアするひとをケアへと駆り立てる一方で、その専門性によって人は自分が他者を救うことのできる存在であるという実存感を得ている。しかしながら、専門性を見失ってしまうと、使命感を喪失すると同時に、ケア行為を通じて実存感を得ることが難しくなる。その結果、ケアは誰にでも行い得る過酷な労働と映り、ケアをするひとを疲弊させるのである。

Cが気づいたように、看護師の専門性とは患者を身体と精神をもった生活体として捉え、治療や患者の生活全体を見据えたかかわりをしてゆくことである。それは、歯科衛生士の口腔衛生管理のように特定の身体部位に特化したケアではなく、人間の丸ごとをケアする専門性である。患者が医師との間でどのような治療方針を選択したかにかかわらず、患者そのものに寄り添い続けることが看護ケアの専門性であり使命だといえるだろう。専門性を見失い心理的疲弊に陥った者に対しては、聴くことを通じて自らの専門性について考える場を提供し、その使命感を支えることが大切である。

5　心理的支援の場における「語り」

ケアを職業にするということは、行ったケアと引き換えに金銭での報酬を受け取ることである。しかし実際には、経済的報酬のみをモチベーションとして、献身的ケアを続けることは難しい。ケアに携わる多くの者は、その行為の中に自らの実存感を支え得るやりがいを見出しながら臨んでいる。そのやりがいについて、ある看護師長は次のように語った。

「ICUに居る患者さんは（重症度が高いので）、安楽や感謝を言葉などで表されることはほとんどありません。ですから、看護師には患者さんの状態が良くなっていくことが何よりもの励みになります。そのため、看護師は症状の経過について良く知ることや、患者さんを良く観察することを通して、状態が改善していっているサインに気づくことが大切です。一方で、緩和ケア病棟のように、完治を期待しづらい患者さんの看護にあたる場合は、逆に、その時々の患者さんの心地良さそうな反応や感謝の言葉を頂くことが励みになります。けれども、回復もしなければ、反応表出も難しい患者さんもいらっしゃいます。そのような場合、看護師はやりがいを見出すのが難しいものです。しかし、そういう場合でも、手を拭いてきれいにしてあげたり、脂っぽくなっている顔を拭いてすっきりしてあげると、なぜかこちらも気持ちよくなります。まったく自己満足なのかもしれませんが、そこに満足を見出せるかどうかが大切なことなのです」。

実際に、医学の発展とともに、かつては天寿とみなされたであろう病いにも治療が施されるようになった。それと同時に、完治しない病いを抱える患者や、反応表出できないまま臥床を強いられる患者が増加している。そのような時代背景の中で、患者の回復や安楽反応だけに頼らず、「臨床的想像力」[7]をもってケアにあたることは、ケアするひとが心理的疲弊に陥らないためには重要である。しかしながら、本章で紹介した三事例の看護師たちのように、回復せず反応も無い患者への看護に対して、自らケアの意味や実感を見出せなくなる者も少なくない。先出の看護師長は、師長になる前となった直後を振り返って、次のようなことも述べていた。

「自分が師長になる前は、上司（師長）から『あなたはよく患者さんに気を配ってくれているわね』とか『あの処置は的確だったわ』などと返してもらうことがありました。周囲の評価や労いがうれしくないと言えばうそになります。けれども、当時は、患者さんの回復や患者さんが喜んでくれることが何よりもうれしく、それらによるやりがいに比べれば周囲から認められる喜びなどはほんのささいなものでした。

けれども、自分が師長になってみると、自分の看護についてフィードバックしてくれる人がいなくなったことは想像以上に苦しかったのです。ほんのささいなものが無くなったことで、不思議なことに、これまで感じられていた、患者さんとのかかわりによるやりがいまでもが感じづらくなりました。そのフィードバックは、看護そのものによるやりがいが活きるためにも重要なものだったのです。そのことに気づいてからは、私も部下の看護師たちに声を掛けるように心がけています」。

この話は、ケアのやりがいそれ自体は患者とのかかわりの中にあるものの、そのやりがいを本人が認識できるか否か、またどのように体験するかという点において、他者による介入がいかに重要であるかを表している。患者へのかかわりを上司や同僚など周囲と話すことによって、かかわりがもたらすものやその意味に気づくことは多い。ケアを語ることで、自分の施したケアに向き合い、その意味を自問する場が生まれるのである。我々心理職が受けるスーパーヴィジョンも、自分が行った心理的ケアについてスーパーヴァイザーと語り、そのかかわりの意味について考えるものである。この時、スーパーヴィジョンそれ自体がやりがいになるわけではないが、スーパーヴァイザーによるかかわりへの的確なフィードバックは、やりがいに焦点をあてるためには非常に重要な要素となっている。河合隼雄は、「そういう話し合いをせずにやっている場合には、やりきれない気持ちを自分の中に持ち込んで、こちらがノイローゼになってしまうか、ノイローゼにならぬならどこかにそれを放ってしまう、自分のものにせずに捨てて」しまうと述べ、体験を語ることや対話によって自らの行為に向き合うことの大切さを説いている[8]。

これまでの時代の看護師たちは、そのような「語り」の場を持たずとも黙々と日々の業務をこなし、患者のケアにあたってきた。しかし、そのような先人と現代の看護師を比較して、現代の看護師が脆弱であると結論すべきではない。なぜなら、かつての医療においては「語り」の場を敢えて設けなくとも、その献身が患者の回復や感謝から報われたり、回復しない病いは天寿あるいは不治の病いとしての治めどころをもっていた。それに対して現代では、社会の変化とともに患者と医療者の関係は大きく変化し、回復して当然だという風潮の中で、看護師は患者の反応からだけでは報われづらくなっている。また医療の発展とともに、以前なら医療の及ばぬ世界にいたはずの患者への治療が試みられるようになったことで、逆に完治しない患者が増加し、看護師が無力感などの複雑な思いを抱えることも増えた。そのような時代変遷の中で、看護師の心理的疲弊を防ぎ、ケアによってケアするひとの実存感が育まれるためには、ケアを語る場が必要になってきている。そして、ケアや自分自身の気持ちに関する自由な語りが護られる空間として、院内における職員相談室が果たすべき役割がある。見失いかけたやりがいを取り戻し、その実存感を支えることが、ケアするひとへの心理的支援として重要である。

6 まとめ

ケアするひとが自らのケアの意味を知り、ケアを実感し、その使命感を見失わないことは、ケアによって返報される実存感を受け取るためには大切である。そうして得た実存感はケアするひとの生きるエネルギーになる。しかしながら病院には、元気に回復して笑顔や喜びの言葉とともに家族や社会の中へ戻っていく患者だけでなく、疾病自体は治ったものの後遺症を残したり、身体機能の一部が回復しないまま退院あるいは転院してゆく者や、治療の甲斐なく亡くなってしまう者も多い。治療が一縷の望みを賭けて行われることも珍しくなく、そのような治療を行う限り、闘病も空しく亡くなったり、より苦しみの多い結果に終わることもある。そのような中で、事例1の看護師Aのように、その思いや献身が報われないと感じ、心理的疲弊に陥ることも少なくない。白血病の患者が骨髄移植に臨んだことによってより苦しい最期を迎えたことに対して、強い葛藤を訴えた看護師もいた。しかし、結末の悲惨さにとらわれず、ケアのプロセスをともにすることがケアの本質的意味であり、ケアにおいて最も重要なことである。ケアするひとが現実的回復のみにケアの意味を見出そうとすることはケアの本質的意味を見失っている。この、ケアの意味を見失わずにいるかどうかが、ケアするひとが実存感に満たされるか心理的疲弊に陥るかを分ける一因となる。

また、意識レベルや認知機能が低下している入院患者が少なくない中で、事例2の患者Xのように、受けたケアへの反応を言葉や態度で表現できない患者は多い。仮に、意識レベルが十分であっても、医療者と患者の心理的距離の拡大が社会問題にもなっている現代では、献身的ケアや最善の治療に対しても感謝や喜びの反応が返ってこないことも増えた。近年ではモンスターペイシェントと呼ばれるような自己中心的で理不尽な患者も報告されている。そのような状況で、患者からの反応が得られないことで生じる「ケアが適切であったのか」「十分であったのか」といった疑問やそこからくる実感の得られなさには、言葉や態度ではなく、身体性の力をもって相手を理解したり「臨床的想像力」[7]によって患者の状況をイメージすることが重要である。ケアを実感できるか否かもまた、私たちがケアによって実存感を得られるか心理的疲弊に苦しむかを分けている。

さらには、治療的側面に自分の方針でかかわれないことや、さまざまな医療技術職によってケアが分業される中、事例3のようにケアの専門性を見失い、使命感を持てなくなる者もいる。使命感の有無もまた、ケアがケアするひとの実存感を支えるものになるか疲弊をもたらす労働になるかを分ける。このような場合にも、治療者が陥りやすい万能感や協働葛藤について共に話し合ったり、自分自身のケアをその実際的プロセスから振り返ることによって、自らの専門性を理解し、使命感を取り戻すことが必要である。

ケアの有意味感、実感、使命感を感じられることは、全てやりがいという言葉で集約し得るけれども、現代医療において、やりがいは患者の実際的な回復や反応からだけではなく、自らケア体験を認識することを通じても獲得していかなければならない。心理療法の場で自分のケアを語ることは、その体験を再認識し、やりがいを見出す助けになる。負担の大きい労働だと感じられていたケアが、語ることによって人間的営みとして蘇り、ケアするひとの実存感や使命感を育み、生きるエネルギーとなる。そしてケアをこちらから与えるだけのものだと感じることや、ケアから強い葛藤を受けることによってケアするひとが心理的疲弊に陥るのを防ぐのである。皆藤章は苦しみから生まれる体験の知こそ「存在の知」であると述べた。そして、それに触れることを通して新たな世界観が生まれるとして、この心理的支援を「生きる心理療法」と呼んだ。[9]ケアをすることによって立ち上がる苦悩もまた、ケアするひとの存在を支えている。そのためのケアの語りでは、実際的行為だけでなく、そこに伴うケアするひとの人間的感情も含め、その丸ごとが抱えられることが重要である。その場を提供することが、ケアするひとへのケアだといえる。

［注］

1 Quality of life の略。人間らしい、満足のいくような生活の質のこと。
2 清拭（身体を拭くこと）、洗髪、足浴、陰部洗浄、入浴等の身体の清潔を保つためのケア。
3 肛門から指を入れ、便を摘出すること。

〔文献〕

（1）Frankl, V. E. (1955) *Pathologie des zeitgeistes: Rundfunkvorträge über Seelenheilkunde.* Wien: Verlage :Franz Deuticke.（宮本忠雄訳「老化の精神衛生」『時代精神の病理学——心理療法の二六章』みすず書房、四四〜五〇頁、二〇〇二）

（2）中井久夫「はじめに考えておくこと」中井久夫・山口直彦編『看護のための精神医学』医学書院、二〜五頁、二〇〇一

（3）Mayeroff, M. (1965) On Caring. *International Philosophical Quarterly*, 5, pp.462-474.

（4）中井久夫「精神科医としての神谷美恵子さんについて」『記憶の肖像』みすず書房、二九七〜三〇五頁、一九九二

（5）Kleinman, A. (2012) Caregiving as Moral Experience. *Lancet*, 380, pp.1550-1551.

（6）Kleinman, A. (2015) Care: In Search of a Health Agenda. *Lancet*, 386, pp.240-241.

（7）皆藤章「スーパーヴィジョンにおける臨床性」皆藤章編『心理臨床実践におけるスーパーヴィジョン——スーパーヴィジョン学の構築』日本評論社、一七五〜二〇八頁、二〇一四

（8）河合隼雄『カウンセリングの実際問題』誠信書房、二六一〜二八〇頁、一九七〇

（9）皆藤章「ひとりの心理臨床家の考える人間の生とアーサー・クラインマンの存在」皆藤章編・監訳『ケアすることの意味』誠信書房、二〜二七頁、二〇一五

第7章

ケアに生きる臨床とスーパーヴィジョン

——セラピストは無用であることの苦痛にどう持ち堪えるか

長谷綾子

1 はじめに

緩和ケアやターミナルケアでは、人生の終焉に向かう穏やかな「語り」を聴くという一面と、人生の終焉で味わう壮絶な痛みや、ただベッドに横たわりながらも「生かされている」終わりの見えない苦しみに立ち会うという一面がある。セラピストはその時、どうあればよいのか——その臨床に携わる者なら誰しも苦悩するところであろう。

セラピストは自身が体験するこの苦しみを、単に未熟さゆえと解釈して知識や技法のみに頼ろうとしたり、考えることを放棄するわけにはいかない。この苦悩を患者のケアにつなげるために、私たちは専門家としての訓練を受ける。そのひとつがスーパーヴィジョンである。

私は、緩和ケアに携わるセラピストへのスーパーヴィジョンを経験した。そのスーパーヴィジョンにおける主題は、患者に求められながらも役に立てず、その場にいることさえ許されないような「無用感」の体験であった。本稿で使用する「無用感」は、「無力感」が自分に「力」がないと感じた時の落ち込みや虚しさを言うのに対し、自身が役に立たない、不要であると痛感し、その「存在価値」がないと感じた時の身が崩れ落ちそうな崩落感や虚無感、さらには哀しみを含む情緒と定義する。この無用感はすぐに躁的に払拭するか、なかったこととして切り捨てるか、もしくは万能感を保つために患者との関係を途絶するか——そうでもしないとセラピストが自分の存在を見失う危機に陥ってしまうほどのものかもしれない。

かつて私は、セラピストとして同じような経験をしたことがある。その時の自分を底支えしたと考えられる要素のひとつに、スーパーヴィジョンがあった。しかしこれらの体験が礎となりながらも、今なお、無用感に対峙する難しさは決して解決され得ないと感じる。

セラピストは無用な存在であり続けることの苦痛に、いかにして持ち堪えることができるのか。スーパーヴァイザーはどう立ち会うのか。本稿ではこの問いについて実践例を提示し、考察を試みる。さらにその考察を踏まえ、緩和ケアにおけるセラピストのありかたについて検討する。

2 臨床実践例

ここに提示する二つの実践例の一つ目は私自身のセラピスト（スーパーヴァイジー）体験、二つ目はスーパーヴァイザー体験である。なお、事例については個人が特定されないよう配慮すべく必要最小限の記述にとどめ、主旨を損ねない範囲で修正し、背景や経過の詳細は省略した。

1 セラピスト（スーパーヴァイジー）体験

私は一〇年以上の臨床経験を経た頃、勤務先であるがん患者の緩和ケア面接を依頼された。その患者（以下、Aと表記）は「主治医が勧めたから」と面接を希望し、最初は自分について話すことに戸惑っていた。しかし面接のニーズを探りながら、自分について話しにくいAのありようを丁寧に伝え返していくと、Aは訥々と自身のことを話すようになっていった。Aの家族は現実的な事由で見舞いに訪れることが難しかったが、Aが面接でそのことについて話すことはなかった。しかし同室の患者に見舞客が訪れると、ほぼ必ず視線を向けた。

Aは体調が良い時の面接で、これまでの家族との他愛ない日常や、やり残したことへの後悔について、時に涙ぐみながら穏やかに語った。そしてもう少し良くなったら、家に帰りたいと言っていた。また、体調が悪い時には繰り返し苦痛を訴え、こんなふうになってもなぜ生きていないといけないのか、本当に苦しいと顔をゆがめて訴えた。しかし苦痛を訴える際、Aは決して涙を見せなかった。私はAをとても誠実で強い人だと思うと同時に、どこかに追いやられてしまった寂しさが気がかりだった。

またAは体調が良い時も悪い時も、自らが話した後、私によく「何か話して」と言った。私がAの話から連想されることを話すうちに、Aは軽く入眠することがあった。そのことについてAは、私の声を聴いていると安心して寝てしまうこと、目を覚ました時、傍に人が座っているとほっとすることを話した。私は生と死の狭間にいるAが「何か話して」と求め、入眠することにまつわる情緒――対人希求の背景にあるはかり知れない恐怖や孤独に想いをめぐらせた。

Aはまた、近海の様々なありようをよく話した。ある面接では、穏やかに見える海も海面下ではとても強い流れが生じていたり、私たちがはかり知れないほどの深みがあることを話した。私が「それはまるで人のこころみたい」と伝えるとAは頷き、「海のことを想うと。仕方ないことは仕方ないと思うしかない」と言い、涙ぐんだ。

ある日、体調の悪いAは耐え難い苦痛を訴え、「もう楽にしてほしい」と言った。私は「楽にして」の言葉に、死を望む気持ちと楽になってまだ生きたい気持ちの交錯を生々しく感じとり、圧倒されつつも言葉を探した。しかしどの言葉もそぐわない感じがして、何も言えずにいた。するとAは「何とか言いな！」と、本当に厳しく問うた。私は全身が崩れ落ちそうな感覚に襲われながら、何とか姿勢を保った。そして「何を言っても違う感じがして言葉が出ない」ことを伝えると、Aは私に背を向けたまま押し黙っていた。私はその後、Aが感じているであろう悔しさとやりきれなさについて伝えたが、沈黙のままセッションは終わった。私は「また来ます」と言って部屋を出た途端、とにかく自分に猛烈に腹が立ち、次に情けなくなった。そしてセラピストとして何ら役に立てていないということを超えて、その場に居ることさえ許されない、価値のない人間だという思いに駆られ、酷く苦しんだ。

その時のスーパーヴィジョンで、スーパーヴァイザーは何を想うのかと私に尋ねた。私はスーパーヴァイザーがいつも以上に流暢に、悠々とその質問を投げかけてきたように感じ、無性に腹が立ってきた。そして「何もできない、どう言えばいいかわからない」ことを伝えた。しかしその後の沈黙で、私はなぜこんなに腹が立っているのか、スーパーヴァイザーに何を求めてここにいるのか、探索を始めた。すると、何もできない価値のない自分に耐えきれず、そのような自分自身に対する怒りをスーパーヴァイザーに投げ入れていることに気がついた。そこから私は、無用な自分が「居ること」と「居続けること」の意味について考え始めた。そして私が感じている無用であることの苦痛にまつわる怒りは、Aが投げ入れているものかもしれないと考えをめぐらせた。さらに「何を言っても違う」現実は、目の前で苦しむAと健康に仕事をしている自分との間に当然のごとくある隔たり（境界）だと気がついた。様々、考えがめぐり、しばらくの間が空いた。その後、スーパーヴァイザーはまったく態度を変えず、再び「今、想うことは？」と問うてきた。その後、私たちはAの底知れぬ悔しさやどこにも向けようのない怒り、それでも人を求めてしまうこと、そして根源的な深い孤独について話し合った。

その後、病室を訪れるとAは私に視線を向けた。その視線はいつも以上にしっかりと、そして長く感じられ、私が座るまで向けられた。Aは「生かされている苦痛」を訴え始め、私はそれに耳を傾けながら、自分が何もし得ないことにまつわる無用感を確かに感じていた。すると、Aの目にじんわりと涙が滲んでいるのに気が付いた。それは、苦痛とともに見られた初めての涙だった。私は入室時、まるで私の存在を確かめるかのように向けられたAの視線を想起した。少しの沈黙があり、私が「Aさん。苦しくて。怖くて。寂しくて。……でも今、少しだけ安心されたんですね」と伝えると、涙が溢れた。そして「何か話して」と私に求めた。私はその瞬間、想起されたこと――その日の朝、外の風景を見て海を連想したこと、「今、ここ」でのAのこころの流れや深みに想いを馳せたことを伝えていると、Aは寝息を立てて眠り始めた。

目覚めた時、Aは涙について話し始めた。これまでずっと苦しい時に涙を堪えるのが「癖になっていた」

こと、病気になってふと涙が出るようになったことを話し、最後に今日は私が病室に来たのを見て涙が出たことを話した。さらに聴いていくと、前回、あまりに苦しくて「八つ当たりをしてしまった」と感じ、今日、私が来るまで様々、案じていたことを話した。私は今、Aが私の不在にまつわる不安や心細さを語っていると思った。私はAに、これまでずっとどこかに追いやられていたAの寂しさが、やっとこころの中に居場所を見つけたように感じることを伝えると、Aは少し恥ずかしそうに笑った。そして、「八つ当たりしたくなる気持ちも、苦しみも寂しさも。全部がAさんのこころの中で一緒にいられるようになった、っていう、そんな感じがします」と言うと、Aは涙ぐみ、頷いた。

2 スーパーヴァイザー体験から

私は、緩和ケアに携わる初心のセラピストからスーパーヴィジョンを依頼された。そのスーパーヴァイジー（以下、Zと表記）は初めての職場で、緩和ケアのありかたについて深く悩んでいた。ここではスーパーヴィジョンの経過を簡単に示しつつ、特に初回と、さらに面接が危機に陥った際の複数のセッションを詳細に提示する。

スーパーヴィジョンの初回、スーパーヴァイジーは患者（以下、Bと表記）との初回面接から数回分の記録を持参した。Bは病気の進行により身体の運動機能が失われていく疾患で、スーパーヴァイジーが初対面の頃には既に寝たきりの状態となっていた。コミュニケーションは視線で操作するパソコンと文字盤、肯定か否定かを伝える瞬きに限られていた。ゆえに些細なコミュニケーションであっても、正しく理解するのに錯誤を重ねるため、大変な労力と時間を要した。面接は主治医の「気分転換になれば」という提案で、Bが希望したとのことだった。Bの要望により、面接は家族を伴った三者で行われていた。

その面接で家族は、近い将来、現実となるであろう甚大な喪失の悼みを完全に排除し、Bに向けて普通では考えられない――あまりに無遠慮な発言をしていた。そして、スーパーヴァイジーはその発言ごとに慌てて話題をそらしたり、Bの気持ちをおもんばかる発言をしていた。また、「気分転換になっていないのでは」と、主治医の依頼に応じられない苦悩があるようだった。一方、Bはその会話の中で反応しない（できない）ものの、面接後、スーパーヴァイジー宛てに自身の尊厳が損なわれたことに関する怒りをごく端的に表したメールを送っていた。そしてスーパーヴァイジーは、そのメールに返事をしていなかった。

スーパーヴィジョンで私は報告を聴きながら、Bをとりまく家族とセラピスト（スーパーヴァイジー）を含むスタッフ皆が、Bに訪れる死とそれにまつわる情緒について考えられなくなっている現実に衝撃を受け、しばらく呆然としていた。スーパーヴァイジーは「気になっていること」として「役に立てていないこと」「反応が薄いBさんに自分がひるんでいること」を挙げ、すべてを読み終えた。私はまず「何から話していいかわからなくて。すごく混乱してまして……。Zさんもそういう気持ちで、私にスーパーヴィジョンを依頼されたのかなって思ったんです」と伝えた。するとスーパーヴァイジーは急に涙目になり、沈黙となった。私は、Bと家族、スーパーヴァイジーの間で起きている苦痛の否認や排除について言及し、「Bさんはそのことを果敢に訴えているように思いますけど。どう思いますか？」と尋ねた。スーパーヴァイジーはその後、長い間、静かに泣き続けたので、私はその涙について尋ねた。スーパーヴァイジーは何か言おうとしたが言葉にならず、沈黙となった。私が「Bさんが何を伝えようとしているか。Bさんとご家族、Zさんの間に何が起きているのか。一緒に見ていきますか？」と尋ねると頷いた。

私は、スーパーヴァイジーが家族の発言に驚いたり焦ったりしていることを取りあげ、その時、何を感じたのかを問うていった。するとスーパーヴァイジーはまるでBの存在が無下にされているように感じられ、Bの気持ちを思うといたたまれなくなったこと、不躾な発言をする家族に実は少し腹が立ったことを話した。私がその「いたたまれなさ」や「腹が立ったこと」を捉え、Bの「存在が無下にされる」気持ちについてさらに問うていくと、スーパーヴァイジーは何も言わずにじっと考えていた。残された時間を意識した私は、次の質問に移った。

それは、Bのメールに応答しなかったことに関する質問だった。スーパーヴァイジーは「どう返していいかわからなかったので」と強い口調で言った。その強い口調は、どうにもならなさ、無力感を全て覆い隠すかのようにアグレッションを帯びていた。私は考えられなくなっている事実を支持した上で、さらに「返さなかったことよりも、どう返していいかわからなかった、ということが大事だと思うんです。それってどういうことなのでしょう」と尋ねた。するとスーパーヴァイジーはしばらく想いをめぐらせ、「……あまりに強くて」と言った後、涙で言葉が出てこなかった。私がさらに尋ねていくと、スーパーヴァイジーは顔を上げ、しっかりとした口調で「(Bの)どうにもならない気持ちが」と答えた。

私はなぜ、Bが家族を含めた三人で会うことを望んだのかを尋ね、それが何を意味していると思うか問うていった。その上で私たちはBの、苦痛を訴えたいのにそれさえもままならないことへの凄まじい悔しさ、やっとの思いで訴えたとしても理解され得ないことへの怒り、その事実をセラピストに示したいという切なる思いなどについて話し合った。

セッションを終える際、スーパーヴァイジーは初回スーパーヴィジョンの感想として、「追い込まれますけど。単に追い込まれてるのとは違うと思います」と堅い表情を見せた。私はこのスーパーヴィジョンの記録を書きながら、スーパーヴァイジーを「追い込んだ」ことを省みて、自身のこころの動きに目を向けていく必要性を強く感じた。

その後、スーパーヴァイジーがあらためてBに面接の形態を問うと、Bは二人きりで会うことを希望した。面接を重ねていく中で、スーパーヴァイジーは「自分が役に立っているのか」という思いをめぐって「今、できることしかできない」無力感と、「何とかしてあげたい気持ち」との間で葛藤し続けた。そして、それら葛藤を自身の初心者ゆえの悩みとして、また適性や資質の問題として語り、「(Bに) 申し訳ない」と繰り返した。私はこの現場で誰もが無意識的に抱きやすい「(自分が) 何とかできる」という理想と「どうにもならない」現実にまつわる様々な情緒について伝え、セラピストは自身の個人的な問題が絡んでいる可能性を検討しつつ、目の前の患者の気持ちについて考え続けていく必要があることを話していった。

その後、スーパーヴァイジーは相互に理解し合えないもどかしさを感じながらも、徐々にBが向けてくる怒りを感受し、苦しみや希求に想いを馳せるようになりつつあった。

そのような中、Bが視線のみでパソコンを操作し、死を切望する単語のみをただ、打ち続けた面接があった。その面接後のスーパーヴィジョンで、Bのやり場のない怒りに圧倒され、無用感にひどく打ちひしがれていたスーパーヴァイジーに、私は「最期、身動きができなくなった時、例えばZさんなら周りがどうあってほしいと思いますか?」と尋ねた。スーパーヴァイジーはしばらく考えた後、「やっぱり誰かの声を聴いていたい、存在を感じたいんじゃないかと思います」と涙ぐんだ。この日、私はスーパーヴィジョンの記録を書きながら、Bの人生の文脈をスーパーヴァイジーに置き換える質問をしたことについて考えた。そして、Bの怒りにセラピスト（スーパーヴァイジー）の無用感が掻き立てられるという文脈に私自身も巻き込まれ、セラピスト(スーパーヴァイジー)の存在意義を確かめるような質問をしたことに気が付いた。それは同時に、セラピスト（スーパーヴァイジー）の存在意義を確かめることで、私自身がスーパーヴァイザーとしての存在意義を確かめようとしていたことを意味していた。この時、私はあらためて、スーパーヴィジョンの機能をも破壊するBの怒りの凄まじさ、そしてBこそが自身が生きている意味を孤独に問い、苦しんでいるであろうことを想った。

その後、あるスーパーヴィジョンの冒頭で、スーパーヴァイジーは「セラピストとして」完全に自信を失い、仕事が苦痛だと言って泣きながら身を崩した。私は、スーパーヴァイジーに大きな危機が訪れたことを感じ取った。そしてBとの面接、さらにスーパーヴァイジーの業務全般において何が起きているのかを聴いていった。するとスーパーヴァイジーが、自身をとりまく職場環境や患者の状態（悪化）における理想と現実のギャップに、途方もない無用感を体験している様子が明らかとなっていった。私はその状況を明確化した上で、「今、何か想うことがありますか？」と尋ねると、「もう、なんで！？って……」とアグレッションを帯びた口調で言った後、しばらく沈黙となり「Bさんも。……こういう感じなんですかね……」と言った。この時、スーパーヴァイジーは自身の情緒的体験――無用さゆえのアグレッションを通じてBの思いに考えをめぐらせているように私には感じられた。

ある日、スーパーヴァイジーは明らかに沈んだ様子でスーパーヴィジョンに訪れた。そして、Bとの面接について次のように報告した。

スーパーヴァイジーはいつものようにBの部屋を訪ね、まず季節の話題を口にした。続けてその時、ニュースになっていたある先進的な話題について話し始めたところで、Bが文字盤を要求した。しかし、Bが文字盤で示したことがスーパーヴァイジーには理解できなかった。何度もあれこれ尋ねたが、わからないままにＰＨＳが鳴った。断りを入れてからその場を離れ、戻ってお詫びを伝えた上で話を続けようとすると、再度、ＰＨＳが鳴った。再び断りを入れてその場を離れた後、戻った時にBは文字盤で「いますくかえ」と伝えてきた。スーパーヴァイジーが「帰れ、ですか？」と問うと、瞬いた（肯定を表すサイン）。スーパーヴァイジーは呆然としつつ、「わかりました」と伝え、「来週からもう来なくていいということですか？」と問うとまた瞬いた。

報告を聴き終え、私は「何を想いますか？」と問うた。するとスーパーヴァイジーは涙目になり、先進的な話題は「配慮が欠けていた」と言った。私たちは、通常、話題にするはずのない配慮に欠けたことをなぜ話したのか、ということについて話し合った。その中で実はこの日、スーパーヴァイジーが担当していた他の患者が亡くなったと聴き、その時はショックだったが「考えないようにして気持ちを立て直した」ことを語った。私がゆっくりと「出会った患者さんがお亡くなりになるのは、本当にきついですよね」と伝えると涙がこぼれた。しかし私をしっかりと見て、「そうですね。そのことが（一連のBとの出来事に）関係ありますかね？」と強く問うた。私が「今、強く。気持ちが動いてますか？」と尋ねると長い沈黙となり、「その時、楽しい話をしたい気分だったんですよね……結び付けて考えてはいませんでしたけど」と言った後、何度か涙を拭った。

少し間があり、私が「どういう涙でしょう……」と問うと、帰れと言われて「もう来るな」と言われたと感じ、自分から（「もう来なくていいということですか？」と）聞いてしまったことを訥々と話した。そして、しかし本当にそういう気持ちがあったのかと逡巡した後、「……頭の中が真っ白になって。拒絶されたと思って。……でも、拒絶されたと思ったのは……Bさんですよね」と言った。

スーパーヴァイジーはさらに間を置いた後、「どこか限界を感じていて」病室に行くのが本当に苦しくて「逃げたい自分がいた」と言った。私は「逃げたい自分がいる、って認めるのは本当に苦しいことですよね。誰でも苦しい」と伝えた。すると、スーパーヴァイジーはこれまで「限界を感じ」「逃げたくなる」ことを口にすることすら憚られたことを話した。その後、私たちはそのようなセラピストの罪悪感や、その背景にあるかもしれない理想像、無意識的な万能感について話し合った。

私が今後どうするのかと尋ねると、スーパーヴァイジーは逡巡した。私はまず、出会った患者の喪失に際し、その悼みをしっかりと体験することが大切であることを伝えた。その後、「今すぐ帰れ」に込められたBの気持ちに想いをめぐらせるよう促し、健康に仕事をしているセラピストへの羨望や症状の進行へのとてつもない恐怖、どうにもならなさ、誰にもわかってもらえないもどかしさと孤独、そしてB自身の存在意義にまつわる苦悩について話し合った。このスーパーヴィジョンの最後に、スーパーヴァイジーは「本当に自分が何も役に立てないことを思い知った」と言った。

スーパーヴァイジーはその後、Bの病室を訪問し、気持ちを汲めずに発言したことを率直に詫びて訪問を再開したいことを伝えたところ、瞬いて了承したとのことだった。その後、Bの病状はさらに進行し、二人の間で明確に共通の理解に達することはほぼなくなった。それでもBは文字盤や瞬きでスーパーヴァイジーに伝えようとし続け、スーパーヴァイジーは何もできない、役に立たない存在であることについて考え続けた。

3 考察

1 患者の怒りとセラピストの無用感

まずセラピストの無用感について、面接空間の交流から考察を試みる。

二つの実践例で示されたように、二人のセラピスト（私とスーパーヴァイジー）は、強烈な無用感を体験していた。Aの「何とか言いな！」という厳しい言葉は私に「役立たず！」と受けとめられ、人間としての価値の失墜――無用感が襲来した。またスーパーヴァイジーは、Bがメールで強く怒りを表明した時、パソコンで「死」を切望する単語を打ち続けた時、「今すぐ帰れ」と伝えてきた時に、特に強い無用感を報告した。

ここで示されたのは、患者の激しい怒りがより一層、セラピストを無用の窮地に陥れるという事実である。しかし忘れてはならないのは、この怒りに覆われた深奥には患者の強烈な無用感が潜んでいるということである。患者の「無用感」は時に虚しさに包まれて、また時に怒りとなって面接空間にたち現れた。そしてこの時、私たちは怒りに覆われた無用感を見失っていた。この目を背けたくなるような苦しく、むごい死の側面に圧倒され、機能不全に陥っていたのである。その背景には、セラピスト自身の内に無意識的に死を美化しようとする志向[1]や目の前の患者を「何とかできる」という万能感、感謝されることへの欲求があったと考えられる。

スペック（Speck, P.）[1]は死にゆく人々とともにはたらくスタッフが、「慢性的いい人症」に陥るリスクについて述べている。素晴らしい死を迎えるよう手助けしようとする現場の集合的ファンタジーは、実際、素晴らしくない原始的な感情を呼び起こす事実に直面しないですむよう守ってくれると言う。

セラピストに無意識的な万能感が掻き立てられ、生産的な仕事をするほど、患者の怒りは破壊的になるかもしれない。その時、セラピストは患者の怒りに覆われた無用感に反応して万能感が掻き立てられている自分に気づき、自身の無用感について考え続ける必要があるだろう。この苦痛に満ちた過程はどのように展開し得るのか。ここで二つの実践例から、セラピストが自身の無用さに苦悩した過程を考察してみる。

まず一つ目の実践例において、セラピストの私は患者Ａの怒りを受けて痛烈な無用感に襲われた。その時、私は「何を言っても違う」隔たり（境界）を感じていたが、それと同時に今、Ａに訪れようとしている死が自分に訪れるものではないという現実から、無意識的な安堵や喜び[1]への罪悪感が激しく掻き立てられたと考えられる。この時の私の失敗は、この無意識的な罪悪感とその背景にある安堵を意識化できなかったことにある。

スーパーヴィジョンの場を経て、私はＡとの間にある「隔たり（境界）」による罪悪感を払拭すべく、Ａの苦痛を何とかしようとする万能感を抱いていることに気がついた。その気づきを経て、Ａの内的世界に想いをめぐらせ、考える機能を取り戻した。

次の面接で、私はＡの訴える無用感に耳を傾けつつ、自身の無用感が確かに実感されると、Ａの涙に気が付いた。私はその涙にまつわるＡの情緒に想いをめぐらせ、伝え返した。

二つ目の実践例において、Bは面接開始当初から無用感を覆いこむ強烈な怒りをセラピストに示し、セラピストは自身に湧き起こる無用さに圧倒された。しかし家族、スタッフを含めた現場全体の組織的な防衛[2]に巻き込まれていたセラピストは、その無用感が何を意味するのか、到底、考えられない状態にあった。その後、セラピストは少なくともBが向けてくる怒りを感受し、苦しみや希求に想いを馳せることが徐々にできるようになっていった。しかし、時に猛威をふるうBの絶望に伴う怒りは、セラピストの考える機能を破壊した。

そしてセラピストは、他の患者の死を体験するという背景文脈がある中、Bの猛烈な怒りを受け、自身の無用感に耐えかねて自ら関係を断ち切る言葉を発した。その後のスーパーヴィジョンで、セラピストは自身の無意識的な罪悪感や万能感を体験的に知ることとなり、Bの無用感に想いをめぐらせるに至った。そしてセラピスト自身が考え得なかった強烈な無用感は「思い知った」と実感できるほどに変化した。その後、面接を再開し、無用な存在であり続けようとしたセラピストは「申し訳ない」という言葉を口にしなくなった。

二つの実践例から、セラピストが患者の怒りに覆い隠された果てしない無用感に反応し、無意識的な罪悪感や万能感が喚起される事実に気づいていくことで、考え得ないほどの強烈な無用感は実感し得るものへと変化していくことが示された。それによってセラピストは無用な存在であり続けることが可能となり、同時に本来の機能を取り戻していった。

セラピストは患者の素晴らしい死を手助けするのではなく、死にゆく現実を生きる手助けをするのだろう。悲しく、美しい死も、苦痛に満ちたむごい死も、どれも患者が体験する死の現実である。患者が死にゆく過程で自身の存在意義を問い続けるのと併行して、セラピストは無用な自分について問い続ける――この二つの過程が併存してこそ、セラピストは患者がありのままに生きることの手助けができるのではないだろうか。

2　スーパーヴィジョンの場が提供するもの

両実践例において、セラピストの無用感が変化していく過程にスーパーヴィジョンが寄与していた。ここではそのスーパーヴィジョンのありかたについて、考察を試みる。

オグデン（Ogden, T.）[3]は、スーパーヴァイジーがスーパーヴァイザーとの関係の中で生き生きとした感情体験について「夢見ること」を通じ、患者との間での体験を考えることができるようになることを述べている。「夢見ること」とは、生き生きとした感情体験について個人がなす無意識的な心理的作業である。[4]そして、スーパーヴァイザーはスーパーヴァイジーが自由に夢見る枠を提供する責任があると述べている。これはウィニコット（Winnicott, D. W.）[5]の言う、「抱える環境」の治療概念とも類似している。ウィニコットは、患者の自己探求を可能にさせるのは「抱える環境」とその設定の信頼性にあると言っている。そこで患者は内的にリアルであると感じる感覚を探求する。その時、治療者は理解しないこと――すなわち不確実性への不安を防衛せず、ただ患者と共に「いる」ことが重要であると説いている。さらに、これが「無意味さ」を受け入れる能力でもあると主張している。

一つ目の実践例で患者の怒りに接し、無用感にのみこまれた私はセラピストとして機能不全に陥った。この無用感はスーパーヴィジョンの場に持ち込まれ、スーパーヴァイザーの「今、ここ」での情緒的体験を問う探索的な質問によって、怒りが「どうにもならなさ」として溢れ出た。しかしその後、私はその怒りと自身の無用さとの関連について考え始めた。そしてその過程を経て、Aの情緒について、また治療関係について考えるに至った。再びスーパーヴァイザーからの探索的な質問を得て、私はAの内的世界に想いをめぐらせるセラピストとしての機能を回復した。

この過程から示されたことは、私が自身の無用さについて考えられるようになるためには、どうにもならない、何ともしようがないという情緒を生き生きと（と言うよりもまざまざと、と言ったほうがより適切かもしれない）体験できるスーパーヴィジョンという「場」が必要だった、ということである。また、スーパーヴァイザーは具体的な事実にまつわる詳細やセラピストとしての私の情緒を直接的に尋ねることなく、ただ、「今、ここ」の体験について探索的な質問を繰り返した。この時、スーパーヴァイザーは「理解しよう」としていたのでなく、「理解できない」ことに身を委ねていたのかもしれない。

その後の面接で、私は初めてAが苦痛を訴えながら見せた涙に気が付いた。この時私は、入室時のAの視線を想起し、同室患者の見舞客を視線で追うAと重なった。また、Aの涙がいつも悲哀とともにあったことを想い出した。そして、今、Aの目に滲む涙が、苦痛も寂しさも最終的に自分が引き受けていくしか「仕方ない」という悲哀を伝えているように感じられた。また、その悲哀と同時に安堵が滲んでいるようにも感じられた。私がその思索をごく簡素に伝えるとAの目から涙が溢れ、「何か話して」と言った。私は連想を話しながら、これまでずっとAが「話して」と求めた背景にあったであろう寂しさについて、あらためて深く想った。そのように私が想いをめぐらせているうちに、Aは眠りについていた。この交流を経て、Aは私の不在にまつわる不安と寂しさを呈示した。私はこれまでずっと私たちが見失っていたAの寂しさをこころの内に見据えて言葉で伝えると、Aは涙とともに頷いた。

村井雅美[4]は自身の体験から、スーパーヴィジョン関係の中でスーパーヴァイジーに心理的変化が生じ、治療において「夢見ること」が可能になると、治療関係の「相互性」を促進することを述べている。スーパーヴィジョンを経て、「今、ここ」の情緒的体験について探索が促されるようになると、私はようやく見失っていた患者の情緒に触れるに至り、一連の言語的、非言語的な相互コミュニケーションが展開したと考察される。

二つ目に提示した実践例においてもやはり、スーパーヴァイジー（セラピスト）が考え得なかった強い無用感がスーパーヴィジョンの場に持ち込まれた。スーパーヴィジョンの初回、私はスーパーヴァイジーのみならず、家族や主治医までもがBの死にまつわる情緒について考える機能を失っていることを理解した。しかしそう思いながら私も一時的にその状況に巻き込まれ、考える機能を失った。そこで私はまず、自身の情緒的体験（混乱）を表明し、その情緒をスーパーヴァイジーも感じている可能性について言及した。その後、スーパーヴァイジーが泣き続けていたところに、私がその涙（今、ここでの情緒）について問うと、言葉にはならなかったが、想いをめぐらせている様子はうかがえた。そのやりとりを経て、このセッションの後半、スーパーヴァイジーはそれまで目を向けられなかった患者の様々な気持ちについて考えるに至った。

その後、Bは死を切望し続けたが、時にスーパーヴァイジーのみならずスーパーヴァイザーである私自身も、その苦痛について考える機能を破壊された。私は記録を書きながらスーパーヴァイジー（さらにはB）に巻き込まれる自身のあり方に気づかされた。

その体験を経て、私は再びスーパーヴィジョンの場で「今、ここ」の情緒を問うていった。するとスーパーヴァイジーは、自らの無用感にまつわるアグレッションを通じて、Bの気持ちに想いをめぐらせた。しかし再度、危機は訪れた。

最後に示したセッションで、スーパーヴァイジーはBの猛烈な怒りに接し、自らBとの関係を途絶する言葉を発した。セラピストとして通常は考えられない行為（行動化）であり、スーパーヴァイジーもそれはよく認識していた。私が「今、ここ」の体験を問うことから始めていくと、思いもよらないことにスーパーヴァイジーは他の患者の死について話し、そのことを考えないようにしていた自分を呈示した。スーパーヴァイジーは他の患者の死について考えることを防衛し、Bとの面接に持ち込むことを回避した――すなわちBの死について考える恐怖を防衛したと考えられる。そのような自身のありかたを認識することは、スーパーヴァイジーにとって苦痛に満ちた体験となったであろう。スーパーヴァイジーは、他の患者の死がBとの一連の出来事と関係あるのかと強い口調で私に問うた。私は、スーパーヴァイジーが恐怖に対峙した（させられた）ことで生じたアグレッションが自分（私）に向けられたことを感知し、「今、ここ」での気持ちの動きを問うた。するとスーパーヴァイジーは、楽しい話をしたい自分が居たことを発見した。さらに患者の「拒絶された」情緒を想い、最終的に「逃げたい自分」が居たことを見出した。その過程を経て、スーパーヴァイジーはBの無用感に想いを馳せ、自身の無用感を確かに感じるに至った。

この二つの実践例で示されたようにスーパーヴィジョンの過程で、スーパーヴァイザーはスーパーヴァイジーを咎めるでもなく、安易に励ますでもなく、「今、ここ」の体験を問う探索的な質問を繰り返した。するとスーパーヴァイジーは、スーパーヴァイザーとの関係を通じて怒り（アグレッション）や罪悪感、万能感への気づきと落胆といった自身の様々な情緒に出会い、強烈すぎて体験し得なかった無用感は実感できるほどのものへと変化していった。それによってスーパーヴァイジーは患者のこころの外に排除されてしまった情緒について想い、考えていく機能を取り戻していった。

ここまで、セラピストが自身の無用さを考え続けることに寄与するスーパーヴィジョン（スーパーヴァイザー）のありかたについて述べてきた。しかし、単にスーパーヴァイザーが探索的な質問をすれば、いつでもスーパーヴァイジーの気づきが促進されるわけではない。質問から探索が促される「場」をしつらえるには、二者の相互交流の積み重ねが欠かせない。そしてその過程には、スーパーヴァイザーの機能不全による失敗と、それに気づき、丹念に修正していく繰り返しの作業が否応なく含まれると考える。

3　緩和ケアのセラピスト――「今、ここ」の体験で見出すこととスーパーヴィジョンの留意点

これまでの考察において、死に際した患者の果てしない無用感を覆い込む猛烈な怒りがセラピストの無用感を掻き立てるからこそ、セラピストは自身のヴィヴィッドな情緒的体験を通じ、無用な存在としての自分

を考えぬく必要があることを述べてきた。本項ではそれらを踏まえ、緩和ケアのセラピストに関するひとつの見解を提示し、スーパーヴィジョンにおける留意点を述べる。

本稿で示した事例もそうであるように、緩和ケアの患者の多くは病室の一角にある狭い空間――ベッド上で毎日を過ごしている。それゆえに彼らは、「今、ここ」の体験を驚異的に鋭く感受しているようにも思われる。彼らと接していると、「生かされている」受動性と、苦痛に悶えながらまたは粛然と「生きようとする」能動性が生々しく交錯するのを目の当たりにする。また、人のこころに安寧が訪れることなど決してないのでは、というとてつもない恐怖に脅かされる。そしてそのさなかにあって、人は心の奥底で人とのつながりやあたたかさを求めてやまないことを思い知る。しかし、あたたかさを感じた途端に、底知れぬ孤独が訪れるという現実に対峙させられる。

彼らの状態は、一見、何の変化もないように見受けられるかもしれない。しかし緩和ケアのセラピストは、患者が「今、ここ」で体験する「受動性―静」の中に確かに身を置きつつ、その深奥にある互いの果てしない孤独を見据えながら、心の安寧が決して訪れることはないかもしれないという恐怖に脅かされながら、その「場」にうごめく「能動性―動」に目を向けていくことが求められるのではないだろうか。だからこそ、これまで述べてきたようにセラピスト自身が「今、ここ」の情緒的体験に感受性を研ぎ澄ませていく必要があると私は考える。

本稿で示したように、スーパーヴィジョンは防衛的―機能不全となったセラピストを「今、ここ」で発見する場となり得るだろう。しかし私はこの時、セラピスト（スーパーヴァイジー）が「考えられなくなる」防衛をとりわけ丁寧に扱う必要があると考える。

その理由のひとつは当たり前のことではあるが、「死」にまつわる個人のパーソナルな体験があまりに繊細な問題だからである。本稿ではスーパーヴァイザーがまずその防衛を支持し、その後、スーパーヴァイジーが受け入れられるようにその奥にある不安と恐怖を扱っていく態度を示したが、それはスーパーヴァイジーの防衛を丁寧に扱うひとつのあり方であると考える。

もうひとつの理由は、本稿で示した実践例のようにスーパーヴァイジーが自ら言わなくとも、他の患者の死を同時に体験している可能性があるからである。事例では、スーパーヴァイジーはスーパーヴィジョンの場を経て、他の患者の死を考えないようにしていたこと（防衛）に気がついた。その時、私は死を悼むことの大切さを伝えた上で、Bの怒りとセラピストの無用感について話し合った。なぜなら患者の死によって、私たちはやはり自分が「役立たず」であるという強い無用感に襲われるからである。スーパーヴァイジーがまず死を悼むと同時に無用である自身についてしっかりと考えることこそ、目の前の（別の）患者と対峙するために不可欠であると考える。その過程が疎かになると、セラピストは自責的になりすぎたり、合理化したり、誰かを責めたりすることに埋没してしまうだろう。

4　スーパーヴィジョンの限界と個人的体験

ここで、スーパーヴィジョンの限界についても触れておく。既に述べた通り、「死」は個人のこころを大きく揺さぶるものである。セラピストは、最期を生きる患者にひとりのセラピストとして、と同時にひとりの人間としてこころが揺さぶられる。私たちはその自然なプロセスに身を委ねながらもしっかりと軸足を保ち、セラピストとして患者が様々な死の側面を生きる手助けをする必要があるだろう。

セラピストが専門的態度を保つために治療体験を得ることはよく知られるところであり、ここにスーパーヴィジョンの限界がある。しかし、最終的にはセラピストが自身の人生をどう生きるか、それに尽きるだろう。冒頭で私は、自身の臨床経験はスーパーヴァイザーとしての自分の礎になってはいるものの、無用感に対峙する難しさは決して解決され得ないと感じていることを述べた。その所以はここにあると考える。

次に、私自身のセラピストとしての無用感に影響を及ぼしたと考える個人的体験が想起されたスーパーヴィジョンの断片を提示し、この問題についてさらに考察を深めたい。

初心者の頃、私は児童福祉施設で被虐待児のセラピーを経験し、どの子どもからも徹底的に痛めつけられ、蔑まれ、拒絶され、しかし強烈に求められた。私は当時、虐待を受けた子どもが、存在する価値のない惨めな存在としての自分をセラピストである私に投げ入れている可能性について検討する素地がなく、自分自身がセラピストとして価値がない、さらには未熟でダメな人間だという思いに駆られ、苦しんでいた。

その頃のあるスーパーヴィジョンで私は準備していった記録を読む前に、「施設に行くのがとてつもなく苦痛で『辞めます』と今日、施設長に言おう、と毎回、思っている」ことを話した。するとスーパーヴァイザーは、「じゃ、どうして辞めないの？」と言った。私はその時、様々な考えがめぐった。そして、その施設に向かう途中、坂道を上がっていく時にいつも目の前に拡がる山並みと空を見て歩くこと、そうしているといつの間にか施設に着き、「まあいいか、やるか」と思うことを伝えた。私は話しながら、自分と（担当している）子ども（ユニット）が揺るぎない環境（自然）に包まれながらその内側でうごめいていることに気が付いた。

そして、さらにこのスーパーヴィジョンからの帰路、私は山並みと空にまつわる自身のパーソナルな体験を想起し、自己探索が促された。その体験は私が臨床家を志す前のもので、未曽有の破壊的な出来事が起きても山並みと空は揺るぎなく在り続け、それとは対比的に人間の創造物は脆く崩れ落ち、その中で人間はうごめき、はからずも生死が分かたれる——私はその現実を全体図として眺めている、という体験だった。

ここには、スーパーヴィジョンの場で出勤時の風景を想起した体験が、実はそれよりずっと前にあった個人的な情緒体験と無意識下で繋がっていたことが示されている。この繋がりはすなわち、揺るぎない自然と人間の無力さからの連想である。

皆藤章[6]は河合隼雄[7]の言う「自然（じねん）」が、西洋近代が言うところの客観的、外的「自然（しぜん）」ではなく「内なる自然」であることから「精神性の体験」であると述べ、続いて親鸞聖人が晩年、門弟に出した手紙に記した「自然法爾」に触れている。「自然法爾」とは、人為を加えず、一切の存在はおのずから真理にかなっていること、また人為を捨てて仏に任せきることを言う[8]。これは人が自らのはからい、すなわち「自力」を捨て、阿弥陀如来の本願力――絶対的な「他力」に身を任せて生きること、それによってのみ救われることを表す。

私は自らのはからいを超えた現実――分かたれる生死を前に、無力な自分を認めるほかなかった。この個人的体験は、生と死の狭間を生きる患者との出会いにおいて無用感に苦悩する私にしばしば呼び覚まされ、セラピスト（スーパーヴァイザー）としての自身のありかたを再考させる。

人の生死に際し、自身の存在意義を問う「無用感」は個人的体験と切り離しては考えられないように思われる。クラインマン（Kleinman, A.）[9]は認知症を患った妻をケアした経験から、ケアすることの苦痛や絶望を説き、同時にそれは「より人間たらしめる」実践であると述べている。また、ロバーツ（Roberts, V. Z.）[10]は、ケアを仕事とする者がクライエント―援助者間の境界を強調し過ぎたり、否認し過ぎたりしないためにも、この仕事を選択した理由について洞察を持つこと、防衛の特性について気づくことが重要であると言っている。その境界を適切に保ち、現実に耐えられた時にこそ、償いの活動（ケア）は実践的になると述べている。

この時、初心者だった私は、スーパーヴィジョンの場が「抱える環境」として体験され、自己探索が促された。スーパーヴィジョンの限界については既に触れたとおりだが、セラピストが患者と出会い、自身について考え続けるならば、スーパーヴィジョンの場での体験から自己探索へと繋がっていくことがあるだろう。

このような探索はまた、セラピストとしての実践に生かされていくのではないだろうか。

セラピストは、様々、悩みはあったとしても仕事ができるほどには健康である。その点において、死にゆく過程を生きる患者との境界は明確である。緩和ケアで働くセラピストはその境界に直面し、理想的なセラピストであろうとする奢り高い自分と出会い、ほどよい無力感と罪悪感を感じながら自身が無用であることについて考え続けるほかないのかもしれない。

4 終わりに

最後に、本稿では論じ得なかった課題について簡単に触れておく。まず緩和ケアと言っても患者のパーソナリティ、年齢、病気等、背景は様々で、面接では患者のニーズを探りながらアセスメントを行っていく。まさにそのニーズは、患者のありようをよく表している。個人背景もよく知らないまま患者と出会う緩和ケアでは、患者がセラピストに求めるニーズを何よりも尊重し、そこから繋がりを得て面接を構造化していくことが肝要となるだろう。

また、私自身は精神分析的なオリエンテーションで実践を行っているが、本稿で提示した実践例は厳密な精神分析的設定に拠るものではない。特に二つ目の実践例については、実際のスーパーヴィジョンでは専門用語を使用せず、一般的な言葉で伝えている。本来は厳密な精神分析的設定のもと、使用する概念や用語であることをここに明記しつつ、本稿で示されたように人間の無意識的情緒の相互交流や、どこまでもリアルを追求しようとする精神分析的な視座が緩和ケアに貢献できる可能性についてもあわせて記しておく。今後、この領域におけるさらなる追究が、丹念に重ねられていく必要があると考える。

さらに私自身がスーパーヴァイザーとしての、同時にスーパーヴァイジーが臨床家としての経験が浅いことが、本稿で提示したスーパーヴィジョンのありかたに影響していることは確かである。スーパーヴァイジーの熟練度によってスーパーヴィジョンのありかたが異なるという見解は既に論じられているところであるが[11]、スーパーヴァイザーについても同様であろう。緩和ケアの領域において経験年数を重ねたスーパーヴァイザー、もしくはスーパーヴァイジーによるスーパーヴィジョンのありかたについては、今後、新たな見解が加わるものと考える。

[文　献]

（1）Speck, P. (1994) Working with Dying People: on Being Good Enough. Obholzer, A. & Roberts, V. Z. (eds.) *The Unconscious at Work; Individual and Organizational Stress in the Human Service.* London: Routledge.（「第一〇章　死にゆく人々とともにはたらく――ほどよい人でいること」〔武井麻子監訳、榊惠子訳〕『組織のストレスとコンサルテーション』金剛出版、一二四～一三四頁、二〇一四）

（2）Halton, W. (1994) Some Unconscious Aspects of Organizational Life: Contributions from Psychoanalysis. Obholzer, A. & Roberts, V. Z. (eds.) *The Unconscious at Work; Individual and Organizational Stress in the Human Service.* London: Routledge.（「第一章　組織生活における無意識の諸相――精神分析からの寄与」〔武井麻子監訳、鷹野朋実訳〕『組織のストレスとコンサルテーション』金剛出版、一五～二五頁、二〇一四）

（3）Ogden, T. (2005) On Psychoanalytic Supervision. *International Journal of Psychoanalysis,* 86, pp.1265-1280.

（4）村井雅美「スーパーヴィジョンを受ける前と後――『関係の相互性』が起きること」心理臨床スーパーヴィジョン学、2、五三～六六頁、二〇一六

（5）D・W・ウィニコット『遊ぶことと現実』橋本雅雄訳、岩崎学術出版社、七四～九〇頁、一九七九

（6）皆藤章「ひとりの心理臨床家の考える人間の生とアーサー・クラインマンの存在」皆藤章編・監訳『ケアすることの意味』誠信書房、一三頁、二〇一五

（7）河合隼雄「治療者─患者関係の文化差」臨床精神病理、7（1）、一五～一九頁、一九八六

（8）亀井勝一郎『親鸞』春秋社、一三〇頁、二〇一〇

（9）A・クラインマン「ケアをすること」皆藤章編・監訳『ケアをすることの意味』誠信書房、七六頁、二〇一五

（10）Roberts, V. Z. (1994) The Self-Assigned Impossible Task. Obholzer, A. & Roberts, V. Z. (eds.) *The Unconscious at Work;*

Individual and Organizational Stress in the Human Service. London: Routledge.（「第一二章　みずからに課した不可能なタスク」〔武井麻子監訳、郷良淳子訳〕『組織のストレスとコンサルテーション』金剛出版、一四九～一六一頁、二〇一四）

（11）若佐美奈子「スーパーヴィジョンにおける育ちと学び――精神分析および発達行動学の概念を援用して」心理臨床スーパーヴィジョン学、創刊号、二〇～三三頁、二〇一五

［付記］本稿の執筆にあたり、京都大学臨床心理学研究倫理審査会の審査を経ていることをここに追記する。また、本稿は、京都大学大学院博士後期課程の臨床実践指導学講座で行われた、実践ケースカンファレンスの発表に加筆、修正したものである。

私が初心者の頃のスーパーヴィジョンで想起された自然の風景と「自然法爾」にまつわる考察は、カンファレンスでの皆藤章先生のご発言に依拠するものである。実りあるカンファレンスの場を提供して下さった皆藤章先生、髙橋靖恵先生、そして一緒に議論したゼミの皆さまに深謝いたします。

また、私に貴重な学びをご提供くださり、実践例の提示を了承いただいた皆様に心より感謝申し上げます。本当にありがとうございました。

第8章……がん治療を受けるひとと社会をつなぐケアの本質

野澤桂子×皆藤 章

1　はじめに（皆藤　章）

国立研究開発法人国立がん研究センター中央病院にアピアランス支援センターがある。がんの治療を受けるひとが、たとえば抗がん剤投与に伴う脱毛や手術後の外見の変化によって社会とのつながりを絶ってしまわないように、身体面でのサポートをするところである。わたしはそこで、三年間にわたって客員研究員という立場で研修を積んできたが、そのサポートはたんに身体面にかぎらずきわめて心理的ケアとなっていることを感じてきた。本章は、わたしの依頼に応えて、ある事例を巡って、センター長の野澤桂子とわたしが対談というスタイルでこうした点について話し合ったものである。事例は、膵臓がんで余命二週間と主治医から説明を受けたひとと野澤桂子との関わりである。なお、アピアランスケアの具体については本章では省略したので、文献を参照されたい。[1][2]

2　膵臓がんで余命二週間と告げられたひとのいのちのときを巡って

以下の内容は、このひとに直接かかわった野澤桂子がそのひとの死後、ご主人の同意を得て記載を許可されたものである。このような機会を与えて下さったことに深甚な感謝の想いを申し述べたい。なお、必要ないと判断された事実関係についてはすべて記載せず、個人が特定されないように細心の注意を払った。

1　余命の宣告と支援の依頼

野澤　わたしに依頼があったのは、ある年の五月のことでした。看護師からの電話で、「ウェディングドレス姿の写真を撮りたいという患者さんがいるのですけど」ということで病棟に行きました。

その患者さんは、主治医に「(余命は)あとどれぐらいですか」と尋ねたところ、「今月いっぱいかもしれません」と言われたそうです。そのときはすでに半月が経っていたので、今月いっぱいということは、あと二週間しかないという話になりました。状態が悪いと自分では思っていても、主治医からそうはっきり言われると、当然ながら落ち込まれるわけです。それで、看護師さんがフォローをしていたところ、ウェディングドレス姿の写真を残したいという話が出たので、わたしが呼ばれました。

わたしはいつもあまり情報を入れないで、呼ばれたところに行くようにしています。なので、事前情報は、あまり体調はよくないけれど、花嫁姿を撮りたいと希望している患者さんがいるということだけでした。お会いして初めて、その患者さんが非常に予後の厳しい状況にあって、看護師さんから、「何かやりたいことはありますか」と尋ねられたため、「入籍はしたけれども、これだったら、結婚式の写真を撮っておけば良かった……」という話になったことをうかがいました。

皆藤　その患者さんが入籍されたのは、まだお元気な頃だったのですか。

野澤　いえ、四月の一三日に入籍をしたと仰っていました。五月の二〇日にウェディングドレス姿で写真を撮ったのですが、依頼があったのは、その一週間前の金曜日でした。

皆藤　患者さんとは、そのときが初対面だったのですか。

野澤　初対面です、はい。「結婚式の写真を撮りたいという話があると聞いてきました」と話すと、ご主人が「そうなんです」と、ちょっと嬉しそうな顔をしていたのを覚えています。ただ、こういうイベント事というのは、周りが盛り上がっても駄目で、本人にやる気がないと良い結果になりません。だから、「ご主人じゃなくて、奥様はどうしたいですか」と伺いました。そうしたら、「是非やりたいです!」ということでしたので、「それでは、準備しましょうか」となりました。ご本人にその気があることが感じられて嬉しかったですね。

皆藤　そのとき、先生は、お二人が結婚式の写真を撮りたいと思うようになった経緯について疑問に思われたりとか、直接患者さんに尋ねられたりとかはされなかったのですか。

野澤　いえ、とくにはしませんでした。それは、どういうレベルのご質問ですか。

皆藤　主治医から非常に厳しい予後を告げられれば、当然、先のことを考えますよね。そのときに、結婚式の写真を撮っていなかったことにその患者さん自身が気づいて、それで写真を残しておこうと思われたのでしょうか。そういうやり取りは、ご本人との間ではなかったのですか。

野澤　ご主人は、「入籍はしたけれども、まだ花嫁写真を撮っていなくて。それに自分の親にも見せたいですし」といったことは、ちらっとおっしゃっていました。

皆藤　ああ、ご主人が。

野澤　はい。でも、なぜ最期にウェディングドレスを着たくなったのかということは、あまりわたしには興味がなかった（笑）ので、聞きませんでした。普通に、「籍を入れた方が、まだ結婚式の写真を撮っていなかったね」という程度のレベルで取り上げていましたね。普通、結婚式をしたら写真を撮るじゃないですか。「籍を入れたけれども、なんかバタバタしていて写真を撮る間もなかったね」みたいな感じで、「ああ、じゃ、撮りましょう」という受け止め方でした。

皆藤　なるほど。

野澤　つまり、そこで、それを聞いたからわたしの行動に変化があるかというと、ないです。そうですよね。わたしは、写真を「撮る」ということに、その人の希望を「叶える」ということに、フォーカスするだけですから、そのために必要な情報だったら得ますけれども、そこでその患者さんがどのように考えていたとしても、その希望自体は怪しいものではないわけです。籍を入れた方たちが、結婚式の写真を撮って誰かに見せるということは、何かこれがおかしいことだということはまったくなく、ごく普通に当たり前のことです。

皆藤　言われてみればおっしゃる通りなのですが、医療にかかわる方々というのは、それを当たり前のことだとは、なかなか受け止めないのではないかという気が少ししています。ですが、今の話を伺って先生がそのひとたちをとても信頼しているということをすごく感じました。もちろん、ライフ・イベントを先生がとても大切にされていることの意味は、わたしなりに理解しているつもりなのですが。

野澤　はい。

皆藤　そのことと、患者さんが結婚式の写真を撮りたいという思いが、ぴったり一致している感じがします。いのちのときを生きているひとへの信頼感が、先生にはすごくあったのではないかなと感じました。

野澤　そうですね。もちろん……深く考えればいろんな意味はあると思います。でも、何と言うのでしょう、しょせん他人がいくら考えて出す答えよりも、現に存在する事実のほうが、はるかに価値があって。あと二週間と言われたときに、そういう生き方ができる人って、そんなにいないと思います。

それに、「ああ、あのときにやっておけば良かった」という感情って、ある意味、素直な希望でもあるわけですよ。「えっ、ウェディングドレス、着られなくなっちゃうの、わたし」「そうだったら、あのときに着ておけば良かった」。そういう素直な願望を、この大変な状況で思い出して、それを口にできる強さ。医学的にはもちろん、そのひとは悲惨な状況にあって、ひどい状態ではあるけれども、でも、ある意味で見たら、そのひとには、そういう健康なところを持ち続けて、それを言葉にできる強さがある。この希望にフォーカスするほうが、はるかに意味があるし、協力する意味があるのではないかなと思います。

皆藤　先生の、いのちのときを生きるひとの、いのちの健康なところにフォーカスしていくというアプローチが、とてもクリアに出ていますね。

野澤　そう言われてみればそうですね。普通の人だったら、何か、「そんなになっちゃってどうしよう」ともちろん思うし、混乱のうちにあっという間に二週間が過ぎるということだってあるし、打ちひしがれてしまう方だっているわけです。だけど、この患者さんはそうじゃない。何でしょうね。「あれをやっておけば良かったな」みたいな、「わたし、ウェディングドレスが着たかったの」という願望が素直に出る、その強さですね。

2　できることを普通にすることのたいせつさ

皆藤　先生に電話を寄こした看護師さんは、先生のことをよくご存知だったのですか。

野澤　そうですね。

皆藤　よくその患者さんは、看護師さんに話をしたなあと思いましたので。

野澤　たぶんその看護師はわたしのやっていることに非常に関心が高いひとです。だから、そういうアンテナがあったのだと思います。

皆藤　それは、すごく絶妙な出会いですね。

野澤　そう、そうですね。で、その場でやりましょうということになりました。わたしは、ライフ・イベントは、その本番当日の意味なんてほんの少ししかなくて、むしろそこに至るプロセスが九〇パーセント以上であると考えていますので、その状態のひとであっても、できるかぎりご自分で準備をしていただくというのを原則にしています。

　もちろん、そうは言っても呼吸が苦しかったりとか、お腹に水が溜まって苦しかったりとか、いろんな状態はあります。でも、それを抱えつつも、普通のひとが普通にやるように、なるべくやっていただく。つまり、手が動かせて、口が動かせて、頭がクリアであれば、ご自分で準備ができるわけです。

患者さんには、「インターネットの『レンタル・ウェディングドレス』で調べてください」と伝えました。そうすると、安くて早く、二〜三日で届きます。そのあいだに私は、まず場所の手配と写真を撮ってくださる先生の確保をしておきます。本務の間にボランティアでやっていただくことにはなりますが、わたしの病院にはそういう場所と技師の先生がいます。ところが、「いつ空いていますか」とうかがったら、「来週金曜日です」と言われてしまいました。「えっ、一週間先」と、正直思いましたね。いのちのときが二週間、今月いっぱいという場合は、今日急変してもおかしくないという状況で主治医が告げていますので、一週間後というのは結構リスキーです。ただ、こういう患者さんが前向きに行動されているときというのは、結構大丈夫だったりします。それで、「まあ、いいか。一週間後に設定しましょう」ということになりました。

患者さんには、「一週間の間に自分たちで用意してください。一週間あれば何とかなります。どうしても駄目だったら言ってください」という話をしました。もともとおしゃれな方でしたので、「髪の毛は病院にある美容院でいいから、事前にどういうヘアスタイルにしたいかとか相談して。で、ドレスは自分で借りてください。ドレスとか、靴とか、小物とかは全部自分で取り寄せてください」とも話しました。そして、「一つでも借りたら、すぐゲットしたことを連絡してください」とお願いしておきました。

皆藤　それはなぜですか。

野澤　どういう準備が進んでいるかを確認する意味があります。それから、話をしたのは金曜日でしたが、週明けには一回退院ということになっていまして、そうなると、退院している間は何が起きるかわからないじゃないですか。なので、どういう状況になっているか、逐一、知らせてくださいということです。

そういうふうにしておくと、そのイベントの準備を、具体的にわたしがなにか物を動かすわけではないけれども、心のサポートになりますよね。わたしがそばにいなくても、患者さんは気軽にわたしに報告することができて、それに対してわたしが「それは良かったですね」と返す。それがサポートになるわけです。

わたしが唯一ご本人にお願いしたのは、これはさらっと言わないと可哀想だったのですが、「ウェディングドレスのサイズはマタニティ用にしてください」ということだけでした。彼女はマタニティではないけれども、腹水が溜まっているので、マタニティドレスでないと着ることができなかったのです。MとかSとか、身体のサイズだけに合わせてしまうとお腹が入らなくて。だから、「マタニティ用にしてください」と。「あとは何でもいいです」と話しました。

皆藤 何か、今の話って、ケアの本質的なところの語りに聞こえますね。

野澤 (笑)そうですか。

皆藤 たとえば、「いのちのときはあと二週間ですよ」と告げられた患者さんが、結婚式の写真を撮りたいといったとき、「じゃ、やりましょう」ということで、周りが全面サポートして、靴も準備して、服も準備して、「いろんなものを全部こちらが準備するから、そのときまでゆっくりと体調を整えておいてよ」という感じで動く。それがケアだと思っているひとが、結構多いのではないでしょうか。でも、わたしはそうではないと思います。先生が、一つ一つ、レンタルで、これして、あれして、報告して、とおっしゃっているのは、そのひとのいのちの健康なところにコミットして、関わっていることの表れではないかと。

野澤 はい。

皆藤　そこを刺激し続けるというのは、すごくたいせつな、そのひとの生きる力を下支えしていると思います。

野澤　そうですね。この患者さんにはそれができるだろうと見立てているというのはあります。その意味では信頼関係ですね。それと、やはりご本人がそれを一つずつ話していくことで、自分の行為を確認していくことになるし、それを話すわたしという相手がいることも、とても大切なことです。あとは、もしできないことがあったときに、いつでもサポートできることも重要ですね。最初から、わたしが全部用意してあげることだって可能なわけですが、そうではなくて、できるかぎりご自身でやっていただく。それが、まさに生きることだと思いますし、その限られた時間を一緒に過ごす。その時間もどんどん減ってはいくわけですけれども、そういう物理的なことではなくて、ほんとうに、新婚さんとしての幸せな時間を並行して過ごせるわけです。

だから、そこに純粋に浸ってもらうためにも、感じてもらうためにも、やっぱりご本人たちで準備していただかなければ意味がないと考えています。「こっちのデザインがいいかしら。それとも、あっちのデザインがいいかしら」とか、おふたりでそういうことを普通にしてもらわなかったら、新婚時代を生きる楽しみがないじゃないですか。

そうかと言って、必要なものが入手できなかったり、どう探していいかわからなかったりして、挫折してしまったら元も子もないですから、なにかあればすぐサポートができるように、「密に連絡をください」とお伝えしているのです。

そうすると、もともとおしゃれな方たちですので、「先生、ティアラをゲットしました！」とか、「手袋をゲットしました！」みたいな報告が入ってきます。ご主人からは「僕のレンタルのほうが高くて。いいのかな」みたいな（笑）。そんな嬉しそうな話が届くわけですよ。それも新婚さんの幸せな時間なわけです。

皆藤　うんうん、そうですねえ。

野澤　まさに、その姿は、可哀想なひとでも何でもなくて、わたしからすると、「ご馳走様」っていうひとたちです。わたしはそれでいいと思っています。だから、「良かったですね」とか「ご主人の服装は勝手にしてください（笑）」とか普通に返します。できない部分は補うべきだけれども、できるところにこちらが手を出し過ぎないのは、ご本人たちが主体的に生きることを支える上で最も大切な部分だと、わたしは考えています。

皆藤　患者さんも、先生も、ご主人も、ひととして生きるということをきちんとやっておられる、というわけですね。

野澤　ええ、そうですね。たとえば、そうした準備を進めていく中で、ご主人とは、「せっかくだからサプライズをしよう」という話になりました。ご主人は、患者さんのご姉弟ととても仲が良かったので、ご姉弟、ご両親、それから、仲の良い友達にもこっそり声をかけて、写真撮影が終わった後に、院内のレストランで患者さんを囲んで食事をしようということになりました。何も知らない患者さんに、ご主人から「せっかくだからお茶でも飲もう」という感じで、撮影の後に食事に連れ出していただいて、実は友達とか家族とかが待機していて暖かく迎えるというサプライズです。そういう準備もしました。

　当日は、友達も、家族も、医療関係者もやって来ました。わたしも即席立会人みたいになって、まるで人前結婚式でした。当日のお手伝いは、看護師さんたちと一緒にやりましたが、病院への根回しは看護師さんたちだけで協力してやってくれました。振り返るといろいろ大変なこともありましたが、何とかうまくいきました。

3　いのちのときが尽きるまで

野澤　二〇日に結婚式をしましたが、その患者さんが亡くなったのは三一日の朝でした。意識が混濁してきたのは、写真を撮影してからたった二日しか経っていませんでした。

皆藤　撮影の二日後……。

野澤　そうですね。

皆藤　サプライズのときの様子はどうでしたか。

野澤　非常に喜んでいました。とても深刻な状態にある患者さんとは思えないほど普通で。腹水がひどくてマタニティドレスを選んでも背中が閉まらなかったのですが、とりあえず前から見て着ているように見えればいいからと白い布を当てて安全ピンで留めて撮影しました。苦しいはずなのに、「絶対に立ちます」とおっしゃって、普段は足も浮腫んでいて車椅子でしたが、このときだけは立って撮影に臨んでいました。彼女は本当に根性が座っている方なのだと思います。

実は、もっと凄いことがありまして！　五月二〇日に写真撮影と人前結婚式を行ったのですが、その前の五月一日から五日まで、なんとふたりはグアムに旅行していたのです。

皆藤　えっ？

野澤　しかも、五月三日は海で泳いだそうです。

皆藤　なんとまあ！

野澤　大きなお腹で。

皆藤　もちろん主治医の許可を得て、ですよね？

野澤　そうですね。先生方も「頑張って行ってこい」と。一般の病院だったら許可は下りなかったでしょうけれど、そういう意味では、「万が一のときは……」という感じでした。三一日の未明に亡くなった、その月に海外で泳いでいた、というのは、人間はいのちのときが尽きるまで生ききることができるということを深く感じさせられますね。

皆藤 本当ですね、新婚旅行だったのでしょうか。

野澤 はい。ただ、二人にとっての新婚旅行だったと思いますが、ご姉弟の仲が良いので、ご家族全員で行ってきたそうです。

入籍は、その前月の四月一三日だったそうですが、わたしも具体的な日付はつい最近まで知りませんでした。彼女は大変強い女性ではありましたが、いっぽうで可愛らしさもありました。旦那さんの苗字に名前を変えてから亡くなりたいという想いもあったのだろうと思います。

皆藤 ああ、なるほど。

4　出会いとおつきあい

野澤 四月一三日は、患者さんにとってとても思い入れのある日付でした。ご主人は、最初、なぜ彼女が四月一三日に入籍したいというのかわからなかったそうなのですが、実はふたりが初めて出会ったのが、五年前の四月一三日だったそうです。それは、ある会社の歓迎会で、彼女はその場でご主人のことが気に入ったのですが、バリバリの姉御肌で、しかも当時は先輩だったのでそのときはお付き合いせず。それが、五年前の四月一三日ということです。

皆藤 それは、旅立たれる四年前ですか。

野澤 はい。それで、実際に付き合ったのは、ちょっとはっきりしないのですが、おそらくそれから二年後です。彼女の病気が見つかった年だと聞きました。その年の秋に膵臓がんがわかって、その後、付き合い始めたことになります。

皆藤　それでは、出会って二年後にがんが見つかって、それからお付き合いが始まった、と。

野澤　そうですね。ウマが合ったそうです。そのとき、彼女は一人でがんと闘おうとしていて、ご主人は、それは大変なことだろうなと思って、傍にいて支えてあげたいと。それで結婚までいきつきました。

皆藤　しかし、彼女がそんな状態にあって、ご主人側のご家庭の反対とかはなかったのですか。

野澤　ご主人のご両親にご挨拶に行って、四人で食事会をして、そこで彼女は「こんな身体ですけど、よろしくお願します」と緊張しながら伝えたそうです。そしたら「こちらこそ、よろしく」と。そのとき、ご主人はお父様から「おまえも優しいやつだな」と言われたそうで、とくに反対はなかったと聞いています。懐の深いご両親ですね。

小説みたいな出来事なのですが、彼女は、二人が出会う四月一三日の一カ月前くらいに、何かのメッセージ・カードに自分の願いを書く機会があって、「一生過ごせる人と出会えますように。幸せになれますように」と書いていて、その翌月ふたりは知り合ったそうです（笑）。すごいですよね。

でも、病気になったから、ときどき食事とかは行っていてもお付き合いはなくて。ただ、そんななかで、ご主人は病気になった彼女がそれでも一人暮らしをして、通院しながら頑張っている姿を見て、自分も一人だし一緒に暮らそうと思ったそうです。

皆藤　病気になったことを、彼女は打ち明けたわけですね。

野澤　そうですね。病気になってから付き合い始めて、そして、去年のクリスマスに、彼女のほうが結婚したいと話したらしいです。亡くなる前の年のクリスマスです。それで、籍を入れたのが翌年の四月一三日。

皆藤　なぜ彼女は結婚したいと、自分の気持ちを打ち明けたのでしょうか。

野澤 うーん、それはわからないですね。何ていうのかな、すごく強いけれども可愛らしい女性という感じですね。だから、たぶん純粋に好きなひとと一緒にいたいと思ったのではないかと。もしかしたら、愛情を試してみたいと思ったのかもしれません。そのあたりは、わたしはいっさい聞いていませんので、正確なことはわかりません。おそらく彼女にとっては、普通のことだったのだろうと思います。

おふたりは、いのちのときがあと二週間と言われてから、引っ越しもしています。ご主人は遠方から東京に来た方だったので、自分がもしものときにご主人が一人になってしまって心配だということで、仲のいい姉弟の家の近くに引っ越しました。だから、最後まで彼女は仕切っているな、と思いました（笑）。

皆藤 なるほどねえ。

野澤 「いや、新しいひとができたら困るじゃん」と言って、彼女とふたりで笑っていたのですけど。「でも、それはまあ出会いがあるかどうかわからないしね」みたいな会話になって。だから、ほんとうに純粋に、精一杯愛して精一杯生きていたと思います。ですから、入籍の四日前に、「こんな身体ですけどよろしく」とご主人の実家まで挨拶に行っているわけですよ。亡くなる前の月ですね。

5　愛するひとと生きる

皆藤 亡くなられた後のご主人は、どんな感じですか。

野澤 ものすごく仕事に忙しくしていらっしゃいます。まあもともとそういう方でしたが、「今は仕事が忙しいから気が紛れています」とおっしゃっていました。

ウェディングドレスでの撮影と人前結婚式の二日後に緊急入院になって、それから一週間足らずで亡くなったのですが、その間、ずっとご主人が付き添っていました。彼女は寝ていて反応はないのですが、友達が来たときに「バイバイ」と言ったら、手を挙げたり、動かしたりしていたそうです。このまえ、この対談のためにご主人にお話をうかがうのにお会いする機会があって、そのときに、「耳ってやっぱり聞こえるんですね」と思い出すようにお話しされていました。彼女の生前に、わたしは「意識がないようでも、耳は最後まで聞こえるから、何でも話したほうがいいですよ」と、ご主人にお伝えしていました。

彼女の写真を見せながらお話しくださったのですが、ご主人がベッドに手をかけていたら、彼女の手が伸びてきて、ご主人の手に触れる。手を触って、だんだんその手が伸びていって、洋服の半袖のなかに、手が入ってきて、そしてちょっと腕を握っていたといいます。だから、そんな状態にあっても自分がいるということがわかるのだなと思ったそうです。

皆藤 意識はなかったのですか。

野澤 はい、反応はないですね。意識はあっても示せないのかもしれません。写真はご主人が自撮りをしたものでしたが、ほんとうに、こう、ご主人の半袖シャツの袖のなかに彼女の手が入っていました。彼女はぐったりとして寝ているのだけれど、手だけが移動したそうです。

皆藤 そうですか。

野澤 生前、彼女は一度も愚痴を言わなかったそうです。もちろん、ショックを受けたときに泣くとか、そのときどきでいろんなことはあるけれども、治療をやめたいとか、「なんでこんなことになっちゃったの」とか、そういう愚痴を一回も言わなかったそうです。だから、ご主人は膵臓がんで新しい治験をやるのだから、治るものだと思っていました、とおっしゃっていました。

皆藤 それはつらいですね。

野澤 もちろんおふたりとも、がんの中でも厳しい病気だということはわかっていました。とはいえ、彼女自身も、これまでいろんな、ある意味で奇跡的なことをやって乗り越えてきた方だから、今回も治るはず、彼の方も、彼女だったら大丈夫、と信じていたそうです。彼女は膵臓がんでありながら、休日になると、どこかに遊びに行こうと言って、いつも出かけていたそうです。それも、体調のいいときは、いつも自転車だったそうです。

皆藤 へえー。すごいですね。

野澤 「膵臓がんなのにね」とご主人は笑って話してくださいました。ある意味、過活動というのか、すごくタフな方です（笑）。

皆藤 （笑）。

野澤 身体を動かすのが好きで、身体にいいと思うことは何でもやるみたいな感じだったようですね。もともと、おふたりとも、大手企業に勤めてバリバリやっておられましたし。

皆藤 でも、ご主人自身も、お仕事とか、一人でとても大変だったんじゃないですか。なのに、闘病生活も支える、という感じもしますが。

野澤 まあ一緒にいたいと思われたのでしょうね。たぶん病気になるかならないかにかかわらず。
　たぶん、極言すると、二人のなかでは、病気というファクターはあまり関係がなかったのではないでしょうか。もちろん現実生活に病気は大きく影響を与えるものですが、一人暮らしをしていて、「そんな大変なことがあるなら一緒に住もうよ」と二人暮らしを始められて。でも、病気とか関係なく、住みたいから一緒に住もうよ、にそのままでもなっていたのかもしれないし。ある意味、病気は一つのきっかけでしかないのかなと（笑）。

皆藤 たしかに、人生という視点から見たら、そうかもしれませんね。

野澤 何かそんな気がしますね。二人の生活の中に自然と病気が入ってきたみたいな感じがしますよね。

皆藤　うんうん、なるほどね。

野澤　病気をあまりにも素直に受け止められているように感じられるご主人の話を聴いていると、わたしのなかでは、病気のことがあまり大きく感じられなくて。もちろん、さまざまな大変さがあったとは思いますが。

皆藤　先生が、このお二人の人生という視点から見たら、たまたま病気が入ってきたというふうに思われたのは、このお二人とかかわるときからそう思っておられたのでしょうか。

野澤　二人とかかわるとき……、うーん。いや、たしかに強い女性だなという印象はありましたが、いまお話ししたことは、ウェディングドレスの写真を撮った際にはまったく聞いていません。そのときは、入籍したけれども写真を撮っていないといういきさつしか聞いていなくて。なれそめを知ったからといって、わたしのサポートに関係するかというと、まったく関係しないですから。

皆藤　はい、この対談のためにご主人に話を聞いてくださったということでしたね。

6　濃縮された時間と空間

皆藤　ところで、彼女が彼に残したものは何だったと思われますか。

野澤　なんでしょう。幸せな時間ではないですか。

皆藤　なるほど。でもまあ、シンプルにおっしゃられますけど、闘病ですからね。

野澤　べつに「幸せ」というのは、「ハッピー」という意味だけではないではないですか。

皆藤　といいますと。

野澤　ある意味、凝縮した濃密な時間ですよ。

皆藤　なるほど。

野澤　つまり、生きる実感であったりすると思います。たぶん、凝縮した生を生きる人というのは、その分、周りに与えるインパクトは大きい。ご主人も、今後彼女のような人と出会うことはなかなかないでしょう。この前もご主人とその話をしていて、「ああいうひとは、なかなかいないよね」とおっしゃっていました。そういうひとに出会えた。そのことは、ある意味、幸せなことなのだと思います。
　わたしはよく思うのですが、人間はやっぱり与えられた時間を過ごしているだけなのだろうと。そこに、善いとか悪いとかの価値はなくて。でも、その限られた時間の中で、自身が「出会って良かった」と思える相手と出会えて、同じ時間と空間を過ごせたというのは、それだけで十分幸せなことなのだろうな、と。先生はそう思いませんか。

皆藤　ええ、まったく同感です。生きていれば、かならずひとはひとと出会うわけです。どんな出会いにしろ、かならず出会う。わたしは、人生のなかで、出会ったら、その出会いに責任を果たす必要があると思っています。それは、どんな嫌な出会いであろうと、辛い出会いであろうと、ハッピーな出会いであろうと、変わりません。このおふたりのお話を伺って、このおふたりは、出会ったことの責任をほんとうに果たしたのだとか、ご本人なりの意味をしっかり生き抜いたのだなと感じます。

野澤　そうですね。

皆藤　それが、先生のおっしゃる、与えられた時間を生きるということだと思うのです。

野澤　ただ、彼女に与えられた時間は四〇何年間で、ひとによっては一〇年のこともあるし、六〇年、百年のこともあるわけです。でも、それはものすごく長い時間、たとえば宇宙的な時間からすれば、ほんとうにどれも誤差程度に過ぎず、それをもって短いからこうだとか、長いからどうだとか思う必要もまったくないと思っています。
　だからこそ、思うように、生き生きと充実した時間を過ごせる幸せ、そして、そういうひとの傍にいられる幸せというのは、それはもうほんとうに生きる意味そのものではないかなと思います。

皆藤　おっしゃる通りですね。

野澤　もちろん、闘病生活において社会一般にいうネガティヴなところをあげれば、きりがないと思います。せっかくいい会社にいて、ずっとキャリアを積んできたのに、キャリアが途中で駄目になったり、新しい幸せを掴むというときにその幸せの時間が有限であることを自覚させられたり、とか。そういう意味では決して幸せではないのかもしれません。けれども、そういうことではなくて、社会一般の価値を持ち出すと、病気ではなかったとしても満点のひとなんて誰もいませんよね。

皆藤　そうですね。

野澤　みんな、どこかにネガティヴな一面を抱えている。要は、どこにフォーカスして生きているかというだけのことなのではないかなと思います。

7　ポジティヴな面にフォーカスしていく

皆藤　いろいろな方から何度も尋ねられた問いかとは思うのですが、先生は、ご自身の仕事はどんな仕事だと思っていらっしゃいますか。

野澤　仕事の意味ですか。あまり考えてないですね。依頼があるとそれに対応するということです。

皆藤　(笑)。いえ、あの、病院のようなところで働いている方たちは、みなさん「がん」という病いに焦点づけて仕事をしていますよね？

野澤　そういう面もありますね。

皆藤　ですが、先生は、そこを何だか避けて、人の健康なところに焦点づけている感じがします。

野澤　ああー、うーん。

皆藤　たとえば、がんを告知される。そうすると、ひとによってさまざまでしょうけれども、やはり否定的な感情に苛まれる。

野澤　もちろん、なります。

皆藤　そうですよね。お先真っ暗みたいな感じになると思います。でも、先生は「そうじゃないよ。真っ暗な先に光は必ずあるんだよ」と、つねに言い続けていらっしゃるような感じがするのです。

野澤　そうですね。いや、「真っ暗な先」じゃなくて、真っ暗と並行して光があるイメージです。

皆藤　ああ、ああ、そうですね。

野澤　だけどその光に気がつかない患者さんは多い。だから、たしかにそれに気づいてもらう仕事だとは思います。ある意味では、皆藤先生がおっしゃるように、がんにはフォーカスしないけれど、医療者のひとりとして、やはりがんの治療を受ける患者さんをケアすることにフォーカスしている。その意味では医療のプロフェッショナルと考えているわけです。

では、どういうふうにケアできるかというと、わたしは薬を調合して痛みを止めることはできない。かといって、心理療法をしているわけでもない。けれども、がんの治療を受ける患者さんを見ていると、彼ら彼女らは、病気になったからといってすべてをあきらめる必要はないこと、きちんと自身に人間としての時間を生きる能力があることを、病気になったショックで忘れてしまって、打ちひしがれたり、駄目になってしまったりすることが多いのです。だから、「そうじゃないんだよ」と、そこに気がついていただく仕事をしています。つまり、自分の力でちゃんと生きていくことができる、そのことに気がついてもらう。そのために、わたしは何を提供できるのかということなのだと思います。

人間は社会との関係性のなかで自分の力を、生きている実感を体験することが多い。だから、病気になって社会と隔絶されたと思い込んでいる患者さんを、目に見えるかたちで社会と結び直すことで、そのひとたちに本来備わっている能力に気づいてもらいやすくします。それは、わたしが操作するものではなく、あくまで患者さんたちに気がついてもらうものです。だから先ほどの質問にあえて答えるならば、わたしの仕事はそういう仕事、そういう形でのケアだと考えています。

皆藤　先生がライフ・イベントを大事にされるという、そこですよね。

野澤　はい、そうです。

皆藤　人生の節目の意味をもつ結婚式などのライフ・イベントこそが、生きていることが実感しやすいものすごく濃度の高い時間となる、ということでしょうか。

野澤　そうです、そうです。濃度が高いし、闘病生活の中で患者さんにとっては初めてと言っても良いくらいの、具体的で明るい希望ですよ。目標といってもいいかもしれません。

健康な方にはイメージしにくいかもしれませんが、患者さんにとってそういう目標とか希望ってなかなかなくて。たとえば、抗がん剤治療の回数のことで言えば、その治療は何回で終わりますという、数値は明確ではあるけれども、それが明るいかどうかというと、また別の話です。たしかに身体は楽になりますが、「この後、何をすればいいのか、余計わからなくなりました。治療がなくなると不安です」と話されるひとはたくさんいるわけです。

だから、抗がん剤治療の残りの回数を数えるとか、患者としてそういう目標を持つけれども、それがかならずしも明るく希望のある目標とはかぎらない。でも、そのなかでも、人間は多面的に生きていて、様々な役割をもっています。だから、「あなたの人生はそこだけじゃないですよね。他にもいろいろありますよね」ということに気づいてもらうようにすると、もともと備わっている能力が発揮されるのです。

このわたしのケアのスタイルは、たぶん昔から変わっていません。わたしのスタイルは、特効薬とか具体的な何かそういったものを与えてケアをするのではなく、がんの治療を受ける患者さんの生きる能力を発掘することかなと、この活動を始めた当初からずっと思っています。

皆藤 発掘。

野澤 そう、そのひとの能力を発掘していくのです。もしかして、多くの医療者が、余命あと二週間ですという患者さんたちの話を聴いて、病気のマイナスの部分にフォーカスして、それだけでネガティヴな方向に考えてしまうと、イベントなんか無理かもしれないと思ってしまうかもしれないですね。でも、先ほどのお二人でいえば、ああ、このひとたちはできるな、と思いましたし、案の定できました。ただ、結果的にはできましたが、それが成功するかどうかよりも、そのプロセスをきちんと歩めるかということのほうが、はるかに意味があります。二人は、新婚としての幸せな時間を過ごせたと、そう思います。

皆藤 出会って、これまで十分生き抜けなかった何かを発掘したのかもしれないですね。

野澤 はい、そうですね。ただそうはいっても、わたしはいつもポジティヴなほうにフォーカスしすぎてしまいますので、よく患者さんから「先生のところへは元気なときにしか行けません」と言われます(笑)。「わたしが見るといつも元気じゃないの」と言うと、「いや、だって、ここは元気なときしか来られないですよ、先生」と。一方で、「全然駄目です」とか言いながらいらっしゃる患者さんもいるので、そこは個人差が大きいとは思いますけれど。

でも、わたしからすれば前者の態度で良くて。少なくともアピアランスケアという面から考えた場合、ほんとうに大変だということがわかるときは、ほかの専門家のところへ行ってくださいと言います。アピアランスケアは治療というよりも、どちらかというとリハビリです。アピアランスつまり外見のことにかかわるだけの余裕がそのひとにあるということなので、そこはリハビリに近いのです。

余裕と言いましたが、そのひとに少しでも、何か一歩、前に進みたいなという気持ちがないと、無理だとは思います。

皆藤　でも、その気持ちを先生が引き出しておられるのではないですか。

野澤　いやまあ、引き出すも何も、多くのひとには（前に進みたいという気持ちが）あるのでしょう。

皆藤　たしかに、彼女が、写真を撮りたいと言えたということはすごいですね。その一歩だと思います。

野澤　そうですね。その状況でも自分の希望が言えるって、すごいことですよ。

皆藤　すごいですよね。

野澤　自分の希望に忠実に、純粋に生きたのだと思います。ご家族とかパートナーとか世間体とかいろんなことを考えて、それで躊躇しちゃう人も多々いると思いますよ。

皆藤　そうですね。

野澤　でも、そんなのを意に介せずやれる強さがあって、それを受け入れるご主人もすごいなと思います。

皆藤　そういう場を、舞台を創っておられる先生もすごいですね。

野澤　うーん、まあ。でも、あまりそういう意識も何か……（笑）。できることは何でもやりますというスタンスです。

皆藤　先生に出会わなかったら、彼女の希望は叶わなかったのではないですか。

野澤　そうですね。「したいです」と言うだけではなかなかできないこともありますし。でも、医療者というのは、たぶん援助したいひとたちの集団なので、「わたしにはそれをできる力があるんだよ」ということを、何かにつけて話していけば、医療者も含めてみんな何とか工夫してやってくださるとは思います。ただ、わたしからすると、その日に成功させるだけでは全然意味がなくて、そのプロセスをどこまで本人たちにしてもらうかということが重要になります。「ちゃんとお家にいる間は、ブライダル・エステを自分でやってくださいね」とか言います(笑)。「顔パックとか、ちゃんとやってくださいよ」って。そうすると、ちゃんとやりますね。

皆藤 そういう話をうかがうと、主体的にやっていただくことこそが、やはり先生のケアの本質だろうなと感じます。

野澤 ええ。いかに、病気が主になってしまう時間のなかで、花嫁あるいは花婿としての自覚をもって過ごしてもらうかという話です。

8 社会の変化のなかで生きるということ

野澤 でも、生きるってそういうことですよね。健康なひとだって、みんな単独役割で生きてはいないですよ。

皆藤 ふと思ったのは、生きるって、健康になにも問題ない方だったら、たとえば、「時間に追われる」という表現があるように、立ち止まって考える余裕というか、あまりゆとりのない暮らしをしている。もちろん、そのなかでもライフ・イベントはあります。しかしそれも、ある意味では、かつてよりは形骸化している印象があります。ひととひととのつながりの希薄さをそこに感じたりすることがあります。けれども、先ほどのおふたりの話をうかがうと、「生きるっていうことはそうじゃなくて、こうなんだよ」と、多くのひとに教えてくれている感じがします。

野澤 そうですね、ほんとうに。純粋に、生きるということはこういうことなのだろうと、感じます。
　そういう意味では、濃密な時間を生きる患者さんからいただく手紙とか、その家族からいただいた絵とかは、決してプロフェッショナルではないのに、とても上手で感動させられます。どうしてだろうと思って。そのことで、以前、上司と話をしたときに、普通に生きているときは、やはりいろんな体裁を考えてしまうからではないかという話になりました。

たとえば、このひとに手紙を出すのだったら、老舗の便箋セットでないとだめだよねとか、こんな文章だとどう思われるだろう、なんて、変なことに気が行ってしまいがちで、ちょっと恰好よく見せようとか、どうしても装うようになってしまうのではないかと。

だけど、あのひとたちはそうじゃない。極限の、ある意味、いのちのときを生きている患者さんにとっては、そんな体裁なんかどうでもよくて、ほんとうに思いのまま書いたりすることができます。それが、すごくひとのこころを揺さぶるのではないか。まさにこのひとたちは、ほんとうに、純粋に、自分たちの思うように、凝縮された生の時間を過ごしていると思います。最期まで。

だから、この写真は亡くなる一〇日前ぐらいのものですが、ほんとうに幸せそうですね。要は、病気にならないひとも死なないひともいないというなかで、果たして自分はこういう生き方ができるだろうかと、そういう感慨はさすがにありますね。そう思いませんか?

皆藤 はい、そう思います。

ある医師が、「医学というのは敗北の実践でしかない」と言ったのですが、その意は、「死を防ぐことはできない」ということでした。けれども、先生のお話を伺っていると、ほんとうに医学は敗北の実践なのだろうかとも思うわけです。そうではなくて、ひとは皆死ぬという前提に立つとすると、医学というのは、先生のやっておられるお仕事を含み込んで「生きる実践」に変わるのではないかと、そんな気がしてきました。

野澤 そういう視点でお話しすると、最近は少なくともがん政策そのものが変わってきています。時系列の流れでお伝えすると、最初は医療の発展に基づく「がんの撲滅」というところから入っていくわけですけれども、だんだんとがんになっても安心して暮らせる社会づくりというふうに、その目的が付加されていくわけです。それは、がん治療の成果がかなり向上した一方で、完治もむずかしいということが見えてきたことの表裏一体ではあります。しかし、ある意味で、ほんとうに生きることを考えていこうというふうに社会が変わってきているることの表れだと思います。だから、人生の最期に濃密な生の時間を過ごすことも、特別なことではなくて、当たり前のことのようにみんながでるようになればいいと。

以前は、変な話ですが、お化粧をするなんてことは、医学にとって何の効果もないし、それで病気がよくなるわけでもない。ですから、そういうことは、認められなかったわけです。顔色が見えなくなるとか、あまり根拠のない理由をつけて。だけど、いまはだいぶ自由になってきています。少なくともこの病院では、明らかに、その考え方は変わってきていると思います。

わたしは、最終的に全員が目指すのは、パートタイマー患者だと思っています。つまり、治療の瞬間だけ患者になる、と。それは、医療だけの問題ではありません。患者も医療に変な甘えをせずに生きていく。将来的に、そんな時代になると思います。

皆藤　そのときに、何か新しい生きがいというものを探していく時代に入ってきているのではないかと感じます。病いを抱えたときに、人間はどう生きていくのか。

野澤　うん、そうですね。はい。

9　生きることに正解はない

野澤　社会システム的に、これからはがんになっても働かざるを得ない時代になるでしょうし、だから、もう前みたいな、病人という感じで隔離されている時代ではなくなっていくと思います。そのなかで、わたしたちはいろんな生きる意味を探さなきゃいけなくなるかもしれません。

皆藤　そのあたりは、何か思っておられることはありますか。

野澤　たとえば？

皆藤　人は生まれてから数十年かを生きて最後は死ぬ。ただそれだけで、そのなかに意味なんてないとわたしは思っています。ですが、生きているプロセスのなかで、「これが、わたしのほんとうにやりたかったことなんだ」と意味のほうがやって来ることがあります。それをわたしは「もたらされる」と表現しますけれども、そう思うのです。だから、「もう生きる意味がないからわたしは死ぬ」とか、「わたしにはもう生きている意味なんかないんだ」とか言うひとがいるけれども、生きる意味はそもそも初めからないのです。わたしたちは誰かに「これがあなたの生きる意味よ」と教えることだってできないじゃないですか。

野澤　それで言うと、わたしは最近、そういう意味の「生きる意味」ではないですが、「存在しているだけでいい」と思っています。

皆藤　ああ、そういうのもありますね。わたしはそれを「ただただ生きる」と言っています。

野澤　人間は存在しているだけでそれに意味があるというか、それで意味があると思っていて、ただ、より自分がいいと納得できる時間にするかどうかというのは、またそのひとによって違うと思います。

皆藤　出会いによっても違ってきますね。

野澤　まあ出会いもそうですし、でも、べつに、出会わなくても本人がいいと思えばいいんじゃないかと思うのです。

皆藤　ただ、ひととかかわり合うことなしに生きていくことはできないですから。

野澤　はい。

皆藤　だから、まったく出会わないということはありません。でも、その出会いを大切に生きることなく、

野澤　それをスルーする方もいるかもしれないです。そうですね。ただ、生きる意味的なことを強調し過ぎるのも、わたしは怖いと思っています。それによって、「こう生きるべきだ」という雰囲気になってしまったりすると。なので、「そんなに立派に生きなくてもいいですよ」とひとには言っているんですけど。

皆藤　自分の理想を追求することで満足するのであればそうすればいいし、したくない、だらだらしたいひとがいてもいいと思うし。なので、大きなことを成し遂げなくても存在するだけで価値があるのではないかなという。

このおふたりは、ある種の価値観から見たら、「何をやっているんだ。とんでもない」というふうに言われるかもしれません。けれども、二人は二人の「生きる」をやっているだけで、そこにとても充実した時間が流れているし、ひととして自分の人生を生きている、そのことがすごく大事だと思います。

野澤　つまり、生きることに正解はないわけですよ。

皆藤　そうですね。

野澤　最低限の正解は、天命（寿命）がくるまでは息をしながら（自殺とかしないで）生きることだとわたしは考えています。先ほどの、存在しているだけでよいということですね。だけど、多くの患者さんを見ている中で感じることは、なかには立派に生きたいひともいるし、そうでないひともいて、まあいいのかなということです。少なくとも、生死のところにいる医療者は、あまりそういう価値観を持ち過ぎないほうがいいと思います。自分が苦しくなってしまうので。

皆藤　「そういう価値観」の「そういう」というのは？

野澤　「生きるとはこういうことだ」みたいな。

皆藤　ああ、それはほんとうにそうですね。はい。

野澤　だって、ある意味、どう生きるかは究極的なその人らしさですから、他人がとやかく言うとか、少なくとも評価する話ではないですよね。あの人はすごいな、立派だなということはあっても、駄目だなということは基本的にないわけです。自分では○○さんのような立派な生き方はできないと思うことはあっても、自分の生き方は駄目だというのは、まあないのではないでしょうか。もちろん、犯罪とかでだれかの権利を害していれば別ですけど、わたしはそう思っています。このおふたりも周りからあれこれ言われたくなかったと思いますよ。

皆藤　このご主人のご家族のすごいなと思うところは、いわゆるご両親が育ってきた時代の価値観は現在とは全然違うものだと思うのですが、それを全然彼に押しつけていなくて。そのおかげか、彼は彼自身の生を生きることができている。とても素晴らしいなと感じます。

野澤　そうですね。それは、ある批判的な見方をすれば「自己中」なわけです。だけど、やっぱり自分の人生を生きるというのは、ほぼほぼ「自己中」なんですよ。だから、それを貫ける強さが彼や彼女にはあったのだろうと思います。みんなそうしたいなと思っても、なかなかできないですからね（笑）。

皆藤　ええ、はい。

野澤　たいていは、「あと二週間の命です」と言われたら、ほとんど寝込んでしまいますよ。怒っているうちに時間が過ぎてしまうひともいます。「なぜ自分なんだ」と言いながら、あちこちに文句を言っているうちに意識障害になってしまうこともありますから。でも、それが普通なのだろうと思います。

10　チーム医療

野澤　ものすごく細かなことを言えば、このお二人は予定通りこなされるだろうと、最初にアセスメントしています。それはいつも、ある意味、瞬時ですが、このひとたちはどこまでできるのだろうかと、判断して対応します。

皆藤　そのアセスメントは、可能性のほうに焦点づけたものですね。

野澤　そうですね。可能性ですね。

皆藤　そうなると、やはり「チーム医療」という考え方が大事になりますね。

野澤　そうですね。やはり先生方のバックアップがないとできないので、先生たちが、その日に合わせて痛み止めをどういうふうに変えていこうとか、投与方法を変えるとか、外に行ってもいいようにするとか。先生方のそういういろんなコントロールも含めたバックアップがなければできないことです。必然的に、看護師や薬剤師、ときにソーシャルワーカーの連携も。

皆藤　それは、でき上がった医療のシステムのなかに新しいシステムを入れ込んでいくということでもあると思います。

野澤　そのとおりですね。ただ、いまは既成事実をつくっていくほうが大事なので、その積み重ねです。

皆藤　こういうことが、ごく自然な医療として日本に浸透していくといいですね。

野澤　はい、そうですね。当たり前のようにですね。可哀想だから特別なみたいな、よくある新聞記事みたいな感じがなくなるとよいですね。あるホスピスで、当日、きれいでしたみたいな話があったのですけれども、そんなのは意味がないなと思っています。だんだん、自分の思うように生きるということが世の中的に普通にできていけばいいのではないかと思います。

11　社会とのつながりを生きる

皆藤　臨床家はクライエントのために、一対一で心理療法を行っていきます。そのために、心理療法の訓練を受けるわけですが、そうした研修を受けていて思うのは、臨床家はクライエントと出会ったことの責任をどこまで果たし得るのか、ということです。どこまでその人の「生きる」を支え得るのか、寄り添えるのか。そう考えたら、内的世界に入り込んでいくだけでは不十分だと感じます。

野澤 そうです。だから、患者さん個々人によって実際にできること・できないことは違いますが、自身の能力で自分なりの目標に挑戦して、達成できたと感じること、その積み重ねが結局、本人を癒すことになっていくと思います。ですから、患者さんを病院という場ではない社会とつなぐということは、人間は人間関係のなかで傷つくけれども、やはり人間関係のなかでしか癒されないという本質に関わることだと考えています。彼らがなるべく自主的に動けるように、あるいは、同じ行動を違った見方で評価できるようにサポートしていくことが、援助になるのではないでしょうか。

皆藤 非常にむずかしい視点だと思います。

野澤 はい。ただ、一対一の心理療法のように掘り下げていっても、なかなか出てこないですよね。よっぽど何かすごい体験でもしていれば別ですけど(笑)。教科書事例と現実は違うじゃないですか。実際、掘り下げても解決する時間がないこともしばしばあります。

皆藤 そうですね。全くそうです。河合隼雄はそういう視点をもっていましたが、あまり引き継がれていないように思います。

野澤 とくにがん領域だと、病むのが正常な領域じゃないですか。「命にかかわる病気です」と言われてずっと元気だったら、そちらのほうがおかしいわけです。だから、ある意味、病むのが正常な領域で、病んでいるひとを相手に何をするかといったら、普通の心理療法のスタイルというのも難しい面もあります。もちろん、本当に大事なときに、大変なときに大変だということを聴いてくれることは大きいですね。

皆藤　まあ一つの事例というか、一つの手段としての有効性はあるのでしょうが、ひとが生きるという視点に立つとそれだけでは不十分ではないかと思います。残念ながら、このあたりは、まだほとんど議論されていません。

野澤　うーん、生きる……。「生きる」は本当に正解がないですよね。すごく重大なことでもあるけれども、大きな時間の流れのなかでは、ある意味、すごく小さなことなのだろうと思うし。わからないですね。

皆藤　正解はないけれども、多くの人たちは、正解があるかのごとくに生きていますよね。

野澤　よく、患者さんで手を焼くというか、問題があると言われる方がいらっしゃいますが、その方のいろいろなところを見ていると、「ああ、そうか。このひとも一生懸命生きているだけなんだなぁ」と、その人なりの理屈に気づくことがあります。たまたまその医療のルールに乗らないだけで、視点を変えると、ある意味、純粋なだけだよね、みたいな。

皆藤　いや、ほんとうにそうですよ。人はみんな一生懸命生きていますよね。

野澤　ええ。たった一つの視点からしか見ないから、ずれたところが見えてくるだけで、その人たちの視点に立つと、何も変じゃなかったりして。そういうことは往々にしてあります。

皆藤　はい。多くの方がいろんな視点から、病いを抱えたひとの「生きる」を見ることができればいいなと思います。

今日はどうもありがとうございました。

3　おわりに（皆藤　章）

野澤桂子の実践は、正解のない、ひとの「生きる」を支える。しかも、けっして偏向的でない。この意味で、現代を生きるひとり一人がその足音を止め、立ちどまって耳を澄まさなければならない「生きる」哲学と言える。

医学にも本来的に備えているアート（テクネー）がある。同様の意味で、それは医の哲学と言えるのだが、現代の医療にそれは生きているだろうか。むしろ、科学にその座を奪われていると言えるのではないだろうか。このように思うとき、けっして大袈裟ではなく、その実践は、科学の意義を踏まえつつ、科学と共存する哲学を医療に蘇らせようとしている。医療の本来あるべき姿が透かし絵のようにその実践に映し出される。もちろん、意図したことではない。意図的に為し得ることとは次元を異にしている。

この対談に登場する女性の「生と死のあわい」を医学（科学）は二週間と刻んだ。その間の「生きる」をご主人が支え、ふたりの「生きる」を野澤桂子とスタッフが支える。花嫁姿の写真を撮りたいという女性の願いを叶えるために。そんなことをしてもこの女性は遠からずいのちのときを終えるのであって、そのことに何の意味があるのかと言うひとは、生きるということを知らない。少なくとも、いのち賭けで生きたことのないひとである。一度でも、いのち賭けで生きたことがあれば、この女性のささやかな願いがひとのいのちの重みを教えるものであることを知っている。病み、そして死に逝くひとつのいのちが無数のいのちに語りかけることを知っている。凝縮された濃厚なときの体験は、ひととして生きるとはどういうことなのかを教える。それは「哲」すなわち「叡智」である。

［文　献］（1）野澤桂子「医療の場で求められるアピアランス支援」『がん看護』南江堂、19（5）、四八九～四九三頁、二〇一四

（2）野澤桂子「アピアランスケアとは」野澤桂子・藤間勝子編『臨床で活かす　がん患者のアピアランスケア』南山堂、二～一九頁、二〇一七

［付記］この対談は、二〇一七年六月三日、国立がん研究センター中央病院アピアランス支援センターで行われた。

第9章 想い出のケアをすること

アーサー・クラインマン［皆藤 章 訳］

妻のジョアンが早期発症型アルツハイマー病でこの世を去って五度目の命日、墓前に花を手向けた途端、わたしは混沌とした情緒的な想い出に呑み込まれました。そこには、ふたりの人生の節目となったできごともあれば、およそ半世紀の間に積み重なった、取るに足りないようなこともありました。しかし、どれもわたしには特別でした。いずれの想い出も、ある特殊な感情に彩られたイメージとして蘇ってきたのです。ひとつの想い出に浸ると、それはすぐさま物語になっていきました。とてもこなれたものからたどたどしいものまでありました。わたしは、支配人として、へたくそな準備をしたり、物語の舞台設定を変えたり、そしてまた素晴らしい雰囲気の画廊で執務したりしていたのです。そのこころのなかの展示会は、ふたりの人生を現していました。また、ふたりが生き抜いた時代や関わりのあった人びと、そしていまなお関わりのある人びとやイベントを語るものでもありました。

悔恨と鎮魂に耽るひとときはわたしにとって、かつての若々しい時代に戻り、そうして現実に帰ってきたかのような経験でした。わたしのなかで、ジョアンのイメージも同じようにライフサイクルを生き抜いていました。彼女が旅立ち、埋葬されてからは、わたしの記憶、感情と融合したイメージ、そして五〇年にわたりともに暮らした物語のなかに彼女は生きるようになったのです。彼女の死。その惨劇の後になって、初めてそうしたイメージや物語が記憶のなかの想い出の墓に静かに眠るようになりました。それからは、彼女が情熱的に現れてくる感覚や互いに認め合う感覚は、手の届かない、甘美な、おぼろげな記憶になっていったのです。この日の一連のことは何も初めてではありません。彼女が旅立ってから何年ものときを超えて、何かに促されたりおのずと蘇ったりしながら、毎日のように繰り返されていたことでした。そうして、悲嘆と憧憬は、少しずつですがない交ぜになって、動揺は穏やかになっていきました。

なぜ、想い出はかけがえがないのでしょうか。どうしてそんなにも長いときを想い出のなかで過ごし、同じことを繰り返すのでしょうか。これほどまでにこころを傾け苦しみ悩んでまで想い出に向き合おうとするのでしょうか。想い出はわれわれに、親しく関わり合った人びとに、何をしようとするのでしょうか。

愛するひとの喪失を経験したとき、喪ったパートナーや親や子どもを想い出そうとしてそうするのではありません。たしかにそうすることもありますが、わたしが思うのは、みずからの人生の鍵となる意味を表現したり再確認したりするために想い出す必要がある、ということなのです。想い出すのは、自分たちを支えている意味、耐えることを可能にする意味をふたたび創造するためなのです。

想い出は自分自身や他者への語りの中心にあります。想い出は世界を人間化し、経験から叡智を引き出すのです。想い出は営みのなかにやってきてそれを活性化させます。苦痛や苦闘を可能にするのです。生きていこうとするとき、想い出は、不安定で不確実でもっとも不屈な気力すら挫くようなものに囲まれて生きる、そういう営みを可能にするのです。また想い出は、自己形成における変化を理解する助けになります。ひとを愛し喪ったという想い出がなければ、世界は荒涼とし不毛で居心地の悪いものになるでしょう。現実にそうなのですが、想い出がなければどんな内的・社会的世界も存在しないのです。

トラウマティックな想い出もこのように考えることができます。心的外傷後ストレス障害という形をとって、それらは当人にダメージを与えます。人間関係を蝕みます。治療可能な事例もありますが、その場合であっても、制度上の期待が脅かされてしまうこともあります。けれども、このような想い出すらも、道徳的・人間的目的を提供することがあるのです。患うことの中核の在りように気づくことによって、実際にそれを統御し癒すことができないという実存的限界に気づくことによって、身を粉にしてケアをする家族と専門家の経験から、悲惨な人生観に、穏健な叡智という中庸がもたらされるのです。人生は限界のなかで営まれるものですから、それはケアなのです。

想い出す作業と時間。それは整理と再整理、そして想い出を生きることに費やされるのですが、それが故人と関係するとき、その作業と時間は、生前にわれわれが提供したケアをすることの継続と言えるのです。

このようにみると、ケアをすることは、ケアを受けるひとが亡くなることで終わるわけではありません。それは、死がわれわれを別ってからでもずっと続くのです。事実、喪うことはケアをすることの意なのです。そしてそれは、心理社会的悲嘆の症状がなくなってからもずっと続くのです。亡くなるまで想い出をケアし続けるひともいるでしょう。その後に続くひとたちは、まさに同じ理由から、少なくともいくつかの想い出を抱えながら生き続けるでしょう。臨床家もまた、臨床実践の想い出が実践的叡智へと形作られるプロセスに、生きるアート（テクネー）と医学のアート（テクネー）として関与するのです。

このようにみると、想い出のケアは、社会が世代を継いで想い出す在りようと言うことができます。すなわち、家族、ネットワーク、コミュニティ、組織といった社会が、イメージや感情そして物語の伝達をどのように生き、そして再構成するのかということです。意味深く真にかけがえのないものがいかに生き残り変異するのか。神話や象徴そして儀式は想い出す助けになりますが、それでもほとんどは自身の作業になるのです。

想い出をケアすることが子どもの身体とたましい、病気、老人をケアすることと同じように理解されたとき、ケアをすることは莫大な時間を費やす作業になってきます。それはまさに人生の同伴者です。ともに関わり合いながら、それぞれのケアをとおして一体となるのです。想い出のケアは創造力と人間性を形作るのです。プレゼンスを活性化させるのです。想い出のケアは異質なとき、新たなときを創り出します。官僚的な時間でもなく生物学的な時間でもありません。それは、想像を現実に、喪失を発見に結びつける生きられた経験のときなのです。

今日、心理学者や神経科学者たちは、想い出（記憶）は日常の生活で経験され蓄積されたイメージや感情や思考を再解釈する認知プロセスに関わるものだと主張しています。そうすると、想い出は経験したものが直接に表れるものでもなければ、再構成によって異なる表現になったものでもないということになります。

言い換えれば、経験それ自体は時間と歴史によって媒介されるものであり、けっして有用なものではないということなのです。人類学者としてわたしは、この文脈的アプローチには馴染むものがあります。しかし、ケアをするひととして、臨床医として、わたしはこの主張に存在論的な疑問を抱いています。

その疑問とは、この主張は通常の想い出の場合には妥当するかも知れませんが、極端なときの想い出にも言えることなのだろうか、というものです。たとえば早期発症型アルツハイマー病に見舞われたとき、受容と否認の間で揺れ動き苦悶するようなときです。患者に思いやりと自制心をもって応じることに失敗するとき、認知症の配偶者や親に自分が認知されないとき、死に逝くひとの傍らに付き添い夜を明かすときです。このようなときのケアには、嫌なことが起こります。余生を送るときに味わうのと同様に、起こったことに後悔し、それが忘れられず自分が許せないのです。無関心を装ったり、怒りを爆発させたり、希望をなくして絶望的になったり、あるいは逃げたりするのです。こうした例外的な状況を、起こって一〇年後にすら直接に経験できると、わたしは信じています。

さらに言えば、このようにして傷ついた感情や関係はまさに、ケアを蘇らせ生活を再構成するために取り組まなければならないものなのです。起こったことは、ケアをすることそれ自体のなかに、ケアの可能性を抑制する困難かつ実存的なもがきがあることを、結果として示しています。このもがきのほとんどは、想い出のなかで想像的に取り扱われるのです。想い出をケアすることは、これら不完全で限界のある経験の繰り返しと、そうした経験を筋の通った物語に再構成していく道なのです。それは、残された人生のときを安寧に過ごせるように、達成感と不足感を存分に味わうことと似ています。

ケアをすることは、取り次がれたものであれ直接受け取ったものであれ、想い出の贈り物なのです。たとえそれが絶えずつきまとい自身を傷つけるものであっても、想い出が贈ってくれたものなのです。想い出は、ケアをすることを生活の中心に置き、苦しみ挫ける自己までをも含み込んで、われわれは何者なのかに気づき認識する機会を提供しているのです。そして、わたしは信じているのですが、想い出はいまも昔も、さまざまな関係にたいして同じ振る舞いをすることができるのです。

想い出をケアすることは、家族のケアをするひとつの在りようとしてもっとも理解しやすいものですが、それはまた医師と看護師の経験に影響を与えるものでもあるのです。臨床医は患者と自分自身のケアをするという実践をしています。成功と失敗の想い出を実践で存分に経験しているのです。とりわけ、想い出に直面してそれを批判的に自身に反映させたとき、そこから学ぶことができるのです。このレッスンは、生きるというアート（テクネー）と専門的な実践の方法に関わる、実践的な叡智を形作っていくのです。

このプロセスは、専門的な実践における、情動的かつ道徳的・人間的な中心領域の一部と見なされるかも知れません。しかしながら、想い出に自身を反映させてみれば、不適切に情動的な反応をしてわれわれが予想も望みもしないなりゆきを味わったように、想い出は独自のやり方で働くことが可能なのです。臨床医は、問題になっていることをよりよく理解するために、患者および家族のケアをするひとたちのケアの想い出を尋ねることができます。しかしまた、想い出の内容のより体系的な表現や医学の実践によって、想い出のケアに貢献することができるのです。

罪悪感、悲哀、怒り、愛。これらすべてはケアを受けた故人の想い出のなかに現れます。ですから、否認することも、強迫的に考えることも、見ないようにすることも、避けることもできるのです。ケアの他の諸側面と同じように、想い出をケアすることは、適切にも不適切にも為し得るのです。ここでのわたしの意図は、ケアの方法を提供することではありません。そうではなくて、通常は主張することなく沈黙しているケアに直面することにあるのです。臨床医そして家族のケアをする者として、想い出をケアするために何か役立つことができるでしょうか。ケアを受けたひとに、想い出のなかへと旅だったひとに、為すべき何が課せられているのでしょうか。想い出をケアすることからわれわれが求め必要とするものは何なのでしょうか。

わたしは感じるのですが、この主題は、ケアをすることとケアを受けることの、まさにたましいの領域へとわれわれを導くのです。

Kleinman, A.（2016）Caring for Memories. *Lancet*, 387（10038）, pp.2596-2597.

特別寄稿

愛しさ　いとしさとかなしさのあわいに

松木邦裕

prologue

約束の時間にほんのわずかに早く、彼女は現れた。落ち着いた装いとうつむき加減の姿に、ひそやかに今日の想いが織り込まれているように私には感じられた。玄関口での短い挨拶後、いつものように私に先導されて彼女は面接室に入り、掛け布を手に取るとそれを身体にすっぽりと掛けながら、カウチに横たわった。それから、これもよく見られたことだったが、しばらく沈黙のときを彼女は持った。私の視界には、規則的に静かな呼吸を続ける彼女が収まっていた。静寂の中に私たちはいた。

私はもの想いの中で、小学生の頃熱を出して学校を休み、二階の誰もいない和室に敷かれたふとんに寝ている自分の姿を上から眺めていた。それは朝の喧騒がひと落着きした午前の静謐な時間で、まだ陽射しの届かない少し暗い光景だった。私はその室内の空気を思い出し、味わっていた。それは少しだけ冷たかったが、朝惑いを誘う暖かさもほのかに混じっていた。

私のもの想いは瞬時に移ろい、変わってある小説からの一場面、川辺を走る白い犬が現れた。それはスクリーンを見ているようで、固定されたカメラのレンズを通して、私は遠くから眺めていた。犬は勢いよく走り去った。動くものは何もなく、一本の土色《つちいろ》の小道と青葦《あおあし》が続いていた。

今日のこの時間で終わる、五年続いた彼女との精神分析的心理療法をこころの中で味わっていたのだろう。おそらく私は、瀕死にあった彼女のこころが死に絶えず、絶望的な懊悩を生き抜き、そしてその憂苦が安らかな居場所を得たと思っていたのだろう。

沈黙はさらに続いた。やがておもむろに、彼女は口を開いた。ほとんどそれと同時に、両瞳に涙が溢れた。

「今日で最後……先生とのお別れが最後……。きちんとは話せなかったけど、先生がずっといてくれてよかった。……職場でもお別れをした。いろんな人との別れで、声をかけてもらった。思いがけない人からも、別れを惜しむ声掛けをしてもらった。今まで自分を透明にしていたけど、こうした別れは、きちんと受け取ろうと思う……整理は、できていないんだけど……」

小さいが、ことばははっきりとしていた。

沈黙に戻った。私はしばらく間を置いた後、ことばを挟んだ：「あなたは、あなたを見ていてくれた人を発見しました」

彼女は頷き、続けた。「これまでも、そうした人たちが居てくれたのだろうけど、私が見えないようにしていた。……そうした人からの好意を認めようと思う。……今まで、私は引いていた。……」

彼女のことばを静かに味わった後、私はゆっくりと、「出会うのが、あなたには怖すぎたのでしょうね」と伝えた。

彼女は確かにうなずいたようだった。それから、再び沈黙に入った。二人は静かに居続けた。

彼女は口を開き、ちょっとだけ間を置いて、「これからは、好意は受け取ろうと思う。大事なことと思う」と、これまでより大きめの声で語った。

聴いていた私は、「この部屋の私たち二人の間で、なんとかことばであなたが私に伝えようとしてきたのはあなたの好意ですし、それを理解しようとしてきたのが、私の好意でしょうか。私たちに好意のやりとりがありました」と応じた。

彼女は肯定し、「誤解されると困りますが、先生は何もしなかった。この部屋が変わらず私を抱えていてくれた。この部屋があったこと、そこに自分を置いてくれたこと、それ自体が好意だった」と少し力を込めて語った。

それを聴きながら、彼女にできるこの表現を通して、私との分析体験が彼女に有意義であったと私に伝えようとしていることを私は感じた。うれしい。私は純粋にそう思った。

涙は溢れ続けていた。彼女は繰り返しハンカチでぬぐった。時は過ぎ、私はその最終セッションの終わりを伝えた。彼女は小さく頷いてカウチからゆっくりと起き上がり、私に向き合い一礼した。

退出時、玄関口で彼女は初めて顔を上げ、私を正面から見た。そして、それから頭を深く下げ、ゆっくりと扉を閉めた。

1 二人は生きる

1 出会い

心理療法は二人の出会いに始まる。その二人とは、生きづらさを抱え苦悩する一人とその一人に専門的な援助を提供しようとの心構えを持つもう一人である。最初の出会いが、穏やかなものであろうと猛々しく憎悪に充ちたものであろうと、その二人だけに生まれる情緒がその場に現れる。それからも二人が出会い続けようとするなら、その度に現れる情緒の交流がその心理療法過程を形成し、二人を導いていく。その過程は、二人がそれまで思い描くことのなかった、しかし、その一人に独自な生きづらさが真の姿を現す道程となっていく。私の実践する心理療法は精神分析と呼ばれているものなので、それは精神分析過程と言い換えられる。

生きづらさに苦しむ一人は、その苦悩から解放されたいと望んでいる。苦しみがなくなること、苦しみが和らぐことを切に願っている。その嶮しい望みは、もう一人に向けられる。そのもう一人も、彼／彼女の苦しみが和らぐことを望んでいる。ただそのもう一人は、つらさや苦しみだけを鋏で器用に切り取るように、こころから切り離して取り除けないことを何処かでわかっているようである。

生きづらさに苦しむ人は、何が自分を苦しめているかを知っている。知っているので、それをもう一人に伝える。「パニックに襲われ、死んでしまいそうになる」、「自分がわからなくなる」、「身体の痛みが耐えられない」、「自分を責め続けている」、「ひどいことが起こりそうで恐ろしくてたまらない」、「かつてのある出来事での傷つきに苦しみ続けている」と訴える。その人はただ伝えているだけではない。強く訴えながら、苦痛から解放されたい願い、その望みをさらに高めている。

もう一人の人にはそれができるに違いない。対処できる十分な技量を備えているに違いないからである。訴えているだけで、苦痛が和らいできているように感じられている。長い間苦しんできたが、ようやく希望が見えてきたと安堵さえ感じている。

そのもう一人はどうだろうか。その人が苦悩を和らげている様子を内心うれしく思う。しかしその一方で、わからない。いまだその人の生きづらさをどう理解しどうかかわればよいのか、わからない。できることは、その人が面接室を訪れてきたとき、その彼／彼女が表わすものすべてを受け取り、語ることにそのままついていくだけである。

二人の精神分析は始まる。

ある青年が紹介されて私を訪ねてきた。その青年は、「嫌われる怖れ」に長い間苦しんでいた。彼は私との精神分析的心理療法を望んでいた。

彼はカウチに横たわり、張り詰めた様子で沈黙していた。それが初回の精神分析セッションだった。やがて彼は、意を決した様子で口を開いた。三歳の頃託児所に預けられ、誰ひとり知らない人たちに囲まれた未知の場所にひとりいるという激しい恐怖に襲われ圧し潰されそうだった思い出を、ことばに詰まりながら語った。いや、圧し潰されていたのかもしれなかった。「苦痛」という表現以外、他にことばにしようがない体験だった。母親の迎えだけが救いであり、それを待ち望んだ。それは、毎日待って、待って、待って、ようやく実現するものだった。その後幼稚園でもその恐怖を体験したことも、思い起こしながら苦しげに語った。

私は「あなたは今　この面接室という知らない場所に、よく知らない私といて、ひとりであることの強い恐怖を感じているのでしょう。それから最後には、あなたが私から嫌われて追い出されることを怖れているのでしょう」と、ゆっくりと伝えた。彼は私とのつながりに今は満足を感じているが、私を甘く見て私の怒りを買い、追放されるという恐ろし過ぎる空想を抱いたことを、慎重にことばを選びながら語った。

続く面接では、私に近づいて安心したい彼と、嫌われていると感じ、近づくことにひどく怯えている彼がいると語った。それから面接を重ねる中で、彼は強い不安を感じながらも私と会うことに希望も抱いていることを表した。小学校の頃、彼は母親が大好きで、母親の仕事からの帰りを待ちわびていたそのときの思いを想起した。その母親は、彼が中学のときに父親を完全に見限ったと感じたことも語った。彼は、こうしたことはこれまで誰にも話したことはなかったと言ったが、苦々しさが放たれたことばに纏わりついていた。こうして私たちは未踏の道を歩み始めていた。

私たちは、私たち自身の、そして私たちの人生の主人公であるが、同時に主人公ではない。後者を「生かされている」と表現することもある。ただ、それは神や宇宙と表現されることもあるそうした絶対的な存在によって「生かされている」のではない。私たちは、私たち自身によって「生かされている」のである。その私たち自身とは、それまでの人生でかつて主人公であったにもかかわらず、その後出会えなくなっている、触れ合えなくなっている私たち自身である。

その私たち自身から生きづらさ、苦痛は出てきている。私たちはこころの何処かでそのことに気づいている、「あのときの自分、あのときの苦痛」と。それはわかっている。わからないままに置かれているものである。わかりたくないものである。その自分、その苦痛な感情にほんとうに触れるなら、それは耐えられないもので、その後に築き上げてきた自分のすべてが崩れ落ちてしまう、粉々に砕け何も残らなくなってしまうと怖れ、怯えている。それらの怖れや怯えも感じないままにしたい。

治療とは、苦痛を除去してくれるものである。生きていく道程で生じてくる困難を合理的に解消してくれるはずのものである。その希望を抱き開始した心理療法であるが、始めてみると、自分の中から不意に、忘却の彼方に置いていたものが浮かび上がってくる。それは大事なものと感じるが、触らないままがよいものとも直感する。しかし、室内のもう一人は、現れてきた苦痛な思い、恐怖、悲しみ、怒りに真剣に応じている。確かにそれらは、生きづらさを抱える私の思いである。

2　転移

彼は苦しんでいた。彼を取り巻く人たちが突然彼を徹底的に嫌い追放するのではないかと、何かの機会がある毎に恐れおののいていた。あるとき彼は、実家の老いた雄猫の話をした。すっかり老いたその猫は痙攣発作を頻繁に起こし失禁を繰り返すようになっていた。手がかかり過ぎ、もはや世話も難しく、動物病院で安楽死をさせようと相談されていた。最終的には自宅に連れて帰られ、それには彼は安堵したが、「ただ、死を待つばかり」であると語った。その雄の猫は、苦しみ続け、死ぬまで希望は存在しない彼を表していたのだった。

一年を経過する頃、彼は夢を語った。この夢は子ども時代に彼が家族をどう体験していたのか、そして私が彼にどう見えているのかを伝えていた。

「仕事で関係している他会社の社員たちと一緒にいる。ドヤ街で泊まることになり、同じ部屋に彼が好きな女性社員もいる。しかし、そこにはドヤ街の住民男性二人もいて、自分がその女性社員を守らなければと思う。しかし、その女性社員は消えてしまった。その後、その会社の社長――反社会的な人――が某駅の上に上がって演説している。その社長は六〇歳で自殺することになっているが、どうすることもできない。演説を聴いていると、その途中で社長は突然飛び降りて死ぬ。死体の目が飛び出ている。彼の上司もそこにいるが、倒れて死ぬ。」

それから二、三カ月ほどを経たある精神分析セッションの中で、彼は気持ちの穏やかさを語るようになったが、「それは表面だけのこと」であるとも付け加えた。その一方で、彼にはこれまで浮かんだことのなかった「戦いの同志」ということばを口にした。人生という戦いの場において、ともに傷つき苦しむ愛しいもう一人のことである。それは私に直接言及した発言ではなかった。しかしながらそのことばは、私たちが一緒の旅を始めており、見通しのきかない険しい樹海の中を、不意の陥穽や嵐の襲来に絶えず脅かされながらも間怠《まだる》い歩みを続けていくことであった。

実は楽しいときをここしばらく過ごしている、と彼は口にした。けれども同時に、私が「うつ」になっていると感じていることを語り、「うつ」の私に添う話をしなければいけないとも付け加えた。そうすれば、私が「うつ」の中にやさしさを出してくると感じているのだと付け加えた。私は彼に、私の「うつ」の責任が彼にあると感じていること、ゆえに彼が「うつ」を引き取ることで私を楽にしようと今試みていることを伝えた。私のこの解釈から彼は、今の私との関係が母親との関係であることに気がついた。そして、今私といるのか、母親といるのか、わからなくなっていると、困惑しながら、語った。

人生は強迫的な反復である。生後しばらくの間に味わった情緒体験の反復強迫である。それは、生物学的には「刷り込み」とか「愛着」と表現されているがそうしたシンプルな概念で包含できるものではない。人は赤子のときから、その経験や感知したもの、それをフロイトは「感覚印象」と言ったが、それをそのままこころに収めるのではない。快と苦痛の感覚を起源とする、内に湧く感情に基づいて外界を色づけし、変色を重ねる。ことばを使えば、それは、外的事実を入れ混ぜた「空想」である。そうした変形の後にこころに収める。そのこころの作業の繰り返しは、現実の外界とは異なる、独自なこころの中の世界を形作る。それは「内的現実」、「心的事実」と呼ばれもするが、感情に染められた、想いに染められた事実である。

こうして私たちは生物としての身体を置く外的世界と、こころという物質的には実在しない、しかし「私」という人の本体である、赤子のときからの蓄積された内的現実が構造化されたこころの中の世界という二つの世界を生きる。後者であるこころの世界が、私たちに人生を反復させる。こころに築き上げられた、自己像、人物像、それらの交流の質、湧いてくるさまざまな感情や考えの質、展開していく物語り、その結末までもが無意識に繰り返される。それを「転移」という。

転移が作動し、過去に作り上げられた世界像の形態と物語りの文脈がそのまま反復される。それには正の反復もあるが、負の反復がある。反復の末に破綻、破滅、惨劇に歩を進めていくものとなる。生きていることの苦悩と悲嘆の源泉となりうる。

人はよりよく生きたいと望む。けれども、「よい人生に自分はまったく値しない」、「自分こそが苦しみを引き受けねばならない」、「苦しむ姿を見せつけるしかない」、「悲惨な終わりが必ず待ち受けている」、「破滅のみが自分の行く着く先だ」という無意識の信念がその人をとらえて離さない。それは苦痛と苦悩をもたらすだけでなく、瀕死への衝迫や慢性の擬死にも至らしめる。あるいは、来たる苦痛への耐え難い怯えから倒錯的な快や快の嗜癖に浸り続けようとするかもしれない。

私たちが自らの転移に気がついたとしても、そこには絶望しか見つからないのだろうか。自己への嫌悪や自暴自棄しかないのだろうか。パンドラの箱を開いてあわてて閉めただけなのだろうか。

3　破局

こころの平衡の綻びは、日常でのひとつの出来事からもたらされた。それは彼の知る一人の女性の死だった。それから彼は、仕事上での不安な出来事が次々にこころに浮かぶようになった。これまでとは質の異なる強く生々しい恐怖に彼は襲われ始めた。過ちを犯していないかとの確認を繰り返すようになり、それに要する時間はどんどん延びていった。周りの人たちに保証を求め、彼らはそれに応えてくれたが、それによる気持ちの安らぎはほんの一時のものであり、自分の過ちは致命的なものと彼には感じられた。その対象者から激しく非難され告訴され、裁判でさらし者にされ、仕事、財産や家族といったすべてを失い、破滅する怖れに進んでいった。追放は切迫していた。

彼はもはや取り返しがつかない悲惨な事態に陥ったとの圧倒的な恐怖から茫然となる、あるいは繰り返す確認行為でへとへとになった。毎日、毎分、毎秒が不安の連続と破滅の恐怖であり、分析セッションではその苦痛と恐怖を必死で訴えた。彼は「何もいいことがない」人生を悔やんだ。残りの人生を世捨て人として生き延びようとも思ったが、恐怖はそれに勝った。凄まじい苦しみだった。

彼は私にも保証をたびたび求めた。彼の現在の激しい恐怖に私は助けにならないと感じていることを私は解釈した。あらゆることの責任を彼が一人で抱えさせられ、私を含めて誰も手助けせず、むしろ彼の無能をなじっていると彼には絶望的に感じられていることも伝えた。この解釈の背景に私は、母親に認められようと一人で懸命に努力してきた人生と、それでも現在まで母親の求めるものは提供できないで生きる彼には激怒する母親による追放という懲罰のみが下されるという彼が抱いているであろう無意識的空想を置いていた。幼い彼が抱いてもらおうと母親にしがみついたとき、この弾みで母親は身体のバランスを崩し顔面を正面から鉄柱に打ちつけた。そのときの母親の表情――そこに彼が見たのは彼への激しい憎悪であった。私の解釈を彼は肯定し、しかしそれは「しかたがない」と絶望で応えた。

四カ月ほどを経て、強迫的な不安と確認行為は収まる兆しを見せた。彼の傍に居続けてくれる人たちを彼は思い浮かべることができ、彼らの変わらぬ支えを感じ安心を得たようだった。しかし、そうではなかった。彼の犯した過ちから非難を浴びせられ、すべてを失い破滅の人生に至るとの恐怖は強烈さをさらに増し、彼は圧倒され続けた。仕事はなんとか維持していたが、「限界です。もう身体がもちません」と彼はたびたび訴え、極度に消耗し疲弊していた。

こうした半年以上も続く彼の強迫状態に私は強い不安を感じ始めていた。強迫と確認が著しくなった時点では、強迫の出現を転移性の病態として取り扱う介入によって対処できるだろうとの見通しが私にはあった。しかしながら、彼の恐怖は収束する様子を見せなかった。むしろ勢いを増し、不気味な切迫を私に感じさせた。私は、私の見立てが間違っていたのではないか、重篤な病理を致命的にも見落としていたのではないかと自分に疑心を抱いた。彼はこのまま精神病性の破綻に至るのではないか、彼を分析に導入したことで彼の普通に過ごせただろう人生を取り返しのつかないものにしてしまったのではないかと思考し怖れた。今や毎回の分析セッションには、恐怖と絶望に圧倒され憔悴している彼と内心に強い不安と怯えを抱えながら彼を迎える私がいた。

「面接室で生じるのは、進展するOと別の進展するOの交差である情動的な状況(2)」は始まっていた。すなわち、精神分析過程がすでに作動していた。それが分析空間の私たちを導く。

その分析空間で二人が築く経過は、治療関係の二者もしくはその内の一人によって意識的前意識的に予測されコントロールされるそれではなく、精神分析過程それ自体の自生的な進展に導かれる。ひとつの表現を用いるなら、この進展においては、精神分析過程そのものが第三の主体となり、その進展を導くのである。

その精神分析あるいは精神分析的心理療法は、その二人の意識的な意図や方向づけに支配されない、患者の持ち込む無意識的な転移にひとまず方向づけられ、その二人に独自な展開が繰り広げられる。患者の内的世界が分析空間内に視覚的かつ物語り的に実在化するダイナミックな現象が現出してくる。そこにおいて治療者は転移対象になりながらも、自分自身の本体を保持した存在で居続ける。それから、主体的な精神分析過程が導く精神分析現象の実在化が生じる。その現象の進展の過程から二人が、患者の存在の本質にかかわる心的事実、主観的な真実を見出し学んでいく。そして、それは往々にして破局的な変化である。

私たちには、その過程に身を委ねることが唯一できることである。

転移として持ち込まれている彼の本体の進展と私という人間の在り方が出会うことで生じている無二の過程であった。それは両者において不安と怯えに満ちている。圧し潰される恐怖に持ちこたえねばならない。知らないこと、底のない淵を落ちていく恐怖、迫害や断片化の感覚、既成の知識を持ち込みたい欲望に持ちこたえねばならない。その迫りくる破局に、ただ持ちこたえねばならない。

4　信

何処に私たちが行くのか、わからなかった。一年が過ぎた。いまだ彼の過失への強迫的な恐怖は続き、彼はぼろ布のように自身を感じ、「もう、どうにもなりません」、「すべては失われています」と言い、ひどく疲弊していた。

私たちを待ち受けているのは彼の破綻、あるいは精神分析の座礁、もしくはその両方という破局のみなのか。あるいは、いつまでも何処にも行きつかないのかもしれなかった。彼はなんとか通い続け、私は彼を待ち、私たちには出会い続ける場とときがあった。二人はその道をただ歩いていた。彼は、ただ懸命に私と共に歩き続けているようだった。その私の足元にあるものは、それでもなお続けている精神分析への信だった。それしかなかった。しかし、それはあった。私は精神分析の姿勢と方法を維持した。すなわち面接室の中に彼の表し出すものの理解と解釈を続けた。

道は続いた。さらに五、六カ月ほどしてであったが、彼の不安は面接室の中に収められ始めてきていた。私との間では、破滅に陥る激しい恐怖と強迫的確認を彼は露わにしたが、外界では恐怖に圧倒されてしまわなくなってきていた。彼は恐怖だけでなく、怒りや性的な昂ぶりを感じている自分に気づいた。

やがて彼は、自分がもはや無力な子どもではなく大人であることに気がついたとつらそうに語った。切望し続けていた、幼子として母親に抱き上げられることは自分にはもう起こらないのだと寂しげに語った。そこには、渇望してきたものが得られないという寂寥とした諦念があった。また、母親も私も万能ではないことを知り、その姿に幻滅していることも静かに語った。静かな怒りと深い悲しみがあった。それから、理想化し愛していた人物こそが、怯えさせる脅迫してくる対象でもあるとのことを理解し始めた。

それから半年余りの経過の中で、平穏が戻されつつあった。

分析の中では、私といることの不安を語ったが、彼は自身の気持ちを見つめていた。「子ども時代はほんとうにつらかった」と語り、自分はまだ未熟なのだと思っていたが、実際には年は重ねている、卓越した人物にはなれないし、そうなるように治療者がしてくれるわけでもないことに気づいたと彼は語った。大人の男性として振る舞う自分を見せようとの気持ちも表わした。長い混乱の中から仕分けられた彼の大人の部分が確かなものになってきていた。それゆえに、私との間の不安として表わされていた、幼児の彼が抱く愛情を向けられることの怖れが浮かび上がってきた。

私たちは自らのパーソナリティの中に様々な私を住まわせている。赤ん坊の私、二歳児の私、五歳の私、九歳の私、一四歳の私、一九歳の私、二五歳の私……。そうした私と私たち自身の中で出会う。それは楽しい出会いかもしれない。満たされる思いになることかもしれない。しかし、それは苦痛や怯えや悲しみ、憎しみを味わうことかもしれない。そうであるなら、私たちは出会いたくない。出会うことが恐怖や苦悩の源になる。だから、出会わないですむように手を尽くすだろう。こうして一歳児の私はいないことになるのかもしれない。五歳一〇カ月のあの日までの私はいないことになるのかもしれない。私たちは、まず私たち自身を信じられることが必要である。必要であるとしても、それは如何にして可能なのだろうか。

よい対象の不在は、私たちを怯えさせる。(6) ときに途方もない絶望、憤怒、遺恨、恐怖を感じさせる。それは、よい対象が今ここにいてほしいからである。瞬時に現れてほしいからである。しかし、それは起こらない。その起こらないことに持ちこたえ、それを受け入れることができるのなら、私たちは不在の対象に出会える。私たちはその不在を認めることで出会える。不在の対象が私たちの中にいることを見出す。それはひとりではあるが、孤独ではないのかもしれない。その二人が何かを創り出すかもしれない。

人は人を信じることができる。それは当たり前のことであると一顧する必要さえない人がいる。けれども、そのためには長い道のりが必要な人もある。その長い道を歩いても、辿りつけない人もいる。「信」と表現しようが“faith”と表現しようとも、それはことばである。しかし信は、faithは、ことばではない。それは、信念に基づく誠実な行為である。(6) 私は彼と精神分析設定の中で精神分析の姿勢と方法で会い続けた。それが私にできることだった。私に唯一可能な表現できる信であった。彼もまた、その道を私と歩む人であると私は思っていた。

5 生きていく

彼は、真冬に吹きすさぶ寒風のように突き刺さる寂しさを感じていた。改めて自身の孤独を実感していた。そして、生きてきた中に自らが抱え続けていた問いを発見したのだった。「知りたかったのは、自分が生まれたことを両親は喜んでいたのか、だった。……」。真実は、見つかるのかどうかわからないその答えにあるのではなかった。その問いが、彼自身の中に産まれていた真の問いであることだった。その問いを抱かざるを得なかった自分がいたことを見出したことだった。

やがてその問いはひとつの無意識的空想にも気づかせた。激しい恐怖に圧倒されていたときも、そのまま狂ってしまうとは思っていなかったこと、そうではなく、狂った人物が自分を殺しにくると空想し怖れていたことだった。それは、「自分は母親に疎まれていて、抱っこから降ろされて、一人ぼっちに置かれてしまう」との信念に始まったものだった。終結の過程は始まっていた。

彼は語った。「自分が生まれてきてよかったと初めて感じる」。そして、その二ヵ月後に私たちの精神分析は終わった。そう、私たちはほんの五三五回出会っただけに過ぎなかった。

2 熟考

1 永訣

二人の浮浪者エストラゴン（ゴゴ）とヴラジーミル（ディディ）は、一本の木が植わっている田舎道でゴドーを待っている。


「痛いのかい」

「痛い。こいつときたら、いまさら痛いのかいときた」

（憤然として）「そうだろうとも、苦しむのはいつもおまえだけなんだろうよ。私は問題にならないんだ。おまえがわたしの身代わりになったところを一度見たいよ。少しは言うことが変わるだろうって」

「お前も痛かったこと、あるのかい」

「痛かった。こいつときたら、いまさら痛かったかときた」

（人さし指を突出し）「だからっておまえ、ボタンをはずしっぱなしにしとくことはなかろう」

（下を見て）「ほんとだ」（ボタンをはめながら）小さいものでも野放しはいけない」

「むりもないがね。おまえは、いつでも、最後の瞬間までがまんしているんだから」

（夢みるように）「最後の瞬間……」（瞑想）「まだまだ、しかし、きっとすばらしいぞ。そう言ったのは誰だっけ」

「手伝ってくれないのかい」

……ゴドーは来ない……

「なんだ」
「悔い改めることにしたらどうかな」
「何をさ」
「そうだな……」(捜す)「そんな細かいことはどうでもよかろう」
「生まれてきたことをか」

……ゴドーは来ない……

「さあ、もう行こう」
「だめだよ」
「なぜさ」
「ゴドーを待つんだ」
「ああそうか」(間)「確かにここなんだろうな」
「何が」
「待ち合わせさ」
「木の前だって言っていたからな」(二人とも木を見る)「ほかにあるかい」

……ゴドーは来ない……

「どうしたんだ」
「なんでもない」
「おれは行くぜ」
「わたしも行く」
沈黙
「長いこと眠ってたかい」
「わからない」
沈黙
「どこへ行こう」
「その辺まで」
「いやいや、ずっと遠くへ行っちまおう」
「だめだ」
「なぜさ」
「またあした来なくっちゃ」
「なんのために」
「ゴドーを待ちに」
「ああそうか」（間）「来なかったのかい」
「ああ」
「今からじゃ遅いしな」
「ああ、もう夜だ」

「いっそのこと、すっぽかしてやったらどうだ」（間）「すっぽかしてやったら」

「あとでひどい目に合わされる」（沈黙。木を眺めて）「木だけが生きている」


……ゴドーは来ない……


「それより、あした首をつろう」（間）「ゴドーが来れば別だが」

「もし来たら」

「わたしたちは救われる」

ウラジーミル、帽子をとる。ラッキーの帽子だ。中を見、手を入れ、ふってみてから、かぶる。

「なんだって」

「じゃあ、行くか」

「ズボンを上げな」

「ズボンを上げな」

「ズボンを下げる」

「上げるんだよ、ズボンを」

「ああ、そうか」

エストラゴン、ズボンを上げる。沈黙
「じゃあ、行くか」

「ああ、行こう」

二人は、動かない。……


(S, Beckett. "*Waiting for Godot*" 1952)

あらゆる生きものにおいて、生きることには意味はない。それは人も同じである。それにもかかわらず、私たちは、生きることに意味を求める。求めないではおれない。なぜなら、人として生きているからである。しかし、外から付与された意味は、やはり外から奪われる。外から与えられた価値は、やはり外から奪われる。

加えて、私たちはひとりでは生きられないからである。ひとりで生きようとするにもかかわらず、ひとりでは生きられない。それと同時に、誰かに依存していても苦しくなる。生きづらさは私たちに付き纏う。生きづらさは、振り解こうとすればするほど、付き纏ってくる。それでも振り解こうとするとき、「ありふれた不幸」[4]を、ほぐし難い絡まった不幸に変えてしまう。その不幸は不幸なのではない。自分自身も何処かでわかっている、こころの習い癖なのである。その癖が、生きることを苦痛だけに、絶望的な虚しさだけにしてしまう。

生き続けることは創ることである。日々、その日の私たちを創ることである。今日の私は昨日の私ではない。明日の私は今日の私ではない。しかしながら、そのことに私たち自身が気づいていないのかもしれない。創造は、外にあるように、物にあるように思っているのかもしれない。私たちは日々数片の自分を失い、日々獲得している。私たちは違っている。

ベケット（Beckett, S.）は「ゴドーを待ちながら」[1]で二人の存在、あるいは対象の不在を描いている。私たちは生まれて、何処に来たのか。私たちは何処にいるのか。それは誰も知らない。目の前にいる対象は、私たちを満たしてくれるし怯えさせもする。ときに希望を与える。ときに絶望をもたらす。そして、待っている二人には何も起こらない。二人は何も起こさない。それは、何処にも行き着けない欲望と感情の水溜まりの中に私たちを漂わせ続ける。古ぼけた馴染みの怖れを恐れ続け、古ぼけた馴染みの思考を考え続ける。

けれども恐怖に満ちた絶望の中で不在の対象と出会えるとき、私たちは、私たちが誰なのか、何処にいるのかを見つける機会を得る。ウラジーミルもエストラゴンも不在の対象に出会えていない。目の前に現れるはずの馴染みの対象を求め続けている。古ぼけた馴染みの対象を、幾月も幾年も。それは、思い描く姿で現れるはずである、と。けれども、それは現れない。

しかし、そこに不在の対象は既にいる。それを見出す人がいない対象として居続けている。見出されないままで、不在の対象はいつまでそこに留まり続けてくれるだろうか。

出会えないことを認識し、その苦痛に持ちこたえ、その痛みを感じながらそこにいることができるとき、不在の対象を見出す。そこで、一つの想いを味わう。日下紀子はそれを、かなしみ——悲しみ・哀しみ・愛しみ——と呼んでいる。[5]

2　破局不安

ビオン（Bion, W.）は言う「面接室で生じるのは、進展するOと別の進展するOの交差である情動的な状況である」[2]。それは、面接室の中の二人が、わからないままに情動の嵐に揺さぶられて破局に向かうこと、その嵐を見続けることが、唯一できることを意味する。事は起こるが、私たちには何もできない。ゆえに、心理療法において私たちは、精神分析過程自身の自生的な進展に導かれる。

ウィニコット（Winnicott, D. W.）は述べている。[8]

——「分析は単に技術的な実践ではない。それは、私たちが基本技術を獲得する中で、ある段階に達したときにできるようになる何かである。私たちができるようになることのおかげで、次のような過程に従う際に、私たちは患者と協力することができるようになる。その過程には、それぞれの患者においてそれ独自のペースがあり、独自の道筋を辿る。すなわち、この過程の重要な特徴はすべて患者に由来するのであり、分析家としての私たち自身からではない」「ある特定の環境の失敗に対して、個人がその失敗状況を凍結することによって自己を防衛することができるのは正常で健康なことである。……改まった体験の機会が後日生じるだろう……そのとき、個体は退行状態にあり適切な対応を行っている環境の中にいて、失敗状況が解凍され、再体験されることが可能になるだろう」。そこでの「早期環境の失敗に関連した怒り。それは現在において感じられ、表現される」。精神分析の設定においては、「同害報復の反応がなされないことが当てにできる。分析家は生き残る」。患者は「退行から依存へ戻り、自立に向かって順序よく前進する。本能的なニーズや願望が、真の生気と活力をもって実現可能になっていくものとなる」。

重要な特徴はすべて患者に由来するのであるとしても、それは今を生きている二人の世界に新しく創られたものである。第三の主体である精神分析過程が導く創造である。その中に二人が居続けること、見つめ続けることで生まれてくるものである。

ウィニコットの言う、かつての環境の失敗の心理療法場面での実在化は、心理療法の進展の中に現れる破局の体験の一部にすぎないと私は思う。それを私たち自身がなそうと、あるいは他者によってもたらされるものであろうと、失敗と過ちは人生にありふれたことであり、二人の人がともにいるなら、それは不可避に発生する。それにもかかわらず、そのたびに私たちはその瑕疵に圧倒され傷つくものである。それらは、そうすることが何の解決にもならないことを何処かで知りながら、金輪際、もしくはできる限り、触れたくないものである。けれども触れないままである故に、見えないままに私たちを縛り、桎梏となり続ける。突然に姿を現し、背後から私たちを襲ってくる。実は未だ一度も切り離せたことがないにもかかわらず、私たちはその回帰に怯え続けているのである。

おそらく、私たちにできることは、それがほんとうの破局なのかを確かめることであろう。そして、回避しながらもそれを確かめたい私たちもいる。しかし、それはひとりでは難しい。なぜなら、一人では生きていないのだから。

精神分析空間内での破局に向かい合ったとき、私たちのこころの動きはふたつに分けられるだろう。ひとつは破局にある苦しむその人との試みの同一化を保持しながら、すなわち怯えや怖れをともにしながら、破局を生き延びる道を模索する生き方である。もう一つは、情緒を切り離して日常的で知的自分に戻り、破局を観察の対象にする生き方である。援助者自身が破局を深刻に抱えている人であった場合、前者の生き方にライフラインを確保しないで入り込むことは危うさを通り越して破綻に至りかねない。そうでなくても、前者の生き方は援助者のこころにひどく重い負担を長い期間強いる。後者の生き方は面接者が観察する大人に留まり、破局から離れその人の大人の部分を呼び覚ますか、破局はその人に限局される。それは、本質的な援助を放棄していることにほかならない。それでは、私たちは破局の危機をどう生きるのだろうか。私たちが心理療法、あるいは精神分析的な臨床を実践しているのであるなら、それは言い換えれば、その人のこころの深部にこそ援助が必要であるととらえているのなら、私たちは後者の道は取れない。前者の道をとることになる。

前者の道を生きるには、さまざまな援助が私たちに必要である。家族や同僚たちの日常での支持、スーパーヴァイザーからの助力、私たち自身の個人分析による支え、臨床経験や知識によるこころの安定の補強、面接構造や技法を堅持することでの支え、その人を抱える、家族や他の援助職を含めた環境からの援助等である。私たち自身がこれらの援助の必要性を認識して準備しておくこと、また受けている援助を自覚できることは大切である。みずからが万能ではなく、限界に至ったときの対応を現実的に検討し実行するこころの手筈を持つことになるからである。

それでも、この破局の事態を実際に体験するのは、分析空間の中にいる私たち自身でしかない。私たちはひどく怯えながら、こころを精神分析空間の中にとどまらせる。

ケースメント（Casement, P.）は、ウィニコットが述べたことを彼自身の人生を振り返りながら、彼自身のことばで言い換えている。[3]

……私がどんなに無力さを感じるにしても、おそらくそれまでは手に入らなかった少なくとも一つのものを私が提供できるとのことを私は学びました。私は患者のために、そして患者の最も厄介な感情のために「そこに」い続けることができます。それは、過去において他の人たちから大方避けられてきたことなのです。時間が経ったときこのことが、他の人が耐えられなかった、あるいはそこにいなかったというあの感情を私にきちんと表わすという患者のニードが理解できるものになるのを助けました。

長い臨床の旅を通して私は、患者と一緒に自分がやろうとしていることの意味を理解する方法を探してきました。私は、それが患者とともに意味あるものになるまでは、どんな理論にも決して甘んじませんでした。また私は、別の患者たちとの間で、見出した意味を再使用するつもりはありませんでした。できる限り、患者一人ひとりとの真新しい意味を私は探しました。

……もっとも生産的であったと思える私の臨床作業のいくつかは、外傷を受けた患者とのものであり、彼らがいまだ自分だけでは取り扱えないもののために私は彼らとともにしばしばそこにいなければなりませんでした。そこでは、患者が彼らのなかにあるものを感じさせようとして私を刺激してくるのに対して、自らの中でできるかぎり開かれていることを私もまた目標としてきました。

生きているとのことは最悪の事態なのかもしれない。私たちはそれを知らないかのように振る舞っているのかもしれない。そうだとしても、私たちは生きる。できれば最善を尽くして。できなければ、次善を試みて。

epilogue

その時間のほとんどを、カウチの上の彼は泣いていた。脚を立ち上げ、顔を覆って嗚咽することがしばしばだった。

彼は泣き続けたが、しばらくして、「どうしようもなく、かなしい」と、思いをこころからそのまま持ち出し、ことばにした。それはことばが繰り出されているのではなかった。彼その人からかなしみが溢れて出て、私にそのまま浸透していた。「かなしい」が悲しみであり、哀しみであり、愛しみであることを私は感じた。

彼は泣いていた。

「自分には手の施しようのない欠陥があり、自分にかかわる人たちにも、同じように手の施しようもない、どうすることもできない欠陥があるとずっと確信していた。そう思い続け、絶望していた。ただ、かなしかった。でも……だから、そう思いたくなかった。そうではないと思いたかった。自分がヒーローである、誰にも気づかれないように、気づかれないままに皆を助け、皆が自分の欠陥に気がつかないようにする、楽しく生きられるようにするヒーローであると思い続けていた。そう振る舞ってきた。……それぐらい絶望していた。自分がかなしかった。親がかなしかった。先生がかなしかった……。ヒーローという空想で見ないように、感じないようにしていた。あんな母親、あんな父親と見たくなかった。だめな分析家と見たくなかった」

ことばは続かなかった。嗚咽が続いた。

私は聴いていた。「かなしみの海」という表現が許されるのなら、私のこころはそうだった。どうしようもなくただ泣き続けている幼子をかなしく見守る母親のこころに在る、黒を含んだ濃紺の「かなしみの海」だった。彼の表す思いに、誠《せい》を、真を見ていた。人が生きることの真を分かち合う重い哀しみがあった。

彼はゆっくりとことばを紡いだ。

「苦しかった……分析で、先生との間で、自分の気持ちを見ていくことは……つらかった。その大変苦しいことを、自分はやり通したと思う。……先生に感謝している。……妻に感謝している。子どもたちにも感謝して……いる」

彼は嗚咽に戻った。私は愛《かな》しかった。しばらく、嗚咽を続け、それから沈黙が続いた。空気は室温を少し下げ、澄んできたように、私には感じられた。

彼は低い声で呟くように「精神分析が成し遂げることを信じられるようになったし、精神分析に出会えてよかった」と語った。

私たちは終わりのときを迎えた。私は彼に終了を告げた。目の周囲の涙を両手でぬぐいつつ、やや急いだ様子でカウチから彼は立ち上がった。それから彼は少し動いて、椅子から立った私の正面に立ち、「大変ありがとうございました」と深く頭を下げた。私に料金を渡し、その礼を私は彼に伝えたが、もう一度「ありがとうございました」と言い、分析室から退出した。

玄関口が最後の別れの場だった。彼は一礼して踵を返し、扉を外から静かに閉めた。五年半の精神分析は終わった。私はそこに佇んだままだった。ただ、かなしくて。

[文　献]
(1) Beckett, S. (1952) *En Attendant Godot.* Paris:Editions de Minuit.（安堂信也・高橋康也訳『ゴドーを待ちながら』白水社、一九九〇）
(2) Bion, W. (1965) *Catastrophic Change.* London: Read at the Institute of Psycho-Analysis.
(3) Casement, P. (2006) *Learning from Life.* London: Routledge.（山田信訳『人生から学ぶ』岩崎学術出版社、二〇〇九）
(4) Freud, S. & Breuer, J. (1895) *Studies on Hysteria.* SE II London: Hogarth Press.（金関猛訳『ヒステリー研究』ちくま学術文庫、筑摩書房、二〇〇四）
(5) 日下紀子『不在の臨床——心理療法における孤独とかなしみ』創元社、二〇一七
(6) 松木邦裕『精神分析体験——ビオンの宇宙』岩崎学術出版社、二〇〇九
(7) 松木邦裕『不在論』創元社、二〇一一
(8) Winnicott, D. W. (1954) Metapsychological and Clinical Aspects of Regression within the Psychoanalytical Set-up. in *Through Paediatrics to Psycho-Analysis.* London: Hogarth Press (1975).（岡野憲一郎訳「精神分析的設定内での退行のメタサイコロジカルで臨床的な側面」北山修監訳『小児医学から精神分析へ』岩崎学術出版社、二〇〇五）

おわりに

本書の締めくくりを書き始めた頃、霜月というのに、まるで年末のような寒さが到来した。凍えそうな寒さのなか、丸く膨らんで庭木に止まっている雀のつがいを目にした。本書の表紙カバー図に選択された、牧谿によって描かれた「竹雀図」を想った。小さな雀があらがえない自然の寒さに身を精一杯丸くして凌ぐ姿は、生きるということを私に示しているようでもあった。こうしたカバー図の選択、そしてその説明文からさらにその英訳まで、西見奈子氏にお引き受け頂いた。本書は、そのような依頼も含め、皆藤章教授の細やかな配慮が隅々まで行き届いた記念書籍になった。

本書京大臨床心理シリーズは、これまでご退職教員に向けて編み、多くの投稿論文から選抜する形をとってきた。しかしこの一二巻は、皆藤教授が構想したテーマ「いのちを巡る臨床―生と死のあわいに生きる臨床の叡智」にしたがって、依頼論文の形をとらせて頂いた。早期のご退職を決めた皆藤教授のこれからの臨床活動の発展を祈念しての想いであった。どの論考も、臨床の生々しさ、まさに命がけのかかわりを示すものであり、各々が、皆藤教授と共に未だ大海を航海中であることに、互いにエールを送る論考たちともいえる。

本書には、短い期間の依頼にもかかわらず、珠玉の論考を国内外からお寄せ頂いた。このことこそ、皆藤教授の人徳の表れといえよう。編者のひとりとして、心より深謝申し上げたい。

アーサー・クラインマン教授には、本書に特別寄稿「人生に訪れる変容」をご寄稿頂いただけではなく、

「想い出のケアをすること」について、転載許可を頂いた。それぞれに皆藤教授の味わい深い邦訳が添えられており、本書が、人間の生きることとケアをすること、そして人生の終焉について、まさしく人間の生そのものを深く洞察するものであることを強く印象づけるものとなっている。アーサー・クラインマン教授には、多大なご貢献を頂いたことに、深く感銘を受けると共に、心より御礼申し上げたい。

そして、本論にはいり、第1章では、「何もしないことに全力を注ぐ―アーサー・クラインマンの『プレゼンス』に寄せて」を皆藤教授自ら書き下ろしている。本文に述べられているように、これは皆藤教授の京都大学教員としての卒業論考の意味を持つものであろう。

第2章には、私が臨床実践指導学講座の歴史を振り返り、将来への展望について拙論を寄せた。この講座での学びをもとにして、その実践の厳しさと尊さをまとめて頂いているのが、布柴靖枝氏による第5章「現在の家族における暴力を考える―暴力性の意味と心理臨床のありかた」、坂田真穂氏による第6章「医療の場におけるケアするひとへのケア―医療従事者への心理的支援という実践から」、長谷綾子氏による第7章「ケアに生きる臨床とスーパーヴィジョン―セラピストは無用であることの苦痛にどう持ち堪えるか」である。布柴氏には、長年にわたる家族とのかかわりの経験をもとに、「暴力性」というキーワードを多角的に考察し、家族の在り様とそれに向き合う心理臨床の在るべき姿について、丁寧な論考を寄せて頂いた。坂田氏は、ケアをする人のケアについて、その苦悩と支援についてまとめて頂いている。心理臨床家は、多くの現場において他職種との協働が求められる。そこでの立場とかかわりについて、我々に新たな課題をもたらしてもいる。長谷氏は、白神美智恵氏による第3章「周産期医療現場におけるいのちの臨床」、野澤桂子氏と皆藤教授との対談形式でまとめられた、第8章「がん治療を受けるひとと社会をつなぐケアの本質」と並んで、人間が誕生し、その終焉を迎える現場に立ち会う厳しさと尊さを、あらためて読者に問う論考である。長谷氏は、そこにいる心理臨床家が「無用」と感じられる想いに、スーパーヴィジョンはどう機能できるのかといった、我々の講座での学びのまとめともいえる問題に取り組んでいる。

白神氏の周産期医療でのかかわりについて、その力強い論考から、生か死かの結果だけが問われがちな医療現場の中で、心の中の作業として子どもが生き続ける支援への覚悟が読者に伝わってくる。

ここ数年にわたり、野澤氏の実践現場に、皆藤教授が通い続け、自らの臨床を問い続けたかった意味が、この対談で、あらためて伝わってくる思いがした。もうこれ以上の言葉は挟み込む余地のない現場からの声であった。野澤氏の深く温かい臨床への覚悟にただただ敬服の想いを抱く。

第2章ではさらに、2節に森崎志麻氏によって、「糖尿病医療学の誕生と発展、今後の展望」の執筆を頂いた。皆藤教授の大きな臨床の功績ともいえる実践現場について、丁寧にまとめて頂いたことから、あらためて人間が生きることの問いについて、皆藤教授は研究会のメンバーと共に熟考を重ねてきた様子が、充分に伝わってくるものであった。

先の長谷氏と同様に、「心理臨床家がどう生き延びるのか」という視点を、心的外傷を負った事例と共に考察頂いたのが、西見奈子氏による第4章「心的外傷における沈黙──『平等に漂う注意』についての文化論的考察」である。西氏は、本書のカバーデザインから、その説明に至るまで、その臨床感を遺憾なく発揮して頂いた。我々の難題なる依頼をある意味スマートに受けながらも、非常に丁寧な作業を頂いたことに、私からもあらためて深謝申し上げたい。

さて、そうした珠玉の論考が続き、冒頭に述べたようにアーサー・ザークラインマン教授の第9章「想い出のケアをすること」が、最愛のパートナーの死と向き合う姿から、我々に、ケアをすることの深い意味と本質を伝えて下さっている。

そして、松木邦裕名誉教授による特別寄稿「愛しさ　いとしさとかなしさのあわいに」が、本書を締めくくる。長いご経験からもたらされる芳醇な人間愛をみるようである。精神分析という技法を駆使できる訓練分析家であるがゆえに、その奥底にある人間への尊厳をあらためて感じ入る論考であった。ご多忙の折のご寄稿に心より御礼申し上げたい。

こうして、本書を通読してみると、心理臨床の新たな歩みが描かれているのと同時に、私にはどこか懐かしい気持ちを覚えるものであった。それは、人間の学としての心理臨床が息づいていることに依るのかもしれない。さまざまな学派を越えて、人間のこころ、いのちに対する尊厳を惜しまず表現してくださっている著者たちに通底する力強さも、感じ入っているのだと思う。

思えば、我々の師である心理臨床の第一世代の先生方も、それぞれ学派は異なるものの、心理臨床を我が国に根付かせる努力は一丸となってして下さっていた。さまざまな軋轢の中で、門徒である我々を守って下さっていた。その中で、我々はのびのびと「臨床の学び」をさせていただいたように思う。

皆藤教授より少し遅れて大学院に入学した私は、ほぼ同世代の先生方にそだてられた。五大学院の（私が博士後期課程に進学する頃、かつては三大学院合同症例検討会であった集いに、東京大学と名古屋大学が加わった）佐治守夫名誉教授（東京大学）、前田重治名誉教授（九州大学）、そして、皆藤教授の師である河合隼雄名誉教授（京都大学）、私の師である村上英治名誉教授（名古屋大学）をはじめ、心理臨床の第一世代の恩師らが、国立大学の教授として、この世界を牽引して下さっていた。その血脈とも言うべきものは、「人間の学」なのであろう。

心理臨床という学問が、実践の学であるが故に、今大きな岐路に立たされている。どのようにその歩みを進めていくのか、われわれひとりびとりに、そのいのちがかかっている。我々は、育てて下さった師に恥じぬように強い意志を持って歩みを進めていかなくてはならない。

皆藤教授のご退職は、我々にある意味そうした意志確認を突きつけているようにさえ感じられる。本書は、そのスタートとなる礎として、大切にしていきたい。

次項の監修者あとがきに書かれた皆藤教授の夢は、残されていく講座の学生たちと私への幾ばくかの想いを示されたものと、私なりの身勝手な解釈をしている。それゆえ、皆藤教授の存在は、我々の講座の発展と共に常に在り続けると信じている私でもある。

二〇一七年一二月七日、皆藤章教授は、ご退職を機に、京都大学名誉教授の称号を受けられることが、教育学研究科教授会で決定いたしました。

心からお祝い申し上げます。

そして、これまで頂きました多大なご指導に、心より感謝申し上げます。

今後も引き続きよろしくご指導のほどお願い申し上げます。

皆藤章名誉教授が、新しい実践現場で、さらなるご発展を遂げられることを心より祈念しています。

髙橋靖恵

二〇一七年一二月

監修者　あとがき

退職に合わせて一書を、というお話をいただき、どのようなテーマで編むか、あれこれ想いを巡らせていた。そんなとき、夢をみた。

《大きな建物のなかにいる。そこは、大勢の人びとが行き交う、さながら病院かセミナーハウスのような雰囲気だった。そこでわたしは、何らかの仕事に就いている。すると突然、警報が鳴る。火災か何か事故が起きたらしく、避難を促す音だ。人びとは出口へと急いでいる。今度は警報のアナウンス。「大事故につながる恐れがあります。一刻も早く避難して下さい。周囲のひとのことには関わらずに、とにかく自分のいのちが助かることを最優先にして、一刻も早く！」切迫した声音だった。出口へと向かいながら、ふと何かが気になり、すぐ傍の扉を開けてみた。するとそこには、生後八カ月くらいの乳児が十数人、畳に寝かされている。一斉にわたしを見つめるそのまなざしは、疑いようもなく助けを求めている。畳から煙が吹き出し始めた。このままでは十数人のいのちは確実に失われる。しかし警報は、自分のいのちのことだけを考えろと告げている。一刻を争うのだ。しかし、十数人の未来を捨てて、十数人の未来に背中を向けて、ひとりで逃げることなどできるだろうか。束の間、立ち尽くす。それから、身体はおのずと扉のなかに向かい、乳児たちを抱き起こし、いのちを救おうとしている。》

生々しい夢だった。いまなお、そのまなざしはわたしを貫く。それは、助けを求める声なき叫びであり、そしてまた、「あなたはどうするの？」と、ひととしてどう在るべきか、存在を賭した問いかけでもあった。よるべなき十数人のいのちは、この状況に身を委ねるのみである。世界に存在を委ねている。この、極限的に制限された世界のなかで、わたしは決断しなければならない。その決断は、十数人のいのちとともにある。わたしは想った。このような状況は何も夢のなかだけではないだろう。ひとは誰しもいのちを賭けて決断しなければならないときがある。そんなときが来る。そのとき、ひとはどう在るのだろう。正解など何処にもないなかで、その決断は人生の流れを大きく揺すぶる。いったい、人生にとって真にかけがえのないものとは、何なのだろう。「生きるとは」、「死に逝く」とは何なのだろう。連想がこころを満たしていくなかで、ふと、本書の題名が浮かんだ。

わたしがこのような地平に導かれたのは、アーサー・クラインマンとの出逢いに拠る。退職をこころに決めて間もないころ、その旨を伝え本書への寄稿を依頼するメールを送った。クラインマンからすぐに返信が届いた。そのときの間髪のなさが深い繋がりを感じさせた。二年前（二〇一五年）、ボストンにクラインマンを訪ね『ケアをすることの意味』（誠信書房）を手渡したときに自著にサインをしてくれたことばを想い出した。わたしにとって、これ以上はない嬉しいことばだった。“Old friend, intellectual correspondent, and psychologist of the new world of subjectivities and relationships” メールはこう伝えていた。「その若さで退職は早いと思うが、おまえなりの理由があるのだろう。依頼は喜んで引き受ける。他にわたしにできることがあったら言ってくれ」。このやりとりが、本書に掲載した論文となって実現した。わたしにとってかけがえのない一書となった。

それから、『いのちを巡る臨床』をイメージしたとき、寄稿していただきたいと浮かんだ、わたしが信を置く心理臨床家に、本書のコンセプトを次のように伝えて、各執筆者の専門領域からの事例を含む論考を依頼した。「現代という時代は、いのちの危機にあると同時に創造の萌芽を待つときである。暴力は、政治、経済、社会、文化、教育など、さまざまな領域に侵襲し、人間の営みを危機に陥れている。人類は、この危機からどのように創造へと向かうのだろうか。このような時代に、臨床心理学、医療人類学、医学は、どのような貢献ができるのだろうか。このことを、『いのち』という観点から考えていく。本書で扱う『いのち』とは、狭義の心身二元論を超えて、ひとが『生きる』存在の在りようそれ自体を意味する」。

ずいぶんと無謀なことをしたものである。けれども、依頼をしたすべての先生に快諾をいただいた。論考はいずれもきわめてクオリティの高いもので、コンセプトに間髪なく合致するものだった。その諸論考と、ランセット誌に掲載されたクラインマンの"Caring for Memories"の訳文から本書は成った。

論考を寄せていただいた先生とわたしとの臨床を巡る関係はさまざまである。十数年に亘ることもあれば、数度の出会いのこともある。それぞれの関係から感謝の意を伝えるべきではあるけれども、ここではそれは控えておきたい。いずれ関係のクロノスのときの長短ではなく「出会いを生きる」ことの意味の次元で、わたしのこころの深くに位置づいている心理臨床家のひとたちである。

ここで、京都大学で一〇年あまり(正確には七年弱なのですが、カイロスのときでしょうか、わたしはいつも一〇年と思ってしまいます)をともにした松木邦裕先生からは、心理臨床家として生きるうえで、ことばに尽くせぬ学びをいただいたことを記しておきます。機会があれば聴いてみたいと想っていました、精神分析における「愛しさ」というテーマ。生と死のあわいに生きる臨床の叡智は、ひととして在ることの意味を含んで、その論考のなかで呼吸していると感じました。こころから御礼を申し上げます。

さて、愛しい装幀をしてくださった西見奈子先生。ほんとうにありがとうございました。「本書を手に取ったそのときに、ケアを体験できる、そんな絵をお願いします」と依頼をさせていただいたとき、「承知しました」との即答にはまったく驚いてしまいました。選んでいただいた牧谿による「竹雀図」からは、本書の想いがことばを超えて伝わってきます。また、感性豊かな論考には、読み手をして芸術の世界に誘われるような魅力を抱きました。そこに臨床の叡智を感じました。厚く感謝申し上げます。

本書の編集に携わってくださった髙橋靖恵先生と松下姫歌先生に深甚なる謝意を表したいと思います。本書を編むことを提案してくださったのもおふたりでした。まさに激務である公務の只中にあって、臨床をたいせつにする姿勢には、頭が下がる想いを抱いてきました。おふたりがいなければ本書は成りませんでした。また、創元社の紫藤崇代さんは、頑強なわたしの注文に誠実に応えて編集に携わってくださいました。それを見守ってくださった渡辺明美さん。ありがとうございました。

最後になりましたが、学生時代からわたしを育んでくれた京都大学と、切磋琢磨のときを与えてくれた京都大学心理臨床学教室に関わってこられた、関わっておられるすべての先輩・後輩に深く感謝申し上げます。さして秀でたものがあるわけでもないわたしを、ここまで見守り運んでくださったことには言い尽くせぬ想いがあります。その想いを抱えて、これからも臨床にまなざしを向けて生きていこうと思います。

来年四月に本書を携えてボストンにクラインマン先生を訪ねるのが楽しみです。

二〇一七年　秋

皆藤　章

な

は

ま

や

ら

さ

た

索 引

欧文

あ

か

Authentic Human Experience in Clinical Matters of Living and Dying
On the Publication of "Kyoto University Clinical Psychology Series"

Contents

執筆者紹介（五十音順）

Arthur Kleinman, M.D.
Esther and Sidney Rabb Professor of Anthropology.
Department of Anthropology, Harvard University and Professor of Medical Anthropology and Professor of Psychiatry.
Department of Global Health and Social Medicine, Harvard Medical School.
ハーバード大学教授（the Esther and Sidney Rabb Professor）。同大学医学部社会医学科の医療人類学・精神医学教授。ボアズ賞（アメリカ人類学会が授与する最高の賞）受賞。アメリカ精神医学会名誉会員。アメリカ芸術科学アカデミー会員。『病いの語り――慢性の病いをめぐる臨床人類学』（誠信書房）、『八つの人生の物語――不確かで危険に満ちた時代を道徳的に生きるということ』（誠信書房）他多数。

坂田真穂（さかた・まほ）
日本赤十字社和歌山医療センター。博士（教育学）。臨床心理士。『加害者臨床』（共著、日本評論社）他。

白神美智恵（しらが・みちえ）
大阪大学医学部附属病院。臨床心理士。

西　見奈子（にし・みなこ）
白亜オフィス代表。博士（心理学）。臨床心理士。『子どもとかかわる人のためのカウンセリング入門』（編著、萌文書林）、『自閉症世界の探求』（共訳、金剛出版）他。

布柴靖枝（ぬのしば・やすえ）
文教大学人間科学部臨床心理学科教授。博士（教育学）。臨床心理士。家族心理士。『家族心理学』（共著、有斐閣）他。

野澤桂子（のざわ・けいこ）
国立がん研究センター中央病院アピアランス支援センター長。博士（心理学）。臨床心理士。『臨床で活かすがん患者のアピアランスケア』（共著、南山堂）他。

長谷綾子（はせ・あやこ）
京都大学大学院教育学研究科博士後期課程。回生病院。臨床心理士。論文「治療構造論から考察する市町村子ども相談機関の相談環境」他。

松木邦裕（まつき・くにひろ）
京都大学名誉教授、精神分析個人開業。臨床心理士、精神科医、日本精神分析協会正会員。著書『こころに出会う』『不在論』『分析実践の進展』（創元社）、『耳の傾け方』『精神分析体験――ビオンの宇宙』（岩崎学術出版社）、『増補版 私説 対象関係論的心理療法入門』（金剛出版）、他多数。

森崎志麻（もりさき・しま）
奈良大学臨床心理クリニック。臨床心理士。著書『心理検査を支援に繋ぐフィードバック』（共著、金剛出版）他。

監修者紹介

皆藤　章（かいとう・あきら）
京都大学大学院教育学研究科教授。博士（文学）。臨床心理士。著書『風景構成法――その基礎と実践』『生きる心理療法と教育――臨床教育学の視座から』『風景構成法のときと語り』（いずれも誠信書房）、『風景構成法の事例と展開――心理臨床の体験知』（共編著、誠信書房）、『講座心理療法 8　心理療法と現代社会』（共著、岩波書店）、『臨床心理学全書 7　臨床心理査定技法 2』（編著、誠信書房）、『ケアをすることの意味――病む人とともに在ることの心理学と医療人類学』（編著・監訳、誠信書房）。訳書『子どもの夢 1』『同 2』（共訳、人文書院）、『八つの人生の物語――不確かで危険に満ちた時代を道徳的に生きるということ』（監訳、誠信書房）他多数。

編者紹介

髙橋靖恵（たかはし・やすえ）
京都大学大学院教育学研究科准教授。博士（教育心理学）。臨床心理士、家族心理士。著書『コンセンサス ロールシャッハ法――青年期の心理臨床実践にいかす家族関係理解』（金子書房）、『「臨床のこころ」を学ぶ心理アセスメントの実際――クライエント理解と支援のために』（編著）（金子書房）、『家族のライフサイクルと心理臨床』（編著）（金子書房）他多数。

松下姫歌（まつした・ひめか）
京都大学大学院教育学研究科准教授。博士（教育学）。臨床心理士。著書『これから始める臨床心理学』（共著、昭和堂）、『バウムの心理臨床』『箱庭療法の事例と展開』（いずれも共著、創元社）、『現代のエスプリ別冊　中年の光と影』（共著、至文堂）他多数。

京大心理臨床《きょうだいしんりりんしょう》シリーズ 12　いのちを巡《めぐ》る臨床《りんしょう》
——生《せい》と死《し》のあわいに生《い》きる臨床《りんしょう》の叡智《えいち》

2018 年 3 月 20 日　第 1 版第 1 刷発行

監修者…………皆藤　章
編　者…………髙橋靖恵　松下姫歌
発行者…………矢部敬一
発行所…………株式会社　創元社
〈本　　社〉〒541-0047 大阪市中央区淡路町 4-3-6
電話 06-6231-9010(代)　ファクス 06-6233-3111
〈東京支店〉〒101-0051 東京都千代田区神田神保町 1-2 田辺ビル
電話 03-6811-0662
〈ホームページ〉http://www.sogensha.co.jp/
印刷所…………株式会社　太洋社

ISBN978-4-422-11314-2 C3311